LES DERNIERS JOURS

d'un

PHILOSOPHE

ŒUVRES DE CAMILLE FLAMMARION

Astronomie populaire. Ouvrage couronné par l'Institut. Gr. in-8°, illustré de 360 figures, chromolithographies, etc. (*Cinquantième* mille). . . . 12 fr.

Les Étoiles et les Curiosités du Ciel. Supplément à l'*Astronomie populaire*. Description du Ciel étoile par étoile ; moyens de reconnaître les constellations. Gr. in-8° illustré de 400 figures (*Trentième* mille) . . . . 10 fr.

Les Terres du Ciel. Description physique, climatologique, géographique, des planètes qui gravitent avec la Terre autour du Soleil et de l'état probable de la vie à leur surface. 9ᵉ édit. 1 vol. in-12, illustré de planches et photographies célestes. . . . . 6 fr.

Voyages aériens, journal de bord de douze voyages en ballon, avec plans topographiques. 1 vol. in-18, avec couverture illustrée. Nouvelle édition. 3 fr. 50

La Pluralité des Mondes habités, au point de vue de l'Astronomie, de la Physiologie et de la Philosophie naturelle. 30ᵉ édition. 1 vol. in-12, avec figures. . . . . , ... 3 fr. 50

Les Mondes imaginaires et les Mondes réels. Revue des théories humaines sur les habitants des astres. 18ᵉ édit. 1 vol. in-12 avec fig. . 3 fr. 50

Les Merveilles célestes. Lectures du soir, pour la jeunesse. Gravures et cartes (*Trente-huitième* mille). 1 vol. in-12. . . . . 2 fr. 25

Petite Astronomie descriptive pour les enfants. Ornée de 100 figures. 1 volume in-12. . . . . 1 fr. 25

Histoire du Ciel. Histoire populaire de l'Astronomie et des différents systèmes imaginés pour expliquer l'Univers. 4ᵉ édit. 1 vol. gr. in-8°, illustré . . 9 fr.

Vie de Copernic et histoire de la découverte du Système du monde. 1 vol. in-12 (*sous presse*). . . . .

Récits de l'Infini. — Lumen. — Histoire d'une âme. — Histoire d'une comète. — La Vie universelle et éternelle. 8ᵉ édition 1 volume in-12 . . . 3 fr. 50

Contemplations scientifiques. Nouvelles études de la Nature et exposition des œuvres éminentes de la science contemporaine. 3ᵉ éd. 1 vol. in-12. 3 fr. 50

Dieu dans la Nature, ou le Spiritualisme et le Matérialisme devant la Science moderne. 18ᵉ édition. 1 fort volume in-12, avec le portrait de l'auteur. . 4 fr.

Sir Humphry Davy. Les derniers jours d'un philosophe. Entretiens sur la Nature et sur les Sciences. Traduit de l'anglais et annoté. 7ᵉ édition française. 1 volume in-12. . . . . 3 fr. 50

Études et Lectures sur l'Astronomie. Ouvrage périodique, exposant les Découvertes de l'Astronomie contemporaine, recherches personnelles de l'auteur, etc. 9 volumes in-12. Le volume. . . . . 2 fr. 50

Astronomie sidérale : les Étoiles doubles. Catalogue des étoiles multiples en mouvement, etc. 1 volume in-8°. . . . . 8 fr.

L'Astronomie. Revue mensuelle. Abonnement, 12 francs. Le n° . . 1 fr. 20

SIR HUMPHRY DAVY

LES DERNIERS JOURS
D'UN
PHILOSOPHE

ENTRETIENS SUR

LA NATURE, LES SCIENCES

LES MÉTAMORPHOSES DE LA TERRE ET DU CIEL, L'HUMANITÉ
L'AME ET LA VIE ÉTERNELLE

Ouvrage traduit de l'anglais
ACCOMPAGNÉ D'UNE PRÉFACE ET DE NOTES

PAR

CAMILLE FLAMMARION

HUITIÈME ÉDITION

PARIS

DIDIER & Cie	C. MARPON & E. FLAMMARION
LIBRAIRIE ACADÉMIQUE	IMPRIMEURS-ÉDITEURS
35, Quai des Grands-Augustins	26, Rue Racine

1883
Tous droits réservés

PRÉFACE DU TRADUCTEUR

Il y a quelques années, je m'étais retiré dans l'île de Jersey, avec l'intention d'y passer la fin de la saison d'été. C'est un séjour isolé au sein de la mer, quoique situé à la frontière même de France et sur le granit même du sol breton, dont un rameau vient émerger là au-dessus du niveau des ondes. L'âme qui cherche la solitude et le silence peut y aborder sans crainte, et jeter l'ancre sur ce verdoyant rivage. Malgré l'exiguïté du territoire de cette île, dont l'étendue n'excède pas celle de Paris; malgré sa capitale Saint-Hélier, et ses villages; malgré ses fermes et ses parcs;

a

on y rencontre une telle variété de paysages, que l'on se croirait entouré d'un vaste monde en quelque endroit qu'on laisse errer ses pas. Ici l'Océan pousse avec violence ses flots tempétueux sur le roc géant des hautes falaises, et sans cesse se heurte en gémissant sur les noirs massifs de la charpente géologique de l'île. Là les eaux bleues d'une mer calme aussi pure qu'un miroir réfléchissent un ciel d'azur; comme sur les rives des lacs transparents de la Suisse, ces eaux sont gracieusement bordées de frais bouquets de verdure, entre lesquels apparaissent les villas disséminées, dont les pavillons blancs se montrent au soleil encadrés de parterres fleuris. Plus loin, on est en pleine campagne, au milieu de vastes prairies plantureuses où paissent des troupeaux rassemblés, où circulent au gré de la brise les effluves de l'odeur champêtre du foin coupé. Ailleurs on traverse un bois plein d'ombre, arrosé par le ruisseau gazouillant, dont les bords sont peuplés de la société des petites fleurs bleues penchées jusqu'au courant limpide; on suit une allée obscure sous de longues voûtes de feuillage épais, d'où descend avec le silence et l'ombre la paix mélancolique des heures solitaires; une clairière s'ouvre, une fontaine étend ses eaux immobiles, et les chants animés des oiseaux sautillants font oublier la rêverie intérieure pour la contemplation de la vie dans la nature. Quelques pas encore, et le voyageur, qui déjà a vu différents mondes se succéder devant ses regards, se trouve transporté aux plus lointaines époques de notre histoire, car il vient de s'asseoir au pied d'un vieux dolmen druidique, et retrouve intact, après deux mille hivers, le monument de pierre élevé par nos grands aïeux au culte de l'Éternel. Au coucher du soleil, tandis que l'astre du jour s'enfonce lentement dans la mer, nous distinguons au delà des flots les rives de France rougies encore par l'astre-roi ; bientôt le crépuscule étend ses voiles sur l'île verte, « l'émeraude des mers ; » les roses des villas vont fermer leurs corolles et répandent leurs plus suaves parfums ; l'étoile du soir s'allume au couchant. Errant encore au bord des falaises, nous sommes surpris par les ondulations d'une mer phosphorescente, ou bien notre pensée, s'élevant plus haut que les lueurs d'en bas, plus haut que la mer, plus haut que les îles et les continents, monte jusqu'aux étoiles rayonnantes, jusqu'aux îles de l'espace, dans lesquelles elle salue d'autres terres et d'autres cieux. — A la fois austère et gracieuse, telle se montre cette île au sein de laquelle j'étais venu chercher une solitude désirée.

L'émeraude des mers, cependant, n'est pas douée d'un printemps perpétuel, et l'on ne trouverait pas toujours sur son sein le paradis terrestre dont elle retrace l'image en ses jours de lumière. Parfois, les brumes de l'Océan s'étendent sur elle comme un linceul, d'épaisses couches de nuages s'amoncellent en une voûte surbaissée, le ciel est sombre, l'air glacé, et la pluie chassée par rafales inonde la pauvre terre émergée des flots, jusqu'à ce que l'arc-en-ciel renaisse en une heure de soleil sur la mer calmée.

Depuis trois jours, une pluie fine, incessante, sillonnait obliquement le ciel gris, apportant avec elle, non plus la douce mélancolie du paysage solitaire, mais la sombre tristesse des monotonies invincibles. Impatient de sortir, lassé des quelques livres français qui seuls m'entouraient, fatigué d'ailleurs de journaux insignifiants, et peu disposé à écrire, je descendis de mon hôtel au hasard, me dirigeant machinalement vers la place du marché de Saint-Hélier, dans King-street, si j'ai bonne mémoire (où l'on rencontre le samedi soir des promenades de blondes adolescentes qui rappellent un peu les mystères de l'île de Paphos). Le grand magasin de librairie qui trône là, expose surtout aux regards du passant des photographies de l'île et des journaux illustrés, au milieu desquels s'étend l'inévitable *Illustrated London News*. Je voulais absolument trouver quelque chose de nouveau pour moi dans ladite librairie, et je furetai patiemment à travers les rayons.

Mes yeux rencontrèrent un petit livre finement relié portant le nom de *Sir Humphry Davy*, et naturellement s'arrêtèrent sur ce nom célèbre à juste titre de l'un des savants les plus éminents des temps modernes.

Le livre que je venais de remarquer avait pour titre *Consolations in Travel, or the last days of a philosopher*. Je ne le connaissais pas, même de nom. — Consolations en voyage? — Bon! me dis-je. Voilà précisément mon affaire. Le livre ne doit pas être mauvais, puisqu'il est du grand Humphry Davy. Qu'il soit gai ou triste, peu m'importe. S'il ne me distrait pas absolument, dans tous les cas il ne pourra manquer de m'intéresser et de m'instruire.

J'emportai donc ce volume, comme on emporte un trésor inconnu nouvellement découvert, et je rentrai, à travers la pluie, à mon petit appartement de l'hôtel de la Pomme d'Or, déjà impatient de goûter au fruit nouveau, au risque d'ailleurs de jeter au bout d'un quart d'heure l'œuvre du savant chimiste, si, comme les pommes d'or de la mer Morte, la couverture extérieure n'enveloppait que des cendres.

Il était alors trois heures de l'après-midi. Vers minuit ou une heure du matin, j'étais encore en compagnie de cet esprit profond, instruit et sage ; et je ne le quittais qu'après avoir entièrement lu les six dialogues dont se compose le livre original que je venais d'acquérir. Je m'étais attaché à cette lecture, non pas sans doute comme à un roman que l'on poursuit avec acharnement jusqu'au dénoûment dramatique que l'auteur recule de page en page, au grand désappointement du lecteur ; mais comme on s'attache à une conversation savante, dont les personnages autorisés amènent successivement à une discussion sérieuse les grands problèmes de la nature et de nos destinées.

Le titre de l'ouvrage : *Consolations en Voyage, ou les Derniers Jours d'un Philosophe*, était un cadre spécial pour la pensée qui s'interroge elle-même sur les plus profondes questions de la science et de la philosophie. J'avais trouvé dans cette lecture, non-seulement un tableau tracé de main de maître du progrès des sciences modernes, non-seulement encore des vues supérieures sur les lois de la nature ; mais, j'oserai le dire, une correspondance secrète avec mes idées les plus intimes sur l'aspect intellectuel de la création. J'avais été surpris de rencontrer dans l'illustre chimiste une identité singulière de convictions entre lui et moi sur certains points particuliers de la philosophie des sciences et même de l'astronomie, et de plus, avec quelques-uns de mes modestes travaux, une analogie dont je me sentais profondément honoré. A mon retour à Paris, je manifestai à plusieurs hommes de science ma vive sympathie pour cet ouvrage original ; je ne trouvai qu'un très-petit nombre de savants français qui le connussent, même de titre ; quelques-uns l'avaient cité sans l'avoir jamais lu ; un seul le possédait dans sa bibliothèque.—Je me permettrai de nommer celui-ci : c'est le docteur Hœfer, le savant et laborieux auteur de l'*Histoire de la chimie*. — Dans le même temps, une jeune personne venue d'Irlande pour régénérer

sa santé sous notre ciel plus calme me
parla avec enthousiasme du même livre,
et notamment du voyage dans les planètes raconté au premier dialogue. Ce nouveau témoignage me fit penser que la
lecture de cet ouvrage s'adressait aux personnes du monde aussi bien qu'aux hommes accoutumés aux travaux scientifiques
et philosophiques.

Les savants du temps de Davy ont donné
de grands éloges à cette œuvre du chimiste
philosophe. Humboldt la cite avec respect;
Cuvier la proclame « *l'ouvrage de Platon
mourant.* »

Je ne tardai pas à être convaincu qu'une
traduction de cet ouvrage ne serait pas
nuisible à la science française contemporaine, et qu'elle pourrait rendre quelque
service à l'élucidation des problèmes philosophiques actuellement en discussion.
Fermement convaincu que notre devoir est
de profiter de toutes les circonstances fa-

vorables pour affirmer la *philosophie spiritualiste des sciences*, je pris la résolution de traduire en français cet excellent livre, dont les tendances sont si élevées, et dont les conclusions, combattant énergiquement les négations matérialistes, continuent, en la transformant et la complétant, la tradition spiritualiste qui est la gloire de l'esprit humain. Des travaux plus urgents ont retardé la publication de cette traduction. Je suis heureux de l'offrir aujourd'hui, terminée, à ceux qui aiment la nature; à ceux surtout qui réfléchissent quelquefois aux problèmes de la vie terrestre et céleste, actuelle et éternelle.

La traduction n'est pas absolument littérale. Le grand chimiste ne paraît pas avoir attaché une haute importance à « la forme; » son langage habituel se développe lentement en des périodes d'une longueur désespérante, monotonie à laquelle le public français n'est pas accoutume. Je ne fais cette remarque que pour justifier les modifications littéraires que les dialogues suivants ont dû prendre en se métamorphosant d'une langue à l'autre. C'est identiquement le même être qui parle; mais le ton du langage est un peu changé.

Je dois maintenant présenter mon auteur à ceux d'entre mes compatriotes qui peuvent ne l'avoir pas encore suffisamment apprécié.

Sir Humphry Davy est plus connu par ses découvertes dans les sciences chimiques que dans les écrits et les confidences qu'il a laissés en mourant. La gloire scientifique de l'éminent chimiste éclipse, en effet, dans l'histoire contemporaine, la brillante faculté d'imagination dont cette nature d'élite était douée. Cependant, il importe de nous entretenir un instant de l'auteur de *The last days of a philosopher*.

C'est à l'âge de cinquante ans, en 1828,

que Sir Humphry Davy écrivit les pages qu'on va lire. Il était alors, pour l'Angleterre, ce que Humboldt était déjà pour l'Allemagne, et ce que Laplace, mort cinq ans auparavant, était encore pour la France, c'est-à-dire à la tête du mouvement scientifique. Professeur à l'Institution royale de Londres depuis 1801; membre de la Société royale (qui correspond, comme on sait, à notre Institut) depuis 1803; il était, de plus, depuis 1820, président de cette célèbre compagnie. Créé baronnet en 1812, il unissait la noblesse de nom à la renommée de son génie scientifique. Depuis 1817, il était membre de l'Institut de France.

Esquissons sommairement ses découvertes et ses travaux scientifiques.

La chimie lui doit d'être entrée dans sa voie actuelle de progrès constant. En détruisant la simplicité des alcalis fixes et des terres (potasse, soude, chaux, magnésie, alumine, etc.), il se substituait à Lavoisier, en donnant désormais une loi inattaquable aux connaissances chimiques : il établit, d'une part, qu'un certain nombre de corps considérés comme simples sont composés (grande idée déjà entrevue par l'antiquité); il établit, d'autre part, que l'oxygène n'est pas le générateur de tous les acides et de toutes les bases.

La première grande découverte chimique de Davy fut celle du *potassium*, en 1807. En marchant dans la voie si heureusement ouverte par Nicholson et Carlisle, et suivie par Berzélius et Hisinger, Humphry Davy parvint, à l'aide de la pile électrique, à transformer la potasse et la soude en métaux qui se pétrissent sous les doigts comme de la cire; qui flottent à la surface de l'eau, car ils sont plus légers qu'elle; qui s'allument spontanément dans ce liquide en répandant la plus vive lumière.

L'annonce de cette brillante découverte

à la fin de 1807, produisit une profonde émotion dans le monde scientifique. L'empereur Napoléon s'y associa, et mit à la disposition de l'École polytechnique les fonds nécessaires à l'exécution d'une pile colossale. Gay-Lussac et Thénard la construisirent avec un soin spécial; mais elle ne servit point les projets de l'ambitieux capitaine.

Après le potassium, le chimiste d'outre-Manche découvrit le *sodium*, en décomposant la soude par la pile, comme il l'avait fait pour la potasse, et en démontrant que la potasse et la soude sont de véritables oxydes, des oxydes de potassium et de sodium. Après ces deux *nouveaux métaux*, il découvrit le *baryum*, le *strontium*, le *calcium* et le *magnesium*.

Convaincu que l'oxygène n'est pas aussi général que Lavoisier l'avait prétendu, Davy aborda l'étude de l'acide muriatique déphlogistiqué et en *démontra* la *simplicité*. Ce corps simple, gazeux, il l'appela *chlorine*, à cause de la couleur jaune-verdâtre de ce gaz. Plus tard, ce gaz fut définitivement désigné sous le nom de *chlore*.

Après la découverte du chlore, Humphry Davy fut encore le premier à reconnaître l'*iode*, dans un séjour qu'il fit à Paris, en 1813, par faveur spéciale de l'empereur, séjour pendant lequel il eut la bonne fortune d'avoir à examiner des cendres de varech recueillies par un salpêtrier. Cette découverte a été l'objet de curieux débats entre Gay-Lussac et Davy ; il est reconnu que la priorité appartient à celui-ci.

Dans le même temps, par ses études sur les décompositions de substances opérées par la pile, ce travailleur infatigable jetait les bases de l'électro-chimie, et, par ses recherches théoriques et pratiques, il réunissait cet ingénieux esprit d'invention qui rendit tant de services en de mémorables circonstances. Qui ne connaît la *lampe Davy*, la sauvegarde des mineurs, à laquelle des milliers d'ouvriers doivent aujourd'hui leur existence? Une explosion terrible ayant eu lieu, en 1812, dans la mine de Felling, détruisit plus de cent ouvriers, affreusement mutilés par le feu grisou. On fit appel à la science de Davy : il s'agissait « d'empêcher un gaz inflammable de faire explosion au contact du feu. » Voilà un énoncé de problème qui paraît porter en lui-même sa condamnation. Cependant l'habile savant se mit à l'œuvre, étudia les gaz en proportions variées, et finit par trouver que « la flamme ne se propage pas à travers les mailles d'un tissu métallique. » La lampe Davy était inventée.

Reconnaissons en passant un trait de son désintéressement. On lui conseillait de prendre un brevet d'invention; il se serait assuré ainsi, disait-on, près de 10,000 livres sterling ou 250,000 francs de rente. « Ma seule ambition, dit-il, est de servir l'humanité; ma plus belle récompense sera d'avoir fait du bien à mes semblables. » Il ne voulait pas, par un brevet, mettre un obstacle à la diffusion rapide de son appareil. Il agit semblablement lorsque, pour empêcher les navires doublés de cuivre d'être rongés par l'eau de mer, il leur appliqua des clous en fer convenablement espacés.

Cuvier a résumé en quelques mots les services habituels qu'il rendait à son pays : « On lui commandait une découverte comme à d'autres une fourniture, » a dit notre grand géologue.

Davy était devenu l'inventeur populaire, capable de tout découvrir, pour lequel la nature n'a plus de secret. Byron rapporte dans ses Mémoires que, pendant le séjour de Sir Humphry Davy à Ravenne, une dame du grand monde témoigna le désir que l'illustre chimiste lui procurât une pommade propre à noircir ses sourcils et à les faire croître sur une ligne épaisse et régulière ! On ne doutait plus de rien !

Dans l'automne de 1813, par permission spéciale de l'empereur Napoléon, il traversa la France et se rendit en Suisse et en Italie, accompagné du jeune *Faraday*, son préparateur, dont il avait deviné le génie. Ce voyage fut renouvelé par lui, en 1818, pour des raisons de santé. En 1825 et en 1828, il revint aux Alpes et aux lacs. C'est dans ces voyages que furent élaborés les dialogues qu'on va lire.

Une particularité de la vie scientifique de Sir Humphry Davy, qui ne doit pas être oubliée, c'est la série d'expériences personnelles qu'il fit sur la nature des gaz. A la fin du siècle dernier et au commencement de celui-ci, la mode était aux fluides et aux gaz ; il y avait des établissements où l'on venait respirer certaines vapeurs, dans l'idée qu'elles devaient régénérer le sang et perpétuer la santé. Davy commença précisément sa carrière scientifique par être attaché, dès 1799, à un établissement de ce genre, l'institution pneumatique du docteur Beddoes, à Clifton. Il était alors âgé de vingt et un ans. Certains gaz étaient considérés comme éminemment délétères et morbifiques : on voulait tout expliquer par le même système. Le *protoxyde d'azote* était, dans une opinion dominante, regardé comme le principe immédiat de la contagion, et comme devant produire les plus terribles effets si on le respirait même en quantité minime, ou même en l'appliquant simplement sur la peau ou sur les fibres musculaires.

Le jeune Humphry Davy eut le courage de vouloir expérimenter sur lui-même l'action de ce gaz, afin d'en juger directement, et ne craignit pas de le respirer, d'abord en une seule aspiration, la seconde fois en plusieurs. Des effets extraordinaires se produisirent en lui pendant ces singulières expériences. Un jour même il perdit tout rapport avec le monde extérieur. Des images inconnues passèrent devant son esprit. Il fut quelques instants dans l'attitude d'un voyant inspiré.

Mes émotions, dit-il, étaient celles d'un enthousiasme sublime : pendant une minute je me promenai dans la chambre, parfaitement indifférent à tout ce qu'on me disait. Ayant recouvré mon état normal, je me sentis entraîné à communiquer les découvertes que j'avais faites pendant mon expérience. Je fis des efforts pour rappeler mes idées; elles étaient faibles et indistinctes; elles éclatèrent tout à coup par cette exclamation, prononcée avec le ton d'un inspiré qui a confiance en ses paroles : « *Rien n'existe que la pensée; l'univers se compose d'impressions, d'idées, de plaisirs et de peines.* »

Les expériences de Davy eurent un immense retentissement, remarque à ce propos le docteur Hœfer. « On s'en exagéra d'abord la portée : les plus enthousiastes voyaient déjà dans l'emploi du *gaz hilarant* un moyen de varier les jouissances uniformes de la vie. Le nom de Davy devint bientôt populaire sur le continent; chacun voulait respirer le gaz auquel on attribuait le singulier pouvoir de mettre les uns dans une extase délicieuse, et d'asphyxier les autres au milieu d'un rire inextinguible. »

Le jeune chimiste ne s'en tint pas à ses expériences sur le protoxyde d'azote; il essaya encore d'autres gaz sur lui-même. La respiration de *l'hydrogène* ne produisit dans le premier moment aucun effet sensible; mais au bout d'une demi-minute, il eut de la difficulté à respirer. L'oppression augmenta au point de le forcer à cesser l'expérience. Il n'avait éprouvé aucun vertige; le pouls était faible et accéléré; les joues étaient devenues pourpres. — La respiration de l'*azote*, mêlé d'un peu d'acide carbonique, détermina à peu près les mêmes symptômes.

Voici l'effet que produisit sur lui le *gaz d'éclairage* (hydrogène bicarboné). La première inspiration rendit la poitrine presque insensible, les muscles pectoraux paraissant en quelque sorte paralysés. Après la seconde inspiration, il perdit la faculté de percevoir les objets du monde extérieur, avec un vif sentiment d'oppression. Pendant la troisième inspiration, ce sentiment fut suivi d'une prostration qui lui laissait à peine la force nécessaire pour ôter de la bouche le tuyau par lequel il faisait ses inspirations. Il reprit peu à peu ses sens, et, comme s'il venait de sortir d'un rêve, il dit d'une voix affaiblie : « Je ne pense pas mourir. »

Sir Humphry Davy n'était pas d'une

constitution robuste, et sa vie entière s'écoula dans un état valétudinaire perpétuel. On conçoit que ces expériences téméraires n'étaient pas faites pour rétablir en lui les conditions normales de la santé. Il est possible d'ailleurs que son état maladif et son extrême sensibilité nerveuse aient été plus favorables que nuisibles à l'expression originale des facultés intimes de sa pensée.

Héros du travail, l'éminent chimiste s'était créé par lui-même sa position supérieure et sa renommée scientifique. Né en 1778 à Penzance, petite ville du comté de Cornouailles, en Angleterre, il avait passé les premières années de sa jeunesse chez un pharmacien de son pays qui l'avait pris comme apprenti. Là, par une belle saison de bains, il avait fait la connaissance de Grégoire Watt, fils de l'inventeur de la machine à vapeur. Tel avait été le commencement de sa véritable carrière.

A l'aide de tubes de baromètres, achetés à un marchand ambulant, de vieux tuyaux de pipe et d'une.... osons dire le mot puisque Davy en a tiré si bon parti... à l'aide d'une seringue, il avait confectionné les premiers appareils de ses manipulations chimiques, et inauguré la série d'études qui devaient le conduire aux résultats si brillants qui inscrivent aujourd'hui sa gloire au fronton du Panthéon de notre siècle.

Nous venons de suivre Humphry Davy dans sa carrière scientifique et expérimentale. Terminons cette présentation par un coup d'œil sur son caractère philosophique.

Rien de plus instructif que le développement graduel d'un esprit d'élite : débutant par le raisonnement froid, incisif, en quelque sorte mathématique du matérialisme, il finit généralement par aboutir à un spiritualisme éclairé. Voici comment Davy raisonnait à dix-huit ans : « La faculté pensante a sa source dans les sens. Un enfant, quand il vient au monde, est sans idées, par conséquent il ne pense pas. Tous ses actes émanent de l'instinct. Excité par la faim, il va sucer le lait de sa mère ; il ne diffère en rien du plus stupide des animaux, si ce n'est qu'il a davantage besoin de secours. Il ne possède que de faibles perceptions ; son attention ne s'éveille qu'avec peine ; sa mémoire est à peu près nulle ; et il ne retient les idées qu'à force de les entendre répétées. A mesure que l'enfant avance en âge, ses nerfs et son cerveau deviennent plus forts, la perception devient plus vive, et la mémoire plus tenace. Le jugement résultant de la perception et de la mémoire commence à se montrer ; la raison se développe à son tour ; enfin l'homme apparaît avec les caractères de son intelligence. Après que les facultés mentales ont atteint le summum de leur développement à l'âge viril, elles commencent à décliner et rétrogradent vers l'enfance. Il suit de là, avec une indiscutable évidence, que la faculté pensante ne reste pas constamment la même. Or, ce qui n'est pas constant est naturellement variable, et ce qui varie est mortel et matériel. La force corporelle et la force pensante commencent l'une et l'autre à croître depuis zéro pour revenir, après un certain développement, à leur point de départ. La faculté de penser n'est qu'une propriété du cerveau. »

Il est impossible de mieux faire resortir le parallélisme du corps et de l'esprit, qui fût, en tout temps, le principal argument du matérialisme.

Or, voici ce qu'il écrivait à cinquante ans : « On essayera vainement d'expliquer comment le corps est uni au sentiment et à la pensée. Les nerfs et le cerveau y interviennent sans doute ; mais dans quel rapport ? Voilà ce qu'il est impossible de dire.

A juger par la rapidité et la variété infinie des phénomènes de la perception, il paraît extrêmement probable qu'il y a dans le cerveau et dans les nerfs une substance infiniment plus subtile que tout ce que l'observation et l'expérience y font découvrir, et que l'union immédiate du corps avec l'âme, avec la pensée, a lieu par l'intermédiaire de certains fluides éthérés, insaisissables par nos sens, et qui sont peut-être à la chaleur, à la lumière, à l'électrité ce que celles-ci sont aux gaz... Je n'ai aucune prétention d'établir à cet égard une théorie absolue, et je suis loin d'admettre l'hypothèse de Newton, qui place la cause immédiate de nos sensations dans les oscillations d'un milieu éthéré. Cependant, il ne me paraît pas improbable que quelque chose du mécanisme si raffiné de la faculté sensitive, quelque chose d'indestructible n'adhère à l'être spirituel après la destruction de nos organes matériels, après la cessation de la vie du corps. L'âme d'ailleurs est elle-même indépendante et immortelle. »

En comparant ces idées avec celles que Davy avait à dix-huit ans, on voit quelle révolution s'était opérée en lui, par la maturité de la réflexion : du matérialisme le plus affirmatif il était arrivé au spiritualisme éclairé qui caractérise tous les hommes de génie, les vrais bienfaiteurs de l'humanité ! Voilà les véritables grands hommes : les savants scrutateurs de la nature, dont le jugement solide applique incessamment les découvertes de la science à la philosophie progressive. Honorons ces esprits d'élite, et renversons de leur trône séculaire les conquérants, les souverains de l'épée, trop longtemps respectés par l'histoire, pour mettre à leur place les souverains de la pensée, les esprits bons et supérieurs. Assez longtemps nous nous sommes inclinés devant la force brutale ; assez longtemps l'humanité s'est trompée dans son appréciation de la grandeur : la valeur humaine n'est constituée ni par le sabre, ni par l'or, mais uniquement par l'intelligence, par l'application de la raison instruite au progrès des âmes ! Dans l'apothéose de ces hommes véritablement utiles, notre savant auteur mérite d'occuper l'une des premières places.

Esprit inventif, raison judicieuse et profonde, sentiments délicats et poétiques, aspirations élevées : ces qualités rarement réunies se trouvaient en mutuel accord dans cette âme supérieure. Davy eût été grand dans quelque direction que sa carrière se fût engagée. S'il n'eût été un grand savant, il eût été un grand poëte. Le présent ouvrage témoignera peut-être même que, comme Kepler, il était à la fois savant, philosophe et poëte.

Un dernier mot encore. Sir Humphry Davy a rédigé le présent ouvrage : *Les Der-*

niers Jours d'un Philosophe, consolations en voyage, dans le courant de l'année 1828, pendant ses pérégrinations de valétudinaire. Il y travaillait encore, à Florence et à Rome, dans l'hiver de 1828-1829 ; et en Suisse, au commencement du printemps. Mais sa santé minée par le travail déclinait rapidement. Arrivé à Genève, il s'y reposa pour la dernière fois. Le 30 mai 1829, vers une heure du matin, au milieu du silence d'une belle nuit étoilée réfléchie par le lac profond, son âme brisa les derniers et faibles liens qui la rattachaient à la terre et retourna à la vie céleste. — John Davy, frère de l'illustre chimiste et auquel on doit la publication posthume de ses œuvres, était accouru d'Angleterre ; mais il ne put recueillir que son dernier souffle. Le corps mortel de notre savant penseur est resté là où il s'éteignit ; et le voyageur, dont le pas silencieux vient fouler l'herbe du cimetière de la ville, peut encore voir aujourd'hui, à côté du tombeau du naturaliste Pictet, une modeste pierre tumulaire[1] déjà cachée par les plantes rampantes. En écartant ces plantes, on peut lire, creusé dans la pierre, ce seul et grand mot: SPERO. — *J'espère!* Tel pourrait être aussi le dernier mot de ce livre: il en résumerait toute la philosophie religieuse.

Paris, 1868.

[1]. Cette pierre simple et modeste, a été remplacée depuis par un monument élevé, sur lequel les titres scientifiques et mondains de l'illustre chimiste sont profondément gravés dans le marbre. Ce tombeau plus éclatant, et en apparence plus digne de la renommée de sir Humphry Davy, est peut-être moins en rapport avec le caractère de l'homme qui s'est éteint sur ce rivage. Non loin de là, la pierre tumulaire nue et abrupte du tombeau de Calvin a mieux gardé, au milieu de l'herbe silencieuse, la philosophie de la mort.

Genève, 1872.

PREMIER DIALOGUE

LA VISION

PREMIER DIALOGUE

LA VISION

Le Colisée ; les Ruines. Rome païenne et Rome chrétienne. Chutes des empires et métamorphoses de l'histoire. L'auteur, solitaire au milieu des ruines, est transporté en esprit vers les périodes anciennes de l'humanité. Principes du perfectionnement de la race humaine. Tableau du progrès historique. Nature de l'âme ; la vie terrestre devant la vie éternelle. Voyage extatique dans les planètes. Les habitants de Saturne. La Pluralité des mondes et la Pluralité des existences.

Les entretiens philosophiques qui commencent ici ont pour origine un voyage en Italie et un séjour à Rome. L'époque de ce voyage n'intéresse en rien les questions générales qui vont être discutées ; je dirai cependant que mon séjour à Rome date des années 1814 et 1818. J'y résidai pendant l'automne et l'hiver de ces deux périodes. La Ville éternelle était alors animée par une société nombreuse et variée, ce qui, du reste, est depuis longtemps le caractère habituel de cette métropole du vieux monde chrétien. On y trouvait un certain nombre d'étrangers instruits, et parmi eux des Anglais distingués, dont la résidence en cette cité avait une raison d'être plus importante qu'une simple paresse ou une vague curiosité.

Parmi ces compatriotes, je signalerai deux hommes d'une valeur particulière, avec lesquels je ne tardai pas à former une intimité affectionnée, et qui m'accompagnèrent fréquemment dans les visites que je rendis aux monuments de la grandeur de l'ancienne Rome et aux chefs-d'œuvre de l'art antique ou moderne. Je désignerai l'un d'entre eux sous le nom d'Ambrosio. C'était un homme d'un goût bien cultivé, d'une haute érudition classique, et qui possédait de fortes connaissances historiques. Il appartenait du fond du cœur à l'Église romaine, mais il était d'une école libérale, et dans le siècle dernier aurait pu, par ses dispositions individuelles, être le secrétaire de Ganganelli[1]. Ses vues sur la politique et la religion étaient larges; mais il penchait plutôt vers le pouvoir d'un seul magistrat

---

1. Clément XIV, né en 1705, élu pape en 1769, mort en 1774; pontife prudent et sage, auquel on doit, comme on sait, le bref *Dominus ac Redemptor* (21 juillet 1773), qui, à la demande de la France, de l'Espagne et de l'Autriche, supprima l'ordre des Jésuites. C. B.

que vers l'autorité de la démocratie et même de l'oligarchie. Il était, en un mot, catholique et royaliste.

Mon autre ami, que j'appellerai Onuphrio, était d'un caractère bien différent. Appartenant à l'aristocratie anglaise, il gardait quelques-uns des préjugés ordinairement attachés à la naissance et au rang; mais ses manières étaient douces, son caractère était excellent et disposé à la bienveillance. Son éducation ayant été faite en partie dans une université du nord de la Grande-Bretagne, il avait adopté, en matière de religion, des vues qui allaient même au delà de la tolérance, et pouvaient être regardées comme frisant le scepticisme. C'était un protestant indépendant, si je puis le qualifier ainsi. Pour un patricien, il était vraiment libéral dans ses opinions politiques. Son imagination était poétique et expansive; son goût éprouvé; son tact extrêmement délicat, si exquis même, qu'il approchait parfois d'une sorte de sensibilité morbide qui l'impressionnait des plus légers défauts, et le rendait très-sensible aux perfections inaperçues auxquelles le commun des mortels reste indifférent.

Un jour, vers le commencement d'octobre, et par une belle après-midi, je me fis conduire en compagnie de ces deux amis au Colisée, monument que je ne pouvais me lasser de contempler. Lorsque nous nous trouvâmes au milieu de ces vestiges du passé, nous échangeâmes entre nous les idées diverses qu'ils nous inspiraient. Bientôt une conversation toute spéciale s'établit sur ce sujet. C'est elle que je vais rapporter tout d'abord.

« Quelle impression descend de ces ruines! disait le noble patricien Onuphrio; quelle idée elles nous inspirent sur la puissance oubliée des Romains d'autrefois! quelle magnificence de dessein, quelle grandeur d'exécution! Si nous ne possédions pas les documents historiques qui nous font connaître la période pendant laquelle cet édifice fut élevé, et le but pour lequel on l'imagina, on croirait voir l'œuvre d'une race de géants, quelque chose comme la salle de conseil de ces Titans que l'on raconte avoir combattu contre les dieux de la mythologie païenne! Le volume des masses de travertin[1] dont il est com-

---

1. Le travertin est une pierre de la densité du marbre, que l'on trouve surtout en Italie, et qui a servi à la construction d'un grand nombre d'édifices romains. L'auteur expliquera sa formation géologique, en même temps que celle des autres bancs de pierre, au troisième Dialogue de cet ouvrage. C. F.

posé est en harmonie avec l'immensité de l'édifice. A l'aspect de tels vestiges, comment s'étonner qu'un peuple qui construisit de tels ouvrages pour ses plaisirs et ses jeux de chaque jour ait eu en sa possession la force, l'infatigable énergie et la persévérance suffisantes pour le rendre capable de la conquête du monde ? Les Romains paraissent toujours avoir formé leurs plans et établi leurs combinaisons comme si leur puissance eût dû être hors de l'atteinte des événements, indépendante de l'influence du temps, et fondée pour une durée sans limites — pour l'éternité ! »

A ces idées, à ce retour de la pensée vers la puissance romaine, Ambrosio répliqua dans les termes suivants : « L'aspect de ce merveilleux monceau de ruines est si pittoresque, qu'il est impossible de regretter son état de décadence. A cette époque de l'année, les teintes de la végétation sont en harmonie avec celles de ces épaisses murailles démantelées. Comme tout le paysage s'accorde dans ce même ton ! Les restes du palais des Césars et des salles dorées de Néron apparaissent là-bas dans le lointain. On croirait que leurs tours grises et écroulées, et que ces arches antiques couvertes de mousses sont soutenues par une végétation en décadence elle-même. Là, rien ne marque l'existence de la vie, si ce n'est les quelques pieux dévots, qui errent de station en station dans cette arène, s'agenouillant devant la croix, et démontrant à notre siècle le triomphe d'une religion qui subit en ce même lieu, dans la première période de son existence, l'une de ses plus sévères persécutions, et qui cependant a étendu, depuis, sa protection sur ce qui reste de cet édifice au milieu duquel on essaya de l'étouffer dès sa naissance. Sans l'influence du christianisme, en effet, ces ruines majestueuses eussent été renversées dans la poussière. Après avoir vu piller leurs plombs et leurs fers par les barbares, Goths et Vandales, et leurs pierres même volées par les princes romains (les Barberini), elles doivent ce qui reste de leurs reliques à l'influence sanctifiante de cette foi qui a préservé pour le monde tout ce qui en était digne; foi sublime à laquelle nous devons non-seulement les arts et la littérature, mais encore les vertus qui constituent la nature progressive de l'intelligence, et ces institutions qui ont créé dans la civilisation chrétienne la condition morale du bonheur en ce monde et l'espérance d'une immortalité heureuse dans l'autre.

« Appartenant à la foi de Rome, je puis ajouter

que la conservation de ce monument, par l'effet sacré de quelques croix plantées çà et là, est en quelque sorte miraculeuse. Quel contraste l'état actuel de cet édifice, joint à nos sentiments religieux devant Rome, et à nos ferventes espérances, n'offre-t-il pas avec son ancienne destination, lorsqu'il servait à exhiber au peuple romain la destruction des hommes par des bêtes sauvages, ou par des hommes plus féroces encore; lorsque ce vaste amphithéâtre avait pour mission de donner à l'instinct de la cruauté une horrible jouissance, fondée sur une convoitise plus détestable encore, celle de la domination universelle! Et qui aurait supposé, au temps de Titus, que cette foi, méprisée dans son humble origine, et persécutée à cause de l'obscurité supposée de son fondateur et à cause de ses principes, élèverait un jour un dôme à la mémoire de l'un de ses plus humbles apôtres, dôme plus glorieux que tous ceux qui furent créés dans l'ancien monde à la gloire de Jupiter et d'Apollon; que cette foi préserverait même les ruines des temples des divinités païennes; qu'elle éclaterait dans la splendeur et la majesté, consacrant la vérité parmi les monuments de l'erreur, faisant servir les idoles de la superstition romaine au but le plus sacré, et élevant une brillante et permanente lumière dans la nuit sombre et sans étoiles qui suivit la destruction du vaste empire ! »

Après ces paroles catholiques, Onuphrio, qui avait parlé le premier, voulut reprendre ses impressions plus indépendantes. « Mes vues sur le sujet, dit-il, sont moins élevées que celles dont notre ami Ambrosio vient de nous donner l'éloquente expression. La conservation de ces ruines peut être due en partie aux causes qui viennent d'être décrites; mais ces causes n'ont commencé à opérer que récemment, et le monde romain tombait en ruine avant l'établissement du christianisme à Rome. Sentant différemment sur ces sortes de sujets, j'admire cette vénérable ruine plutôt comme une archive de la destruction du pouvoir du plus grand peuple qui exista jamais, que comme une preuve du triomphe du christianisme; et je me laisse emporter par une prévision mélancolique vers l'époque où même ce magnifique dôme de Saint-Pierre sera dans un état semblable à celui de ce Colisée; où ses ruines seront peut-être aussi protégées par la sainte influence de quelque foi nouvelle et inconnue; où peut-être la statue de Jupiter, qui à présent reçoit le baiser des dévots qui voient en elle l'image de saint Pierre, sera consacrée à un autre usage : la personnification d'un saint ou d'un dieu de l'avenir ; vers l'époque, enfin, où les monuments de la magnificence pontificale seront ensevelis sous la même poussière qui voile aujourd'hui le tombeau des Césars !

« Telle est, je l'avoue avec regret, continua-t-il, l'histoire générale de toutes les œuvres et des institutions appartenant à l'humanité. Elles s'élèvent, fleurissent, se penchent, et tombent ; et la période de leur déclin est généralement proportionnée à celle de leur élévation. Dans la Thèbes et la Memphis d'autrefois, le génie particulier du peuple a sculpté sa grandeur sur des monuments qui nous permettent de juger de leurs arts, mais qui ne nous laissent pas saisir la nature de leurs superstitions. De Babylone et de Troie les vestiges sont presque entièrement évanouis, et ce que nous connaissons de ces célèbres cités dérive de leurs annales littéraires. Nous contemplons l'ancienne Grèce et l'ancienne Rome dans les restes clair-semés de leurs monuments, et le temps viendra où la Rome moderne sera ce qu'est maintenant l'ancienne.

« L'ancienne Rome et l'ancienne Athènes descendront au néant de Tyr et de Carthage ; on ne reconnaîtra plus leur emplacement que par la poussière ou le sable coloré du désert, renfermant des débris de briques et de verres, lavés peut-être par la vague d'une mer orageuse. Je pourrais poursuivre ces horizons, et montrer que le bois de la croix comme le bronze de la statue tombent aussi vite que s'ils n'avaient pas été sanctifiés; et je pense qu'il serait facile de prouver que leur influence tout imaginaire devient nulle et sans effet appréciable lorsqu'on la place en face de l'infini des temps, ou même seulement du cours des âges. Le résultat est le même, que la foi soit celle d'Osiris, de Jupiter, de Jéhovah ou de Jésus. »

Cette manifestation indépendante ne pouvait guère être du goût du très-chrétien Ambrosio. Aussi celui-ci répliqua-t-il aussitôt (sa physionomie te le ton de sa voix laissant paraître quelque émotion) : « Je ne pense pas, Onuphrio, que vous examiniez cette question avec votre sagacité et votre finesse accoutumées. Je ne vous ai jamais entendu traiter des sujets de religion sans éprouver une véritable peine (et j'ajouterai un sentiment de regret) que vous n'ayez pas appliqué votre puissante intelligence à un examen plus attentif et plus exact des preuves de la religion révélée. Vous auriez vu alors, dans le berceau, le progrès, l'élévation, le déclin et la chute des empires de l'antiquité, des témoignages que leur but définitif s'absorbait dans le plan de la rédemption de l'homme; vous auriez trouvé des prophéties qui ont été pleinement vérifiées. La fondation ou la ruine d'un royaume, qui paraissent être de si grands événements dans l'histoire civile, deviennent insignifiantes dans l'histoire de l'homme au point de vue de ses institutions religieuses; vous auriez observé que l'établissement du culte d'un seul Dieu chez un peuple méprisé et condamné est le point le plus important des archives du monde primititif; vous auriez enfin constaté que le christianisme s'élève naturellement du judaïsme, et que les doctrines du paganisme préparèrent le triomphe et l'établissement final d'une croyance adaptée à l'état le plus éclairé de l'esprit humain, ainsi qu'à chaque climat et à chaque peuple. »

A cet appel animé d'Ambrosio, son interlocuteur répliqua sur le ton le plus tranquille du monde et avec le flegme devenu classique d'un philosophe de sa race : « Vous vous méprenez à mon égard, mon cher ami, si vous me considérez comme hostile au christianisme. Je ne suis ni de l'école des encyclopédistes français, ni de celle des athées anglais. Je considère la religion comme essentielle à l'homme, et comme appartenant au caractère de l'esprit humain de la même façon que l'instinct appartient au règne animal; c'est un flambeau de révélation, si vous voulez, que l'homme a reçu pour le guider parmi l'obscurité de cette vie, et pour garder vivante son inextinguible espérance d'immortalité. Mais pardonnez-moi si je considère cet instinct comme également utile dans ses différentes formes, et comme nécessairement divin, quels que soient le milieu, les nuages, les passions ou les préjugés à travers lesquels il passe. Je le révère dans les disciples de Brahma aussi bien que chez les Musulmans, et je m'étonne de toutes les variétés de formes qu'il revêt dans le monde chrétien. Vous ne devez pas me blâmer de ne pas admettre l'infaillibilité de votre Église, car je fus élevé par des parents protestants, attachés aux doctrines de Calvin. »

Je vis la physionomie d'Ambrosio s'échauffer à cette profession de foi particulière; il parut méditer une réponse sévère. J'essayai vite de ramener la conversation au sujet du Colisée, qui l'avait commencée. « Ces ruines, dis-je, que vous avez tous deux observées, sont pleines d'éloquence; néanmoins, lorsque je les vis pour la première fois, elles produisirent un effet beaucoup plus puissant qu'aujourd'hui sur mon imagination. Était-ce le charme de la nouveauté? mon esprit était-il plus impressionnable? ou les circonstances sous l'influence desquelles je les contemplai étaient-elles extraordinaires? c'est ce que j'ignore. Mais il est probable que toutes ces causes agirent en même temps sur mon âme. Ce tableau ne sortira jamais de ma pensée, et je demande la permission de vous le retracer.

« C'était vers la fin de mai, par une belle et tranquille soirée; les derniers rayons du soleil s'éteignaient dans le ciel occidental, et les premières clartés de la lune s'allumaient à l'orient; de brillantes teintes orangées se répandaient sur les ruines, et, comme si elles eussent été illuminées, les neiges qui blanchissaient encore les Apennins lointains restaient visibles des hauteurs de l'amphithéâtre. Dans ce foyer de couleurs, la verdure du printemps déjà avancé adoucissait les teintes grises et jaunâtres des pierres ruinées, et comme les clartés s'affaiblissaient graduellement, les masses s'agrandirent et devinrent gigantesques. Lorsque le crépuscule se fut tout à fait évanoui, le contraste de la lumière et de l'ombre à travers les rayons de la pleine lune et sous un ciel de brillant saphir, mais si fortement illuminé que Jupiter seul et quelques étoiles de première grandeur étaient visibles ; ce contraste, dis-je, donna à la scène une solennité et une magnificence dignes d'éveiller au plus haut degré cette émotion que l'on appelle si justement le sentiment du sublime. La beauté et l'immutabilité des cieux et la grande loi de conservation qui caractérise le système du monde, les œuvres de l'architecte divin et éternel, étaient magnifiquement opposées aux œuvres périssables et mortelles de l'homme en son état le plus actif et le plus puissant. En ce moment, la condition des êtres les plus éminents de la terre m'apparut si humble, leur réunion si éphémère, l'espace qu'ils occupent si infiniment petit et le temps au sein duquel ils agissent si court, que je ne pus m'empêcher de comparer les générations et les effets du génie et de la puissance humaine aux essaims de lucioles et de mouches phosphorescentes qui dansaient autour de moi, me paraissaient voltiger étincelantes dans l'ombre et l'obscurité des ruines, et disparaissaient lorsqu'elles s'élevaient au-dessus de l'horizon, leur faible clarté étant perdue et presque obscurcie dans les rayons lunaires qui remplissaient l'espace.

— Votre changement de conversation ne m'est pas désagréable, répliqua Onuphrio. Vous nous avez rappelé d'intéressants souvenirs, et vous avez sincèrement exprimé des sentiments solennels quoique humiliants. En de telles heures, en de telles scènes, il est impossible de n'être pas frappé du néant de la gloire humaine et de nos œuvres transitoires. Ce monument, l'un des plus grands qui se dressent à la surface de la terre, fut élevé par un peuple, alors maître du monde, il y a à peine dix-sept siècles. Dans quelques siècles il sera réduit en poussière. De tous les témoignages de la vanité ou du pouvoir de l'homme, qu'ils aient été élevés pour immortaliser son nom ou pour renfermer ses restes ignorés, nul ne saurait revendiquer une durée supérieure à celle d'une centaine de générations ; et il suffit, par exemple, de multiplier par cent la durée de la vie humaine, pour que les vestiges d'un village et les tombeaux d'un vieux cimetière soient une image fidèle de la mort des nations elles-mêmes. »

Ambrosio, auquel l'entretien paraissait importun, nous rappela l'engagement qu'il avait reçu de passer la soirée chez une dame célèbre, et proposa d'appeler la voiture. Le soleil venait de se coucher ; le spectacle silencieux qui m'environnait et mes propres souvenirs me suggéraient des réflexions qui me disposaient peu à la société. Je les priai de garder leur engagement, j'ajoutai que j'avais l'intention de passer une heure dans la solitude des ruines et leur recommandai seulement de me renvoyer la voiture. Ils me laissèrent en faisant des vœux pour que ma fantaisie poétique et mélancolique ne dégénérât pas en un bon rhume, et en me souhaitant la compagnie de quelques-uns des spectres des vieux Romains.

Quand je fus seul, je m'assis, à la clarté de la lune, sur l'une des marches conduisant aux siéges que l'on suppose avoir été les places des patriciens lorsqu'ils venaient assister aux jeux publics du Colisée. La série d'idées à laquelle je m'étais abandonné avant que mes amis m'eussent quitté, poursuivit son cours, avec une énergie et une lucidité que le silence et la solitude de la scène augmentèrent encore. La pleine lune, qui agit toujours, selon moi, avec une influence particulière sur ces sortes de sentiments, leur donna ce genre de bizarrerie et de vague sensation que je suppose caractériser dans tous les temps le vrai tempérament poétique.

... Il faut qu'il en soit ainsi, pensais-je en moi-même; aucune cité nouvelle ne s'élèvera plus sur les doubles ruines de celle-ci; aucun nouvel empire ne sera fondé sur ces débris gigantesques de la gloire des anciens Romains. Le monde, comme l'individu, fleurit dans la jeunesse, s'élève dans la force de l'âge, et tombe avec la vieillesse dans la décadence; et les ruines d'un empire ressemblent aux formes décrépites d'un individu, avec cette différence que ces ruines gardent de plus quelques restes de beauté dont la nature les gratifie. Le soleil de la civilisation s'est élevé à l'orient, s'est avancé vers l'ouest, et plane maintenant à son méridien. Il est probable que dans quelques siècles on le verra descendre derrière l'horizon du côté du nouveau monde; l'obscurité couvrira les régions qui furent illuminées par une brillante lumière; des déserts de sable succéderont aux cités populeuses, et là où resplendissent des sillons dorés d'épis lourds et des prairies verdoyantes où paissent de riches troupeaux, on verra s'étendre des marécages solitaires.

C'étaient des images de cette nature que mon imagination évoquait. — Le temps qui purifie et pour ainsi dire sanctifie la pensée, me disais-je, détruit et entraîne le corps dans une entière décrépitude; même dans la nature, son influence paraît toujours dégradante. Les poëtes le représentent comme doué d'une jeunesse éternelle, mais parmi ces ruines je ne vois en lui que caducité et je ne distingue aucunes traces de rénovation.

J'avais à peine terminé cette phrase en imagination, que ma rêverie devint plus profonde; les ruines qui m'environnaient parurent s'évanouir devant mes regards indécis; la lumière de la lune devint plus intense, et son disque argenté parut répandre un fleuve de lumière. En même temps que les organes de ma vue paraissaient si singulièrement affectés, des sons vagues, mélodieux emplirent mon oreille, avec une douceur exquise, et cependant avec une puissance plus énergique et plus profonde que la mélodie la plus parfaite et la plus harmonieuse dont mes oreilles aient jamais été bercées. Il me sembla que je venais d'entrer dans un nouvel état d'existence, et j'étais si entièrement abandonné à la nouvelle espèce de sensation que j'éprouvais, que je perdis tout souvenir et jusqu'à la conscience de mon identité.

Tout à coup la musique cessa, mais la brillante lumière continua de m'envelopper, et j'entendis une douce voix, basse et pourtant très-distincte, qui paraissait sortir du centre de la clarté. Les sons offraient d'abord le timbre musical de ceux d'une harpe, mais ils devinrent bientôt *articulés,* comme s'ils eussent préludé à quelque sublime composition poétique. « Tu es, comme tous tes « frères, dit cette voix inconnue, complétement « ignorant de tout ce qui constitue ta propre na-« ture; ignorant du monde que tu habites, de tes « destinées futures et du plan de l'univers; et ce-« pendant tu as la folie de croire que tu connais « le passé, le présent et l'avenir. Je suis un esprit « non incarné, supérieur à toi de quelques degrés, « quoiqu'il y ait des millions d'êtres autant supé-« rieurs à moi en puissance et en intelligence que « l'homme est au-dessus du plus vil et du plus « frêle reptile qui rampe à ses pieds. Je puis t'ap-« prendre quelque chose. Laisse ton esprit s'aban-« donner entièrement à l'influence que j'exercerai « sur lui, et tu verras rapidement corrigées et « éclairées tes vues sur l'histoire du monde ter-« restre et sur le système céleste que tu habites. »

L'éclatante lumière s'éclipsa en ce moment; la voix douce et harmonieuse, qui était la seule manifestation de la présence d'une intelligence supérieure, cessa de se faire entendre. Je me trouvai plongé dans l'obscurité et dans le silence ; et bientôt il me sembla que j'étais transporté sur un fleuve d'air, sans éprouver d'ailleurs aucune autre sensation que celle de traverser rapidement l'espace.

Pendant que j'étais encore en mouvement, une clarté sourde et brumeuse, comme celle du crépuscule dans une matinée pluvieuse, occupa le champ de ma vue, et petit à petit je remarquai qu'une vaste campagne couverte de forêts et de marais se développait devant moi. J'aperçus des animaux sauvages paissant au sein d'immenses savanes, et des bêtes fauves, comme des lions et des tigres, venant les combattre et les dévorer. Je vis des sauvages nus se nourrissant des fruits des forêts et dévorant des crustacés, se disputant à coups de bâton les restes d'une baleine jetée sur le rivage. J'observai qu'ils n'avaient aucune habitation, qu'ils se cachaient dans des cavernes ou s'abritaient sous des palmiers. Les dattes et les noix de cacao étaient la seule nourriture agréable que la nature paraissait leur avoir donnée ; elles n'étaient qu'en petite quantité et formaient un objet de convoitise. Je reconnus qu'un certain nombre de ces malheureux êtres humains, qui habitaient la vaste étendue ouverte devant moi, avaient des armes garnies de *silex*[1] ou d'arêtes de poisson ; ils s'en servaient pour détruire des oiseaux, des quadrupèdes et des poissons, dont ils se nourrissaient sans les préparer par la cuisson. Leur plus grand régal semblait être certains vers, ou larves, qu'ils cherchaient avec une grande patience dans les bourgeons des palmiers.

Quand mes regards tombèrent sur les aspects variés de cette scène mélancolique, qui était alors éclairée par un soleil levant, j'entendis de nouveau la même voix qui m'avait surpris au Colisée.

Elle me disait : « Contemple la naissance des temps. Considère l'homme dans son état nouvellement créé, plein de jeunesse et de vigueur. Admires-tu ou envies-tu quelque chose de cet état ? » — Comme ces dernières paroles se faisaient entendre, je fus de nouveau emporté par un rapide essor, et je me sentis sous la puissance d'une force implacable qui m'entraînait sur un fleuve

---

1. Sir Humphry Davy a prévu ici (en 1828) les découvertes qui n'ont été faites que de nos jours sur *l'âge de pierre* et des cavernes, auquel succéda l'âge de bronze. La continuation de ce récit montrera combien la doctrine du progrès est plus acceptable pour la raison humaine que la doctrine de la déchéance. c. f.

d'air. L'obscurité m'enveloppa de nouveau comme précédemment, et me tint pendant quelques instants dans une nuit profonde.

Bientôt une clarté indistincte se manifesta de nouveau devant mes yeux, et un vaste pays m'apparut, en partie inculte et en partie cultivé. Il y avait moins de bois et de marécages que dans la scène précédente. Les hommes étaient couverts de peaux de bêtes, et faisaient paître les bestiaux dans des pâturages fermés. Ici on voyait les cultivateurs occupés à la moisson ; là on voyait des moulins broyer le blé en farine ; plus loin on devinait la fabrication et la cuisson du pain. Les chaumières étaient fournies de toutes les commodités de la vie champêtre. Ce peuple était dans cet état de progrès pastoral et agricole que les poëtes ont imaginé comme appartenant à l'âge d'or. La même voix, que j'appellerai celle du Génie, ajouta : « Regarde ces groupes d'hommes qui sont sortis de l'état d'enfance ; ils doivent leur propre avancement à quelques esprits supérieurs existant au milieu d'eux. Cet homme vénérable que tu observes là-bas, entouré d'une foule, leur enseigne à bâtir des chaumières ; de cet autre ils ont appris la domestication de certaines races animales ; d'autres, ils ont encore appris à conserver le blé et à le semer ainsi que les graines et les semences des fruits. Ces arts ne se perdront jamais; une autre génération les verra se perfectionnant; les maisons seront, dans un siècle, plus vastes et plus commodes, les troupeaux plus nombreux, les sillons d'or plus étendus, les marais seront desséchés et le nombre des arbres fruitiers augmenté. Il te sera donné d'autres visions de la succession des âges, mais comme tu es emporté par le fleuve qui descend de la période de la création jusqu'à l'époque actuelle, j'arrêterai seulement ton passage aux points convenables pour que tu puisses observer les événements démontrant les vérités que je veux te faire connaître, et qui te livreront le peu qu'il m'est permis de comprendre dans le plan de l'univers. »

De nouveau l'obscurité s'étendit autour de moi, le même essor m'emporta jusqu'au moment où une scène nouvelle parut s'étendre sous mes regards. Je décrirai cette scène et celles qui lui succédèrent, et je rapporterai les observations dont les accompagna la voix de l'être merveilleux qui paraissait être mon guide intellectuel.

Dans le tableau qui suivit celui du peuple pasteur et agricole, je vis une vaste étendue de plaines cultivées, d'importantes cités assises au bord de la mer, ornées de palais, de forums et de temples ; les troupes de cavaliers étaient occupées à des exercices militaires ; des galères étaient conduites par les rames sur l'Océan ; les routes se croisant sur le pays étaient couvertes de voyageurs et de véhicules traînés soit par des hommes, soit par des chevaux.

Le Génie prenant la parole : « Tu vois l'état primitif de la civilisation humaine, me dit-il ; les chaumières de la race précédente sont devenues des habitations perfectionnées et spacieuses, des palais et des temples dans lesquels l'utilité s'est mariée à l'ornement. Les hommes en petit nombre auxquels, comme je l'ai dit plus haut, on doit ces progrès, ont vu leur mémoire couronnée des honneurs divins. Les outils dont se sert cette génération sont uniquement composés de cuivre. Tu vois des hommes parlant aux foules qui les environnent, et d'autres qui distraient la foule en chantant ou en récitant des actes : ce sont là les premiers bardes et les plus anciens orateurs ; mais toutes ces manifestations de leur pensée sont orales, car le langage écrit n'existe pas encore. »

La scène qui vint ensuite m'offrit à la fois les œuvres de l'imagination et du travail matériel. Un homme tenait entre ses mains les mêmes instruments que ceux de la serrurerie de l'art moderne; il portait un vase qui parut être de fer, au milieu des acclamations d'une multitude assemblée s'avançant en procession triomphale vers des autels consacrés par le nom d'Apollon à Delphes. Dans la même place, on voyait des hommes munis de rouleaux de papyrus, et écrivant avec des roseaux imbibés d'encre faite de suie de bois mélangée avec une solution de colle. « Contemple, dit le Génie, l'immense transformation produite dans la condition de la société par les deux arts dont tu vois l'origine : l'un, celui de rendre le fer malléable, qui est dû à un seul individu, à un Grec obscur[1]; l'autre, celui de fixer les pensées sur des caractères écrits, art qui progressa graduellement depuis les hiéroglyphes que tu distingues sur ces pyramides. Désormais la vie humaine t'apparaîtra plus puissante et plus active. »

Un nouveau spectacle succéda de nouveau à ma vision. Je m'aperçus qu'on avait mis de côté

1. L'art de travailler le fer paraît remonter au règne de Minos Ier, qui vivait environ vers le milieu du xve siècle. L'histoire, qui garde avec tant de soins les noms des grands conquérants qui se sont servis du fer pour leur ambition personnelle, n'a point gardé le nom du travailleur qui a légué à la postérité l'art de fabriquer des instruments avec ce métal. c. f.

les instruments de bronze qui avaient appartenu au premier état social ; le fer malléable avait été converti en acier trempé, et cet acier était appliqué à mille usages de la vie civilisée ; des troupes s'en servaient pour les armures défensives et pour les armes offensives. Ces hommes, bardés de fer, quoique en petit nombre, subjuguaient des milliers de sauvages et établissaient parmi eux les arts et les institutions. Un petit nombre d'hommes, établis sur les côtes orientales de l'Europe, résistaient, avec les mêmes engins, aux forces réunies de l'Asie entière. Je vis une bande héroïque mourir en défendant la patrie, vaincue par une armée mille fois plus nombreuse, et cette même armée, à son tour, forcée de disparaître et détruite ou mise en fuite des rivages d'Europe par les frères des patriotes martyrs; ces hommes traversaient les mers, fondaient des colonies, bâtissaient des cités, et partout où ils s'établissaient apportaient avec eux leurs arts particuliers. Les villes et les temples s'élevaient, des écoles s'établissaient, et les bibliothèques s'enrichissaient de rouleaux de papyrus. Ce même acier, qui dans les mains du guerrier était un instrument si formidable de destruction, était appliqué par le génie de l'artiste à donner naissance, dans un bloc de marbre, à des formes même plus parfaites que celles de la vie ; les murailles des palais et des temples se tapissaient de tableaux sur lesquels apparaissaient les événements historiques dans la vérité de la nature rehaussée par la poésie et la pensée. La voix éveilla alors mon attention : « Tu as maintenant devant toi, me dit-elle, la vision de cet état de société qui est l'objet de l'admiration de la jeunesse des temps modernes, et dont le souvenir, accompagné des préceptes qu'il emporte avec lui, constitue une importante partie de ton instruction. Vos usages policés, vos organisations nationales et militaires, votre goût même dans les lettres et dans les arts, dérivent des modèles laissés par ce peuple ou par ses imitateurs immédiats, qui vont maintenant comparaître devant toi. »

Mes yeux s'ouvrirent, et je reconnus l'endroit même où j'étais assis au commencement de la vision.

Alors, au lieu d'une arène solitaire, je vis une immense multitude entassée sur les bancs du Colisée, théâtre orné de toutes les richesses que le monde entier pouvait lui fournir. Il y avait dans l'arène des animaux d'un genre étrange et qu'on voit rarement vivants dans l'Europe moderne : la girafe, le zèbre, le rhinocéros et l'autruche des déserts d'Afrique au delà du Niger, l'hippopotame du Nil supérieur et le tigre royal des rives du Gange. Promenant mes regards sur cette Rome ressuscitée dans son activité et son éclat d'autrefois, cette ville, traversée par ses aqueducs gigantesques, apportant l'eau même des Apennins neigeux, s'offrit à moi dans toute la splendeur de ses palais et de ses temples, et me parut être plutôt la création d'un pouvoir surnaturel que l'ouvrage de la main humaine! Laissant mes regards s'étendre au delà de la cité jusqu'à la campagne qui l'environne, je vis pour ainsi dire toute la face du monde ancien embelli des modèles en miniature de cette métropole magnifique. Partout où le Romain a conquis il a civilisé. Partout où le Romain a porté ses armes, là aussi il a fixé ses pénates; et depuis les déserts de l'Arabie jusqu'aux montagnes de la Calédonie, il paraissait n'exister qu'un seul peuple ayant les mêmes arts, le même langage, la même littérature... le tout d'origine grecque.

Bientôt l'aspect brillant de ce monde romain changea pour ma vue; les conquérants et les héros disparurent, les villes se remplirent d'une population paresseuse et adonnée au luxe : ces fermes, jadis cultivées par les guerriers qui quittaient la charrue pour commander les armées, étaient maintenant entre les mains des esclaves, et le corps des citoyens romains, dont le patriotisme s'insurgeait aux jours de danger, était remplacé par des mercenaires, qui mettaient l'empire aux enchères. Je vis un nombre immense de guerriers s'assembler au nord et à l'est, ne présentant d'autre indice de civilisation que leurs chevaux et leurs armes d'acier. Ils attaquèrent cet empire puissant ; ces villes furent pillées, ces monuments de l'art et ces œuvres de la littérature furent détruits ; la puissance romaine fut déchirée en lambeaux, et dévorée comme une proie sous la dent des bêtes fauves. La ruine, la dégradation, le malheur étaient devant moi ; mes yeux se fermèrent pour ne plus voir le désolant spectacle.

« Songe, me dit le Génie, à la triste fin d'un pouvoir que ses fondateurs tenaient pour éternel et invincible. Cependant, quoique la gloire et la grandeur militaires l'aient quitté, voici que les arts et les institutions qui ennoblissent la vie et l'embellissent, vont s'élever dans un autre état de société. »

Alors je vis l'Italie se relever de son abaissement, des villes avec des gouvernements s'organiser presque sur le modèle de l'ancienne Rome et d'Athènes, et de petits États rivalisèrent dans les armes. Les restes des bibliothèques étaient conservés dans les monastères et dans les églises, qui, respectés même par le Goth et le Vandale, devaient garder pour la postérité ces précieux dépôts. Rome ressuscita de ses cendres devant moi; les fragments des statues trouvés dans les ruines de ses palais devinrent les modèles de l'art régénéré; des temples superbes ornés des plus brillants chefs-d'œuvre, se dressèrent dans cette ville, élevée dès lors au rang unique de capitale du monde chrétien. Une cité toscane lutta avec elle pour la prééminence, et la civilisation fit ressentir son influence en Italie du midi au nord.

« Maintenant, reprit le Génie, la société a revêtu son aspect moderne et plus permanent en apparence; songe au contraste qui se révèle entre l'état actuel des lettres et des arts et ce même état sous le monde ancien. »

Aussitôt des bibliothèques remplies de livres au lieu de rouleaux de papyrus se montrèrent à mes yeux surpris.

« Contemple maintenant, continua le Génie, la presse inventée par Faust[1]. Par elle, les produits

---

1. Jean Fust, associé de Gutenberg. A notre avis, il a

de l'intelligence sont impérissables, et capables de se multiplier en nombre indéfini pour devenir l'héritage de l'esprit humain. Par cet art, au premier abord si peu remarqué, le progrès est assuré dans la société, et l'homme n'aura plus à s'humilier devant des scènes semblables à celles qui ont suivi la chute de l'empire romain. Considère les guerriers des temps modernes; la lance, la javeline, la cuirasse et le bouclier sont remplacés par le fusil et l'artillerie légère. Le moine allemand inventeur de la poudre n'a pas eu une minime influence sur le destin de l'humanité; les guerres sont moins personnelles; la force brutale est comparativement insignifiante; il faut maintenant

plus contribué par ses capitaux que par son génie à la formation de l'imprimerie par caractères mobiles et à l'application de la presse à bras au tirage. Les dernières recherches faites sur les origines de l'imprimerie donnent pour résultat définitif trois villes et quatre inventeurs. Les trois villes sont Harlem, Strasbourg et Mayence; les quatre inventeurs, Gutenberg, Faust, Coster et Schoiffer (1420-1450). Comme toutes les découvertes, celle-ci s'est faite par plusieurs efforts concourant au même terme. On confond souvent ce Faust (Jean Fust) avec le fameux magicien Faust du Wurtemberg, dont les faits et gestes ont fourni le thème de tant de poëmes et opéras. Il n'y a aucun rapport entre ces deux hommes, dont le second a été si singulièrement métamorphosé par la légende. C. F.

toutes les ressources de la civilisation pour maintenir une grande armée. L'or, l'adresse et la persévérance sont les éléments principaux du succès ; l'homme civilisé est infiniment supérieur au sauvage, et la poudre elle-même, assurant la durée à ses triomphes, garantit les nations cultivées contre les invasions des barbares.

« Il y a tant de ressemblance entre les deux ou trois siècles qui viennent de passer devant nous, qu'il ne faut prendre qu'une vue transitoire de leurs événements politiques et militaires. Toutefois, il ne faut pas que la vision de l'Europe moderne se passe sans que tu puisses juger de quelques autres résultats du génie, non inférieurs à ceux de la poudre et de la presse. Examine la science des philosophes grecs démontrée dans les écoles de l'Italie régénérée, tu la trouveras vague, obscure, et pleine d'erreurs; les systèmes de philosophie ne servent qu'à aveugler l'esprit. Les astrologues, qui prétendent prédire par l'aspect des positions des planètes le destin des individus, emploient l'astronomie, la plus sublime des connaissances humaines, à faire des dupes; dans les laboratoires, les alchimistes cherchent l'élixir de longue vie et la pierre philosophale ou l'art de convertir tous les métaux en or. Mais dans cet âge d'erreur et d'obscurité, quelques vérités saisies par un petit nombre d'esprits supérieurs sont découvertes et deviennent l'héritage permanent du monde.

« Parmi tous les personnages de cette époque, il y en a deux que je te prie de bien remarquer. L'un, Anglais[1], traça les voies à la découverte des vérités scientifiques; l'autre, Toscan[2], donna les preuves expérimentales des idées spéculatives de son frère dans la science. Un siècle plus tard, les académies se fondèrent en France, en Italie et en Angleterre; là les sciences furent approfondies et le vrai système du monde enseigné. Quant aux progrès, dans la pratique, de la chimie, de la physique et de la mécanique, ils sont merveilleux; et pour les apprécier en détail, il faudrait établir une comparaison entre l'état ancien et l'état moderne des sciences.

« Les vaisseaux du monde ancien, dont le moteur fut la main humaine, se font maintenant transporter par les vents; une aiguille d'acier touchée par l'aimant dirige le marin « sur la mer orageuse aux perfides sentiers, » entre l'ancien et le nouvel

---

1. Le chancelier Bacon (1561-1626).
2. Galilée (1564-1642).

hémisphère. Grâce aux études laborieuses d'un savant infatigable[1], nous assistons à la création d'un nouveau pouvoir, qui règne en maître aujourd'hui sur presque toute la mécanique appliquée, et qui, pourtant, n'a pas même été entrevu par les philosophes du temps passé. La vapeur, par des combinaisons qui paraissent douées d'intelligence, remplace non-seulement le travail des chevaux, mais encore celui de l'homme.

« A l'ordre d'une puissance dont les limites restent encore inconnues, les wagons[2] dévorent l'espace, les navires traversent l'onde amère malgré la tempête, et les ouvrages variés dus à des fabriques spéciales s'accomplissent eux-mêmes. A ces progrès, il faut encore en ajouter d'autres d'une nature secondaire, tels, par exemple, que l'ingénieuse faculté d'extraire des matériaux fossiles de nouveaux éléments de combustion, et en leur faisant subir une opération très-simple de les employer aussitôt à l'éclairage des habitations, des rues et des cités. Si tu examines les résultats

---

1. James Watt (1736-1819). Pour l'invention de la machine à vapeur, on pourrait ici, comme précédemment, signaler plusieurs noms à la reconnaissance de la postérité : Salomon de Causs, Denis Papin, Savery, Newcomen, Watt, Fulton, Stephenson. C. F.

2. *Waggons* are moved by it (1828).

du progrès dans la chimie, tu remarqueras de nouvelles substances d'une nature fort extraordinaire, trouvées par des travaux scientifiques d'un nouveau genre; tu remarqueras aussi des expériences en électricité conduisant à la conquête audacieuse de la foudre, à la faculté de désarmer de son pouvoir terrifiant le nuage chargé d'éclairs; enfin, tu peux maintenant prendre en mains des appareils doués par la sagacité humaine des mêmes facultés que les organes électriques de certains êtres vivants. De quelque côté du panorama historique que tu diriges tes regards, tu trouveras partout des marques de perfectionnement. Je veux aussi te convaincre que le résultat du travail intellectuel et l'esprit sientifique possèdent désormais la permanence et sont incapables de se perdre. Les dynasties changent leurs projets, les triomphes militaires et les gloires maritimes s'arrêtent, s'évanouissent, et ne deviennent bientôt qu'un souvenir; mais vois : l'aiguille aimantée conservera éternellement sa puissance, perpétuant à l'homme la faculté de dominer l'Océan insondable. Dans une ère nouvelle, on verra peut-être les armées des côtes de la Baltique descendre sur les rivages de l'Euxin, et l'empire de Mahomet tomber sous la domination d'un peuple du Nord; le pouvoir britannique en Asie peut avoir le même sort que celui de Tamerlan ou de Zengiskhan ; mais le bateau à vapeur qui monte les fleuves du nouveau monde continuera son action, et apportera la civilisation perfectionnée dans les forêts de l'Amérique du Nord et dans les pays incultes du Canada.

« Dans l'histoire générale du monde, presque tous les grands changements de nations sont confondus avec les dynasties, et l'on a coutume d'attribuer ces événements aux souverains et à leurs armées, tandis qu'en réalité ils tiennent leur origine de causes morales et intellectuelles [1]. Les gouvernements dépendent plus qu'on ne le suppose de l'état des peuples, et de l'esprit national de l'époque. Parfois il arrive qu'un esprit gigantesque supérieur à son temps se lève, tel que Pierre de Russie ou Alfred d'Angleterre ; mais ordinairement les grands bienfaiteurs de l'humanité n'appartiennent ni aux souverains, ni à la haute classe de la société. Les œuvres qui ont porté à la postérité les noms aujourd'hui les plus illustres, furent en leur propre temps négligées et

---

1. On ne saurait trop insister aujourd'hui sur cette grande vérité, qui mérite par son importance capitale d'être érigée en principe d'économie politique. C. F.

méprisées, et nous devons croire que ces esprits d'élite ont un plaisir bien grand et bien pur dans leur recherche de la vérité, pour se sacrifier, comme ils l'ont fait dans toutes les circonstances de la vie, afin d'offrir à leurs frères les bienfaits de leurs découvertes. Anaxagore, Archimède, Bacon, Galilée, dans leur martyre et dans leur mort, nous laissent de brillants exemples, et rien n'est plus frappant que l'ingratitude des hommes envers leurs bienfaiteurs. Plus tard, quand tu comprendras le plan de l'univers, tu trouveras que l'ensemble est gouverné par un principe immuable de justice. J'ai dit que dans le progrès tout grand événement se perpétue ainsi : le même blé qui, il y a quatre mille ans, s'est produit d'un végétal, invention de Cérès, forme encore aujourd'hui la nourriture principale de la famille humaine ; et la pomme de terre, peut-être le meilleur produit que nous ayons reçu du nouveau monde, s'étend sur l'Europe, et nourrira une immense population, alors même que le nom des indigènes qui l'ont cultivée les premiers sera entièrement oublié.

« Maintenant j'ai hâte de te faire remarquer quelques lois qui t'aideront à reconnaître les principes de la vie.

« Y a-t-il quelque chose de plus soumis au hasard que le sexe d'un enfant? Cependant, dans toute grande ville comme dans toute province, les relations entre les sexes se perpétuent dans leur inaltérable dualité. Dans un autre ordre d'idées, une partie de l'atmosphère pure se consume dans la combustion et la respiration ; les végétaux pendant leur vie rétablissent l'équilibre. Rien ne paraît plus fortuit que les porportions entre la vie végétale et la vie animale, et pourtant l'une est exactement la corrélation de l'autre. L'équilibre des sexes comme la constitution durable de l'atmosphère nous décèlent un principe intelligent.

« Dans la chute de l'empire romain, on voit un peuple épuisé par le luxe devenir la conquête des barbares, et les géants du Nord et de l'Est s'entremêler avec les myrmidons du Sud et de l'Ouest. Un empire est renversé, mais une nouvelle race plus vigoureuse de corps et d'esprit, — conséquence des alliances des hommes du Nord avec les femmes du Midi, — y jette la semence d'un progrès physique et moral. Les conquêtes des ambitieux et les migrations des races, quoiqu'elles aient pour moteur un but bien opposé, ont toujours eu le même résultat : le perfectionnement des diverses familles de la terre. Un conquérant dans son ambition, tel qu'un Alaric ou un Attila, qui amène ses légions de barbares dans le seul but de pillage, n'est qu'un instrument servant à exécuter un dessein qu'il ignore complétement; il conduit une race forte pour en améliorer une faible; les terres qu'il laisse désertes dans sa marche deviennent bientôt des champs cultivés, une population robuste et saine succède bientôt à la première. Le résultat de ces événements dans le monde politique et moral peut se comparer avec celui qui se produit dans le monde végétal, lorsque le vent équinoxial printanier jette le pollen d'une fleur sur le pistil d'une autre, au moment où la graine se forme; le vent ignorant produit ici le croisement des plantes et leur perfection. Chez l'homme, les causes morales et physiques se modifient les unes par les autres; la transmission des qualités héréditaires aux descendants est un trait distinctif du monde animal, qui se montre très-clairement dans le cas des principes morbides. C'est aussi un fait général que les habitudes et les moyens intellectuels gagnés par la culture sont transmis à la génération suivante, où ils prennent souvent une forme plus élevée, ce qui est parfaitement prouvé par l'histoire de certaines familles humaines. La souche caucasique a toujours conservé sa supériorité, tandis que le nègre, ou la race camuse, se fait toujours remarquer par un manque d'intelligence et d'aptitude artistique. En effet, cette dernière race n'a jamais été cultivée, et il lui faudra au moins un progrès de cent générations pour la mettre dans le même état où était la race caucasienne du temps de la formation de la république grecque. L'amélioration des races par la transmission des qualités héréditaires n'était pas restée inaperçue des législateurs anciens.

« La loi de Moïse prescrivit aux Israélites de conserver la pureté de leur sang, et il n'y avait pas pour eux de plus grand crime que de s'allier avec les nations idolâtres de leur voisinage. Sur le même principe, les Bramines de l'Hindoustan ont établi la loi de « *caste*, » qui rend héréditaires certaines professions. Dans ce tiède climat, où tout travail est accablant, on pourrait vraiment croire qu'il est nécessaire, pour arriver à une perfection dans quelque œuvre que ce soit, de recevoir en naissant une puissance spéciale par la succession héréditaire.

« Peut-être es-tu porté à croire, au premier abord, que ce mélange des races s'oppose au principe du perfectionnement; mais, réfléchis un ins-

tant à la nature des qualités de l'être humain...
Une faculté quelconque, lors même qu'elle est très-
parfaite, peut devenir un défaut par l'excès ; les
organes du toucher peuvent être délicats à un tel
point, qu'ils manifestent une sensibilité maladive.
L'oreille peut devenir singulièrement fine, au
point d'être plus susceptible aux sons discordants
qu'à la douceur de l'harmonie. Parmi les nations
qui ont depuis longtemps atteint un haut degré
de civilisation, les défauts dépendent ordinairement d'un excès de sensibilité, — défaut guéri
parfois dans la génération suivante, par l'influence organique d'une race plus forte.

« En te rappelant tes souvenirs de la vision de
l'histoire ancienne, tu trouveras qu'il n'y a jamais
eu de migration d'aucune race plus considérable
que celle de la race caucasienne, qui s'est dirigée
ordinairement du Nord au Sud [1]. La race nègre a
toujours été poussée devant ces conquérants du
monde, et les Peaux-Rouges diminuent en nombre
si constamment, qu'il est probable que dans quelques siècles d'ici il n'existera plus une goutte de
leur propre sang.

[1]. Ou plutôt du Nord-Est au Sud-Ouest, avec une tendance plus manifeste encore vers l'Ouest. c. f.

« Dans la population du monde, le grand but est clairement de produire les corps organisés les mieux doués pour jouir de la vie intellectuelle, et d'élever sans cesse l'homme au-dessus de l'état animal. Or, pour perpétuer les avantages de la civilisation, les races les plus capables d'en profiter sont protégées par ces lois naturelles, s'étendent, et aucune amélioration faite par un individu ne peut être perdue pour la société [1].

« Des formes vivantes se perpétuent dans la série des âges, et la quantité de la vie apparemment s'augmente. La population actuelle du globe se trouve beaucoup plus considérable qu'elle n'était pendant les siècles passés; et si la quantité de vie augmente, la quantité du bonheur, et surtout de celui qui résulte de l'exercice de l'intelligence, augmente aussi dans une proportion plus élevée encore.

« Tu vas me dire : « Est-ce que l'esprit s'engendre? est-ce que le pouvoir intellectuel est

---

[1]. On voit avec quelle sagacité Sir Humphry Davy a devancé son époque dans cette vision. Aurait-on pu annoncer en termes plus explicites les travaux de Geoffroy Saint-Hilaire, et mieux enseigner la théorie de l'élection naturelle, préconisée aujourd'hui par Darwin et les principaux physiologistes de la Grande-Bretagne ? c. f.

créé? » Ou bien : « La faculté mentale est-elle le résultat de la matière organisée et un perfectionnement nouveau donné à la machine, perfectionnement amenant le mouvement et la pensée ? »

Après avoir mis cette question dans ma tête, comme si j'avais eu l'intention de la lui adresser moi-même, mon Génie inconnu modifia l'intonation de sa voix, qui prit, au lieu de sa mélodieuse douceur, un timbre sonore et majestueux. « Je vous proclame, me dit-il, que ni l'une ni l'autre de ces vues ne sont vraies. Mon intention est de vous révéler les mystères des natures spirituelles ; mais il est à craindre que, voilé comme vous l'êtes par les sens corporels, ces mystères ne puissent vous être compréhensibles.

« Les âmes sont éternelles et indivisibles, mais leurs manières d'être sont aussi infiniment variées que les formes de la matière. Elles n'ont rien de commun avec l'espace, et, dans leurs transitions, sont indépendantes du temps, de sorte qu'elles peuvent passer d'une partie de l'univers à l'autre, par des lois entièrement étrangères au mouvement. La quantité ou le nombre des essences spirituelles, comme la quantité ou le nombre des atomes du monde matériel, sont toujours les mêmes ; mais leurs arrangements sont infiniment diversifiés, aussi bien que ceux des matériaux qu'ils sont destinés à gouverner. Les âmes sont des êtres intellectuels de divers degrés, appartenant en fait à l'Esprit infini. *Dans les systèmes planétaires* (de l'un desquels dépend ce globe que tu habites) elles sont transitoirement dans *un état d'épreuve*, tendant constamment et gravitant sans cesse en général *vers un mode d'existence plus élevé.*

« S'il m'était permis d'étendre ta vision jusqu'aux destinées des existences individuelles, je pourrais te montrer comment *le même esprit*, qui dans le corps de Socrate développa les fondations des vertus morales et sociales, fut dans celui du czar Pierre doué de la puissance suprême, et jouit du bonheur incomparable d'améliorer un peuple grossier. Je pourrais te montrer la monade spirituelle, qui avec les organes de Newton laissa voir une intelligence presque surhumaine, située *maintenant* dans un meilleur et plus haut état d'existence planétaire, puisant la lumière intellectuelle à une source plus pure et s'approchant plus près encore de l'Esprit infini et divin. Prépare donc ta pensée, et tu entreverras au moins, cet état supérieur et splendide, dans lequel vivent depuis leur mort les êtres qui ont déjà montré une haute intelligence sur la Terre, et qui s'élèvent dans leurs transitions à des natures nouvelles et plus célestes. »

La voix cessa. Il me sembla être dans les profondeurs d'une caverne froide et obscure, dont les murs du Colisée formaient les limites. Tout à coup, une brillante lumière rosée apparut en pleine force, dans le haut de cette caverne; et tandis que tout, en bas, restait plongé dans l'obscurité; tout, en haut, devint resplendissant et brilla d'une indicible clarté. Il me sembla en ce moment posséder un nouveau sens, et ressentir que la lumière apportait avec elle une douce chaleur; les suaves parfums des fleurs les plus odoriférantes se répandirent dans l'air, et mes oreilles furent charmées par les accords les plus harmonieux de la musique. Une légèreté tout aérienne fut accordée à mes membres, je me sentis lentement enlevé de la terre et monter graduellement dans la brillante clarté, laissant derrière moi la caverne froide et obscure, et les ruines qui l'encombraient.

Aucun langage ne saurait décrire ce que je ressentis en prenant l'essor à travers cette atmosphère lumineuse; je ne m'imaginai point muni d'ailes, comme il arrive souvent dans les rêves de ce genre, mais je montai doucement en sûreté comme si j'eusse fait moi-même partie de la colonne radieuse de lumière. Peu à peu cette atmosphère lumineuse qui était répandue dans tout l'espace devint plus circonscrite, et ne dépassa pas l'endroit qui m'entourait. A travers l'auréole dont j'étais enveloppé, j'aperçus l'azur du ciel, la lune et les étoiles, et je passai près de notre satellite, me sentant doué de la faculté d'aller le toucher de la main. Je vis Jupiter et Saturne comme ils nous paraissent dans nos meilleurs télescopes, et bien plus grossis encore, car on distinguait merveilleusement les bandes et les satellites. L'anneau double de Saturne m'apparut dans cet état de visibilité que William Herschel aurait tant voulu obtenir un jour, comme il m'en a souvent exprimé le désir. Je me crus sur le bord pour ainsi dire du système solaire, et ma sphère mouvante de lumière maintenant sembla s'arrêter.

De nouveau la douce et mélodieuse voix du Génie se fit entendre et me dit:

« Tu planes actuellement dans les régions limitrophes de ton système ; désires-tu continuer ton voyage, ou revenir à la Terre?

— J'ai quitté une demeure triste, obscure et froide, répondis-je; à présent je suis dans une région où tout est splendeur, lumière et vie. Avant de redescendre, laissez-moi contempler au moins, comme vous me l'avez promis, un aperçu de ces natures supérieures, de leurs manières d'être et de leurs jouissances.

—Dans cette partie du système qui est actuellement devant toi, sur ce monde gigantesque de Saturne, sur ses lunes et ses anneaux, il y a des créatures dont ton imagination n'a pu en aucune façon te donner la moindre idée, me répliqua le Génie. Je vais t'amener au bord de l'immense atmosphère de cette planète. Tu auras devant toi un champ assez vaste et assez peuplé pour t'émerveiller, et beaucoup plus que tu ne pourras même en comprendre avec ton organisation actuelle. »

Un mouvement de translation m'emporta aussitôt, et s'arrêta en peu de temps. Je vis sous mes regards une surface infiniment diversifiée, offrant quelque ressemblance avec un immense glacier. Ce champ était couvert de nombreuses colonnades qui paraissaient être de verre, et auxquelles étaient suspendues certaines formes rondes de diverses grandeurs, que j'aurais prises pour autant de fruits, si elles n'eussent été transparentes. Des fleuves d'un rose tendre et de couleur pourpre éclatante sortaient de monticules en apparence analogues à de la glace, dont le teint était d'un bleu vif, et tombaient dans des bassins où se formaient des lacs de la même couleur. Tournant mes regards vers le ciel, je vis à travers l'atmosphère des nuages bleus resplendissants comme du saphir, suspendus dans le vide et réfléchissant la lumière du soleil ; cet astre offrait à mes yeux un aspect nouveau, et paraissait beaucoup plus petit que sur la terre, comme s'il eût été voilé d'un brouillard bleu.

Dans l'espace déployé devant moi, je vis en mouvement des êtres gigantesques d'une forme indescriptible; ils paraissaient munis d'un système de locomotion analogue à celui du cheval marin, mais je m'aperçus avec une grande surprise que leurs mouvements s'effectuaient à l'aide de six membranes extrêmement minces, dont ils se servaient comme si c'eussent été des *ailes*. Leurs couleurs étaient belles et variées, les nuances dominantes étaient l'azur et le rose. La partie antérieure de leur corps était munie d'un grand nombre de tubes enroulés mobiles, dont la forme rappelait plutôt celle de trompes d'éléphants, que tout autre objet terrestre ; je ne fus pas peu étonné, et je dirai même désagréablement surpris, par le caractère bizarre des organes de ces êtres étranges ; et j'éprouvai même une peur insolite lorsque je m'aperçus que l'un d'eux montait et prenait son vol vers ces nues opaques dont j'ai parlé tout à l'heure.

« Je sais quelles réflexions t'agitent, me dit le Génie. L'*analogie* te fait défaut ici, et il te manque les éléments du savoir pour comprendre la scène qui se déroule devant toi. Tu es à présent dans le cas où se trouverait une mouche si son œil multiple était tout à coup métamorphosé en un œil semblable à celui de l'homme, et tu es complétement incapable de mettre ce que tu vois en *relation* avec tes connaissances normales antérieures. Eh bien, ces êtres, qui sont devant toi, et qui te paraissent presque aussi imparfaits que les zoophytes de vos mers polaires, auxquels ils ressemblent un peu dans leur organisation apparente, ce sont les habitants de Saturne. Ils vivent dans l'atmosphère. Leur degré de sensibilité et de bonheur intellectuel surpasse de beaucoup celui des habitants de la Terre. Ils sont doués de sens nombreux, de moyens de perception dont tu ne pourrais saisir l'action. Leur sphère de vision est beaucoup plus étendue que la tienne et leurs organes du toucher incomparablement plus délicats et plus finement perfectionnés. Il est inutile que j'essaye de t'expliquer leur organisation, tu ne saurais évidemment la concevoir; quant à leurs occupations intellectuelles, je vais essayer de t'en donner quelque idée.

« Ils ont asservi, modifié et appliqué les forces physiques de la nature, d'une manière analogue à celle qui caractérise l'œuvre industrielle de l'homme terrestre; mais jouissant de pouvoirs supérieurs, ils ont obtenu des résultats également supérieurs. Leur atmosphère ayant beaucoup plus de densité que la vôtre, et la pesanteur spécifique de leur planète étant moindre, ils ont pu déterminer les lois qui appartiennent au système solaire avec beaucoup plus de précision qu'il ne vous serait possible d'apporter à cette connaissance; et le premier venu de ces êtres saurait t'annoncer quels sont en ce moment la position et l'aspect de votre lune, avec une telle précision que tu serais convaincu qu'il la voit, tandis que sa connaissance ne serait pourtant que le résultat du calcul.

« Leurs sources de plaisir sont de la plus haute nature intellectuelle : avec le magnifique spectacle de leurs anneaux et de leurs lunes qui gravitent autour; grâce aux combinaisons variées nécessaires pour comprendre et prédire les rapports de ces merveilleux phénomènes, leurs esprits sont dans une activité incessante, et cette activité est une source perpétuelle de jouissances. Votre connaissance du système solaire se borne à Uranus[1], et les lois de cette planète tracent les bornes de vos résultats mathématiques. Mais ces êtres ont pénétré les mystères planétaires d'un autre système, et même ils discutent sur les phénomènes présentés par les autres soleils. Les comètes, sur lesquelles votre histoire astronomique est si imparfaite, leur sont devenues très-familières, et leurs positions sont marquées dans leurs éphémérides avec la même exactitude que celles de Jupiter et de Vénus le sont dans vos éphémérides. La parallaxe des étoiles fixes les plus rapprochées est aussi rigoureusement mesurée par eux que celle de leur propre soleil, et ils possèdent une histoire détaillée des changements qui ont eu lieu dans le ciel, lesquels sont causés par des lois qu'il me serait inutile de chercher à t'apprendre. Ils sont familiers avec les révolutions et les usages des co-

1. Aujourd'hui à Neptune, situé à 1 milliard 147 millions de lieues du soleil, et décrivant son orbite circulaire de près de 7 milliards de lieues en une année de 165 ans

mètes; ils connaissent le système de ces formations météoriques de pierres qui ont naguère
causé sur votre terre un si profond étonnement;
ils ont enfin noté les changements graduels qui
s'opèrent dans les nébuleuses pendant leurs transformations en systèmes, de sorte qu'ils peuvent
prédire leurs modifications futures. Leurs annales
astronomiques ne ressemblent pas aux vôtres,
qui ne remontent qu'à vingt siècles, au temps
d'Hipparque : ils embrassent une période cent fois
plus longue[1], et leur histoire civile est aussi exacte
pendant toute cette durée que leur histoire astro-

---

1. L'année de Saturne est 29 fois et demie plus longue que la nôtre ; les habitants de cette planète ne comptent que 2 ans quand nous en comptons 59. Un siècle pour eux fait près de 3,000 ans (2947 pour nous). A cette diffé-rence dans la longueur de l'année, ajoutons la différence dans la durée du jour. Saturne tournant sur lui-même en 10 heures 16 minutes, il en résulte qu'il n'a en moyenne que 5 heures environ de jour et 5 heures envi-ron de nuit. Au lieu de 365 jours terrestres que compte notre année, celle de Saturne est composée de 25421 jours saturniens. La densité de Saturne est la plus faible de toutes : les 12 centièmes seulement de celle de la terre. Le poids total de la planète est 92 fois plus lourd que ce-lui du globe terrestre. Son volume, d'après les dernières mesures, égale 865 Terres réunies.—Ce monde gigantesque est près de dix fois plus éloigné du soleil que la Terre que nous habitons. C. F.

nomique. Comme je ne puis faire à ton entendement la description des organes de ces êtres merveilleux, je ne puis davantage te faire connaître leurs modes d'existence; mais comme ils cherchent le bonheur dans les œuvres intellectuelles, tu peux en conclure que ces modes d'existence offrent la plus frappante analogie avec ce que sur votre Terre l'on appellerait la plus haute perfection.

« Un autre point non moins important est d'ajouter qu'ils n'ont point de guerres, et qu'ils n'ambitionnent que la grandeur intellectuelle; ils ne ressentent aucune de vos passions, si ce n'est un grand sentiment d'émulation dans l'amour de la gloire. Si je devais te montrer les diverses parties de la surface de cette planète, tu apprécierais les résultats merveilleux du pouvoir dont sont douées ces hautes intelligences, et la manière admirable dont elles ont su appliquer et modifier la matière.

« Ces colonnes, qui paraissent sortir d'un glacier inférieur, sont des œuvres d'art, dans l'intérieur desquelles s'accomplissent des travaux ayant pour objet la formation et l'accommodation de leur nourriture. Des fluides de couleurs brillantes sont les effets de ces opérations, analogues à celles qui sur la Terre se font dans vos laboratoires, ou, pour mieux dire, dans vos appareils culinaires, car, tout ceci a pour objet leur système de nourriture. Ils ne se nourrissent pas comme vous d'aliments grossiers, mais de fluides.

« Ces beaux nuages d'azur, vers lesquels tu voyais, il y a quelques minutes, un de ces êtres diriger son vol, sont aussi des œuvres d'art; on pourrait les appeler des chars aériens dans lesquels les habitants se font transporter parmi les régions différentes de leur atmosphère, afin d'y gouverner les quantités de température et de lumière les mieux adaptées à leurs recherches scientifiques, ou les plus convenables pour les avantages de la vie physique.

« Sur le bord visible de l'horizon que nous apercevons autour de nous, tu peux voir, à l'est, une ombre ou tache très-obscure, dans laquelle la clarté du soleil paraît entièrement absorbée; c'est la lisière d'une masse immense de liquide analogue à votre Océan, dont elle diffère cependant en ce qu'elle est habitée par une race d'êtres intelligents, inférieurs, il est vrai, à ceux qui appartiennent à l'atmosphère de Saturne, mais possédant, néanmoins, des pouvoirs d'une grande étendue, et doués d'une puissance intellectuelle très-développée.

« Je pourrais maintenant te transporter en d'autres planètes, et te montrer dans chacune des êtres particuliers, offrant certaines analogies les uns avec les autres, mais différant essentiellement dans leurs facultés caractéristiques.

« Sur Jupiter, tu verrais des créatures analogues à celles que tu viens d'observer sur Saturne, mais munies de moyens de locomotion bien différents. Dans les mondes de Mars et de Vénus, tu trouverais des races dont les formes sont plus rapprochées de celles qui appartiennent à la Terre ; mais, dans chaque partie du système planétaire, il existe un caractère spécial à toutes les natures intellectuelles : c'est le sens de la vision, la faculté organique de recevoir les impressions de la lumière. Tu ne manquerais pas d'apercevoir que tous les arrangements et les mouvements des corps planétaires, de leurs satellites, de leurs atmosphères tendent à ce résultat. Les âmes, dans leurs transmigrations d'un système à un autre, en progressant toujours vers le savoir et la puissance, conservent au moins ce caractère invariable, et leur vie intellectuelle est en connexion permanente avec l'œuvre de la lumière.

« Aussi loin que ma connaissance s'étende, je puis dire que les systèmes organisés les plus parfaits, même dans les autres parties de l'univers, possèdent encore cette source de sensibilité et de jouissance ; mais leurs organismes, d'une subtilité inconcevable pour vous, sont formés de fluides autant élevés au-dessus de l'idée générale que vous vous faites de la matière, que les gaz les plus subtils que tes études t'ont montrés sont au-dessus des solides terrestres les plus lourds.

« Le grand univers est partout occupé par *la vie;* mais le mode de manifestation de cette vie est infiniment diversifié, et il faut que les formes possibles, en nombre infini, soient revêtues par les natures spirituelles avant la consommation de toutes choses.

« La comète s'enfuyant à travers les cieux, avec sa traînée lumineuse, s'est déjà montrée à tes regards ; eh bien ! ces mondes singuliers sont aussi le séjour d'êtres vivants, qui puisent les éléments et les joies de leur existence dans la diversité des circonstances auxquelles ils sont exposés ; traversant pour ainsi dire l'espace infini, ils sont continuellement charmés par la vue de mondes et de systèmes nouveaux. Imagine si tu le peux l'étendue incommensurable de leurs connaissances ! Je puis, si tu le désires, te donner un aperçu d'un monde cométaire. »

Emporté de nouveau par un mouvement rapide, je passai avec la plus grande vitesse à travers un espace lumineux : je vis Jupiter et ses satellites, Saturne et ses anneaux ; le soleil arriva près de moi, non plus voilé par le brouillard bleu, mais, dans tout l'éclat d'une éblouissante splendeur. Enveloppé dans une auréole mystérieuse et dans une espèce de lumière rougeâtre brumeuse, semblable à celle qui m'avait premièrement entouré dans le Colisée, je vis en mouvement autour de moi des sphères qui paraissaient composées de flammes et de couleurs différentes. Une atmosphère vague et étrangement éclairée s'étendait au loin dans l'espace.

Dans quelques-unes de ces sphères j'aperçus des figures qui ressemblaient à des faces humaines ; mais la ressemblance était tellement dénaturée et terrible, que je m'efforçai d'en détourner mes regards.

« Tu es à présent, me dit le Génie, dans un système cométaire ; ces globes de lumière qui t'entourent sont des formes matérielles, semblables à celle que l'une des croyances religieuses de la Terre ont accordée aux séraphins ; ces êtres vivent dans un élément qui te détruirait ; ils communiquent entre eux par des manifestations qui réduiraient en cendres vos corps organisés; actuellement ils sont dans la plénitude de leur jouissance, car ils vont entrer dans l'atmosphère flamboyante du soleil. Ces êtres tellement grands, tellement glorieux, doués de fonctions qui te sont incompréhensibles, jadis appartinrent à la Terre; leurs natures spirituelles se sont élevées par les degrés différents de la vie planétaire, se sont dépouillées de leur poussière, et n'ont emporté avec elles que leur puissance intellectuelle. Ils habitent maintenant ces astres glorieux, qui les mettent en relation avec les diverses régions du grand univers.

« Tu me demandes en esprit s'ils ont quelque connaissance ou souvenir de leurs transmigrations? Raconte-moi tes propres souvenirs dans le sein de ta mère, et je te donnerai ma réponse...

« Apprends-le donc, c'est la loi de la sagesse suprême : qu'aucun esprit n'apporte dans un autre état d'existence des habitudes ou des qualités mentales autres que celles qui sont en rapport avec sa situation nouvelle. Le savoir relatif à la Terre ne serait pas plus utile à ces êtres glorifiés, que ne le serait leur poussière terrestre organisée, laquelle dans une température pareille serait réduite à son dernier atome ; sur la Terre même, le papillon n'emporte pas avec lui dans l'air les organes ou les appétits de la chenille rampante de laquelle il est sorti. Toutefois, il y a un sentiment, une passion, que la monade ou essence spirituelle conserve toujours avec elle dans tous les étages de son existence, et qui chez ces êtres heureux et élevés s'augmente perpétuellement encore. C'est l'*amour du savoir*, c'est cette faculté intellectuelle, qui devient en effet, dans son dernier et plus parfait développement, l'amour de la sagesse infinie et l'union avec Dieu. Voilà la grande condition du progrès de l'âme en ses transmigations dans la vie éternelle.

« Même dans la vie imparfaite de la terre, cette passion existe à quelque degré; elle s'accroît avec l'âge, survit au perfectionnement des facultés corporelles, et au moment de la mort se conserve dans l'être conscient. La destinée future de l'être dépend de la manière dont cette passion intellectuelle a été exercée et agrandie pendant son épreuve terrestre transitoire. Si elle a été mal appliquée, si elle n'a eu que les formes d'une curiosité vague, d'une ambition non satisfaite, d'une vaine gloire, d'un orgueil oppressif, l'être est dégradé, il descend dans l'échelle des existences, et continue d'appartenir à la terre ou à quelque système inférieur, jusqu'à ce que ses défauts soient corrigés par les épreuves pénibles d'existences nouvelles. Nous nous faisons nous-mêmes ce que nous sommes. Au contraire, quand l'amour de la perfection intellectuelle s'est exercé sur de nobles objets, dans la contemplation et dans la découverte des propriétés des formes créées, lorsque l'esprit s'est efforcé d'appliquer ses études à un but utile et bienfaisant pour l'humanité, aussi bien qu'à la connaissance des lois ordonnées par l'Intelligence suprême, la destinée du principe pensant continue de s'effectuer dans l'ordre ascendant; il monte à un monde planétaire supérieur.

« Au lieu donc de te représenter, comme dans ton ignorance d'autrefois, l'univers sidéral sous l'aspect d'une immensité lugubre et stérile, illuminée simplement des clartés nocturnes, au lieu de croire que l'œuvre vivante du Créateur se borne à la terre prétendue centrale et à son humanité prétendue unique, tu dois maintenant *savoir* que tous ces mondes innombrables de l'espace sont habités comme le vôtre; qu'il y a là des humanités vivant et pensant aussi bien qu'à la surface de votre planète; que votre humanité est l'une des plus ignorantes et votre monde un séjour inférieur; et que la destinée des âmes et des êtres est de s'élever éternellement vers la possession du vrai et du bien par la loi universelle du progrès indéfini.

« De la hauteur à laquelle tu as été transporté, ajouta le Génie en terminant, je pourrais maintenant te faire descendre dans les régions basses, *ad inferos*, et te montrer des natures intellectuelles inférieures même à celles qui appartiennent à la Terre, soit dans votre Lune, soit dans les planètes subalternes, et je pourrais te démontrer comment la douleur et le mal moral servent dans le plan général à l'élévation des natures spirituelles; mais je ne veux pas détruire la beauté de ton idée présente du plan de l'univers par le triste tableau des effets des mauvaises passions, et par l'exemple de la manière dont le mal est corrigé et détruit. Il est préférable que ta vision soit terminée ici par la contemplation glorieuse des habitants des mondes cométaires que tu viens de faire, et par le tableau des destinées générales des âmes que je viens de te décrire. Je ne puis te montrer les êtres du système auquel j'appartiens moi-même, celui du Soleil, tes organes périraient devant notre éclat; et tout ce que je puis faire c'est de m'être rendu présent à toi comme le son d'une voix intellectuelle. Nous aussi nous sommes en progression, mais nous voyons et nous connaissons quelque chose des plans de la Sagesse infinie ; nous sentons la présence personnelle de cette Divinité suprême que vous ne faites qu'imaginer. A vous la foi, à nous la science. Nos plus suaves délices sont la conviction où nous vivons de savoir que nous sommes des lumières allumées par Sa lumière et que nous appartenons à Sa substance. Obéir, aimer, admirer, adorer : telles sont nos relations avec l'Intelligence infinie. Nous sentons que Ses lois sont celles de la justice éternelle, et qu'elles gouvernent toutes choses, depuis les plus glorieuses natures intellectuelles appartenant au Soleil et aux étoiles fixes, jusqu'à la plus mince étincelle de vie animant un atome de matière sur la plus modeste des planètes habitées. »

Ici la douce et sympathique voix cessa de se faire entendre. Il me sembla que je tombais. Une langueur inconnue sembla envelopper mes membres, puis les rendre soudain à la circulation de la vie. Un frisson parcourut tout mon corps ; puis, sans efforts, je me sentis réveillé de cette extase à l'appel de mon nom, crié par mon domestique qui me cherchait dans les ruines. — Mes amis m'attendaient au palais F..... Je me laissai conduire à ma voiture, qui stationnait depuis une heure à l'entrée du Colisée.

Il serait superflu d'exposer ici combien nous avons été heureux de trouver dans l'illustre chimiste la confirmation de nos croyances les plus chères. C'est là un témoignage de plus que la doctrine de la *Pluralité des Mondes habités* a été sentie et partagée par tous les esprits adonnés à l'étude de la nature. Sir Humphry Davy découvre dans sa vision imaginaire les populations célestes qui vivent à la surface des autres terres de notre système. Il offre ainsi sa conviction intime à l'illustration de notre grande doctrine. Voilà le point important et significatif de la part du savant auteur des *Derniers jours d'un Philosophe.*

Quant à la forme, c'est une question de détail et d'appréciation individuelle. Sans doute, il ne manquera pas de paraître étonnant à nos lecteurs que le philosophe extatique du Colisée ait muni les habitants de Saturne de tubes organiques et les ait fait flotter dans l'atmosphère saturnienne. Ce sont là des formes, on en conviendra, singulièrement originales. Mais nous avons démontré (*Voir les Mondes imaginaires et les Mondes réels*) dans notre chapitre sur « le type humain sur les autres Mondes et les formes des êtres vivants, » que les habitants des autres planètes diffèrent certainement de nous dans leur forme [1]. Quoique nous ne puissions nous représenter une intelligence pensante et active que sous notre forme humaine et dans un cerveau semblable au nôtre, quoique nos sens actuels nous paraissent absolument nécessaires aux manifestations de la vie intellec-

[1] Voir aussi nos *Terres du Ciel.*

tuelle, quoique toute forme humaine imaginée différente de la nôtre semble être une monstruosité, cependant nous avons déclaré au nom de l'astronomie comparée, au nom de la différence d'intensité des forces mécaniques, physiques et chimiques en action sur les autres mondes, et au nom même de l'enseignement de la physiologie terrestre, que le type humain doit différer essentiellement d'une planète à l'autre, suivant les milieux, et selon l'ensemble des forces qui ont présidé aux manifestations de la vie sur chaque monde. Nous sommes assurément flatté de voir Sir Humphry Davy émettre les mêmes conjectures sous un autre aspect.

L'illustre chimiste annonce aussi dans sa vision que les comètes sont habitées, et par des intelligences supérieures à nous. Pour lui, le soleil, et les étoiles qui sont autant de soleils, sont habités également par des êtres supérieurs. Nous avons relaté dans les *Mondes imaginaires*, p. 513 et 535 que plusieurs savants s'étaient posé la question de l'habitabilité des comètes; ce problème a été résolu de diverses façons.

Le philosophe anglais Derham, auteur de l'*Astro-theology*, pense que ces astres vagabonds, soumis alternativement à une chaleur torride et à un froid glacial, sont de véritables enfers, séjours d'âmes réprouvées. Le soleil partage la même réprobation.

L'astronome allemand Bode pense diamétralement le contraire. Pour lui, les comètes sont de vrais paradis ambulants, d'où l'on est magnifiquement placé pour voir du pays et s'instruire. Ce sont des esprits supérieurs qui habitent ces observatoires célestes. Le soleil et les étoiles sont pour Bode le séjour d'esprits glorifiés. On voit que Sir Humphry Davy émet la même opinion.

Il faut convenir, du reste, que si la doctrine de la Pluralité des mondes habités est incontestable dans son établissement général, il n'en est pas de même de ses applications spéciales. Ce sont là des problèmes sur lesquels l'imagination seule aura prise d'ici à de longs siècles.

En plaçant cette vision après la discussion du catholique et du protestant, l'auteur a magnifiquement montré ainsi combien la contemplation générale de la nature surpasse dans sa poétique grandeur toutes les dissertations métaphysiques et surtout dogmatiques.

Mais ce n'est pas seulement au point de vue astronomique que nous devons faire remarquer l'opinion mûrie du savant président de la Société royale d'Angleterre. On n'aura pas manqué de constater dans les pages qui précèdent la doctrine de la *transmigration* des âmes de mondes en mondes à travers l'infini des cieux. Nous n'hésitons pas ici à proclamer de nouveau que c'est la seule forme rationnelle sous laquelle la science moderne puisse nous autoriser à définir l'état de l'immortalité de l'âme et les régions de la vie éternelle. C. F.

SECOND DIALOGUE

LA RELIGION

SECOND DIALOGUE

LA RELIGION

La nature. — Conversation au sommet du Vésuve au lever du soleil. Discussion sur la vision du Colisée. Les rêves. — Reprise du problème de l'état primitif de l'humanité. Revendication de la loi du progrès et de la puissance de la raison humaine. Arguments du catholicisme. — Les religions et la religion. La foi en l'action miraculeuse de Dieu est une *idée* dans l'homme. Christianisme et libre examen. Dieu et l'immortalité.

Les mêmes amis, Ambrosio et Onuphrio, qui m'avaient accompagné à Rome pendant l'hiver, à l'époque de la vision précédente, m'accompagnèrent à Naples pendant le printemps. Diverses conversations philosophiques s'engagèrent de temps à autre entre nous pendant le cours de notre voyage, conversations souvent importantes et auxquelles la diversité de nos opinions imprima un caractère de discussion sérieuse. Il sera intéressant de rapporter ici l'un de ces entretiens, qui eut lieu un soir sur le sommet du Vésuve. La nature de ces méditations se trouve en connexion avec la vision du Colisée, et présente un double aspect scientifique et philosophique.

Nous avions atteint avec quelque difficulté le bord du cratère, et nous admirions la scène merveilleuse qui nous entourait. Bientôt nous nous trouvâmes installés sur la cime, comme sur la terrasse d'un observatoire, et la conversation s'engagea sur le grand spectacle déployé sous nos regards.

« Il est difficile de dire si c'est la sublimité ou la beauté qui domine dans ce spectacle, fit d'abord remarquer *Philaléthès*[1]. La nature apparaît tantôt souriante et tantôt sombre, dans son activité comme dans son repos. Volcan terrifiant ! quelles forces sont enfermées dans ce colossal laboratoire de la nature, avec ses feux incessants, son tonnerre et ses éclairs souterrains, ses tourbillons de fumée, ses pluies de pierre, ses fleuves de lave en fusion ! Quel contraste entre l'obscurité du cratère, les ruines et la désolation qui l'entourent, et la scène luxuriante de là-bas ! Là, nous voyons de riches campagnes couvertes de houblon, de maïs, de millet, traversées par des allées d'arbres qui

---

[1]. Ce troisième personnage paraît représenter sir Humphry Davy lui-même.

supportent de gracieuses et verdoyantes guirlandes
de vignes; les orangers et les citronniers couverts
de fruits d'or tapissent les vallons abrités; les
oliviers s'étendent sur les côtes ; des îles empourprées dans les rayons du soleil couchant parsèment la mer à l'occident, et le ciel est coloré
d'une teinte rougeâtre qui, insensiblement, se
fond dans la pure lumière de l'azur ; les montagnes lointaines gardent encore une partie de
leurs neiges de l'hiver, mais il semble qu'on voie
ces neiges se fondre, lorsqu'elles réfléchissent ainsi
les rayons du soleil couchant, brûlant comme une
flamme sur la mer. Devant ce grand spectacle
même, l'homme ne paraît-il pas être encore
l'émule de la nature ? La ville étendue à nos
pieds est toute en activité ; la baie est couverte de
barques, une foule affairée se coudoie sur la plage;
de toutes parts on voit en action les œuvres de
la société civilisée : ici des maisons en construction, là des navires au chantier, plus loin une
fabrique de cordages, et dans la campagne lointaine les travaux du cultivateur ; non-seulement
nous apercevons d'ici ce vaste ensemble d'arts
utiles, mais on peut même encore deviner, d'où
nous sommes, les amusements d'une capitale un
peu frivole. Ne voyez-vous pas là-bas ce peuple

mélangé qui entoure un polichinelle, ces groupes qui se pressent autour des baraques, et ces lazzaroni qui font consister leur bonheur à manger et surtout à boire ?

AMBROSIO. — Nous n'avons pas seulement sous les yeux la puissance et l'activité de l'homme tel qu'il existe en notre siècle, puissance dont le bateau à vapeur qui part en ce moment pour Palerme nous présente un magnifique symbole; mais nous pourrions aussi voir des scènes capables de nous transporter au sein de l'antiquité, et, pour ainsi dire, de nous faire revivre au temps des âges disparus. Ces petits bâtiments carrés, à peine visibles dans le lointain, sont les tombeaux des hommes qui furent illustres parmi les premiers colons grecs du pays ; et ces rangées de maisons sans toits, qui paraissent en construction, forment une ville romaine restaurée de ses cendres, cité qui pendant des siècles est restée comme effacée de la terre[1]. Lorsqu'on l'étudie en détail, on a de la peine à éviter l'illusion que ce ne soit pas une ville nouvelle qui s'élève ; on est tenté de se demander où sont les ouvriers, tant les murailles sont bien conservées, tant les couleurs sont res-

1. Pompéi.

tées fraîches et vives. Me permettrez-vous de vous dire que pour moi rien ne manque à cette scène pour en faire un épitome magnifique de tout ce qu'il y a d'admirable dans la nature et dans l'art? mais que pourtant je trouverais cette miniature plus parfaite encore, si l'on pouvait ajouter à toutes ces richesses une belle rivière et une cascade!

Philaléthès. — Voilà une singulière idée! Vous éprouvez le besoin de faire des additions à une scène qu'il est impossible d'embrasser en un même coup d'œil, et qui surtout présente à la fois tant de sujets à la mémoire, à l'imagination et aux sens? Eh bien! il y a justement une rivière dans la vallée, entre Naples et Castel del Mare; vous pouvez distinguer d'ici son fil d'argent, et même, dans le lointain, l'écume blanche de sa course torrentueuse. Laissez-moi ajouter à mon tour que, si vous étiez géologue, vous trouveriez ici un choix tout particulier de sujets d'études, que l'on ne découvre pas à première vue dans le spectacle apparent qui nous entoure. Le paysage de Somma, par exemple, qui est devant nous, offre un exemple remarquable d'une montagne formée de dépôts marins, et qui a été soulevée par le feu souterrain; et là-bas, à la base, ces veines singulières et larges, que vous voyez d'ici s'élever à travers la substance des couches, sont composées de porphyre volcanique ; elles nous donnent un exemple authentique du mode de génération des roches et des formations minérales.

Onuphrio. — En passant par Portici, sur le chemin qui contourne la base du Vésuve, il me semble avoir remarqué une pierre, portant une ancienne inscription romaine, et qui se trouve encastrée dans le portail du palais moderne des Barberini.

Philaléthès. — Ce n'est pas là une circonstance bien rare ; la plupart des pierres dont on s'est servi pour construire les palais de Portici avaient déjà été employées, il y a plus de deux mille ans, dans les constructions élevées par les Romains ou les Grecs colons, et c'est un fait digne de remarque que les monuments d'Herculanum, ville couverte de cendres et de lave depuis la première éruption vésuvienne dont on parle dans l'histoire (il y a plus de dix-sept cents ans), doivent avoir été construits de matériaux volcaniques, produits par quelque action antéhistorique de la montagne. C'est encore un intéressant sujet de méditations, de penser que l'homme, n'écoutant ni la voix du temps, ni les avertissements de la nature, devait continuer pendant tant de siècles à bâtir ses cités avec des matériaux volcaniques et dans ces régions exposées aux forces destructives de la nature.

Onuphrio. — Cette dernière réflexion me rappelle une idée que Philaléthès a émise, en nous racontant le rêve original qu'il nous a présenté comme réel. C'est que les faits importants qui peuvent être utiles au monde ne sont jamais perdus, et peuvent être comparés à ces pierres qui, couvertes de cendres ou cachées sous des ruines, sont sûres néanmoins de voir encore le jour et d'être utilisées, dans l'avenir, sous quelque forme nouvelle.

Ambrosio. — Je n'admets pas absolument l'exactitude de l'analogie dont parle Onuphrio. Quant à la fameuse vision, je souhaiterais volontiers de l'entendre expliquer par Philaléthès. Je la considère comme une espèce de résumé poétique de ses opinions philosophiques, et je sens le besoin d'avouer tout simplement que ce songe n'est pas autre chose, pour moi, qu'une toile habilement tramée par son imagination, pour nous attraper comme de pauvres mouches voltigeant sur l'aile de la curiosité et se laissant prendre au premier piége.

Philaléthès. — Vous êtes dans l'erreur, Ambrosio. Si vous y tenez absolument, je vous accorderai que le rêve ne s'est pas accompli tout entier au Colisée ; mais, soit en ce lieu, soit en d'autres circonstances, ces choses me sont réellement apparues pendant mon sommeil. Une fois, très-certainement, il me sembla quitter la terre et prendre mon essor dans l'espace infini, sous la conduite d'un génie tutélaire. L'origine et les progrès de la société civile sont, de la même manière, les parties d'un autre rêve que je fis il y a quelques années ; et c'est dans la rêverie où je restai plongé après que vous m'eûtes quitté dans le Colisée, que j'associai ensemble toutes ces pensées, et leur donnai la forme sous laquelle elles se succèdent dans cette vision.

AMBROSIO. — Alors, nous pouvons sans doute la considérer comme la représentation exacte de vos véritables et intimes convictions.

PHILALÉTHÈS. — Sans doute. Je ne suis pas, néanmoins, tout à fait convaincu que les rêves donnent toujours la représentation exacte de l'état de notre esprit. Certainement, il n'y a pas absolument d'idées nouvelles produites pendant le sommeil ; et cependant, j'ai éprouvé dans ma vie plus d'un cas de combinaisons extraordinaires effectuées dans mon esprit pendant le sommeil, et qui ont eu une influence considérable sur mes sentiments, sur mon imagination et sur ma santé.

Onuphrio. — Eh! Philaléthès, n'allez-vous pas devenir visionnaire, avec de telles idées? Ne craignez-vous point d'être mis au rang de Jacob Bœhme et d'Emmanuel Swedenborg? Dans les siècles passés, vous auriez pu être un prophète, sans doute, un Mahomet savant! — Vous seriez bien aimable de nous faire connaître un de ces exemples qui ont produit une influence si merveilleuse sur votre imagination et sur votre santé ; nous pourrions ainsi former quelque jugement sur la nature de votre seconde vue, juger s'il y a là quelque base sérieuse, ou si ce n'est pas plutôt là, comme je le crois réellement, des inventions toutes gratuites de la fantaisie, des rêves sur des rêves.

Philaléthès. — J'avoue, mes chers compagnons, que je n'attends d'abord de votre part qu'une franche incrédulité. Je m'expose au ridicule dans tout ce que je vais vous raconter. Laissez-moi pourtant vous confier une histoire.

Il y a à peu près un quart de siècle, comme vous le savez, que je fis une grave maladie de cette forme terrible connue sous le nom de fièvre typhoïde (ou des prisons), pendant que j'étais occupé à exécuter un système de ventilation dans une des grandes prisons de Londres. La fièvre était forte et dangereuse ; tant que la fièvre dura, mon délire, mes rêves furent très-pénibles; mais quand la faiblesse s'ensuivit et que, pour mes médecins, la probabilité de la mort paraissait plus grande que celle de la vie, un changement complet se passa dans les arrangements de mes idées. Je tombai et restai quelque temps sans connaissance et dans un état léthargique. Or, pendant cet état, mon esprit était particulièrement actif : j'avais toujours devant moi la forme d'une douce jeune fille, avec laquelle je me trouvais engagé dans une conversation fort intéressante et non moins spirituelle.

Ambrosio. — La forme d'une dame dont vous étiez amoureux, sans doute?

Philaléthès. — Pas du tout : j'aimais passionnément alors, il est vrai ; mais l'objet de mon amour était une belle jeune femme brune, type Louis XV, à la physionomie espagnole, aux yeux brillants, aux sourcils minces finement arqués et à la noire chevelure; tandis que, au contraire, mon apparition avait des cheveux châtain clair aux reflets d'or modestement ondulés, des yeux de la nuance de l'horizon de la mer bleue, un teint légèrement rosé, et, autant que je puis me rappeler, ne ressemblait, en aucune façon, à nulle de ces formes qui excitaient mes imaginations amoureuses de première jeunesse. Pendant plusieurs jours, sa figure resta si distincte devant mon esprit, qu'elle devint presque une image visuelle. A mesure que je repris mes forces, ces visites de mon bon ange (car c'est ainsi que je l'appelais) devinrent de moins en moins fréquentes, et quand je fus revenu à la santé, elles cessèrent tout à fait.

Onuphrio. — Je ne vois rien de bien extraordinaire dans tout cela. — Ce n'était qu'une réaction de votre système nerveux après votre grande faiblesse; et, pour un jeune homme de vingt-cinq ans, il y a peu d'images plus agréables que celle d'une jeune fille aux yeux mélancoliques, au teint juvénile, à la chevelure ondoyante.

Philaléthès. — Mais si j'ajoute que tous mes sentiments et toutes mes conversations avec la vierge de ma vision restèrent d'une nature purement et essentiellement intellectuelle ?

Onuphrio. — Oui, c'est possible, — pendant que vous étiez malade !...

Philaléthès. — Je ne vous permets pas de vous moquer de cet incident, jusqu'à ce que vous ayez entendu la seconde partie de mon histoire. Dix ans après avoir été rétabli de ma fièvre, à une époque où presque tout souvenir de la vision était évanoui, l'objet même de cette vision me fut présenté sous la forme d'une jeune fille fort belle et gracieuse, de quatorze à quinze ans, que je rencontrai par hasard pendant mes voyages en Illyrie ; je ne puis dire, pourtant, que l'impression faite sur mon esprit par cette jeune fille ait été très-puissante. Maintenant, vient la partie singulière de mon histoire.

Dix ans après, c'est-à-dire vingt ans après la fièvre, étant de nouveau extrêmement faible par suite d'une maladie fort grave qui pendant plusieurs mois menaça sérieusement ma vie, et mon esprit étant abattu dans un état de tristesse et de lassitude profonde, je rencontrai, dans un voyage que je faisais pour ma convalescence, la personne même qui avait été représentée dans mes visions, et dont la jeune fille de tout à l'heure m'avait déjà offert la vivante image. Or, *c'est à la bonté et aux soins de cette personne que je dois tout ce qu'il me reste de l'existence.* Ma tristesse disparut graduellement, et, quoique ma santé ait toujours été faible, la vie recommença de nouveau à m'offrir quelques charmes, ce que je croyais

m'être désormais refusé ; de sorte que je ne pus
m'empêcher d'identifier l'ange vivant actuel avec
l'ange gardien de mes visions de jeunesse.

Onuphrio. — Vraiment, je ne vois rien du tout
dans ce fait (ni dans la première, ni dans la seconde partie) de plus que l'influence d'une imagination surexcitée par la maladie. Depuis la jeunesse jusqu'à la vieillesse, la femme est notre ange
gardien et notre consolatrice ; et il est très-probable que toute autre intéressante personne qui
vous eût soigné dans votre dernière maladie
vous eût rappelé de même vos souvenirs de la
vision, — lors même que ses yeux eussent été verts
et sa chevelure blond ardent ! Rien n'est plus vague
que les images représentées en rêve pendant la
fièvre et dans un état de susceptibilité du système
nerveux ; par suite de votre dernière maladie,
presque toute forme fût devenue la représentation
de votre gardienne imaginaire. C'est ainsi que,
par le pouvoir de l'imagination, des formes matérielles revêtent des attributs surnaturels, et que,
de la même manière, les divinités imaginaires
ont revêtu les formes de la mortalité. Les dieux
mythologiques n'ont jamais été à mon avis, dans
tous leurs caractères et attributs, que des êtres
humains personnifiés. La forme angélique dont

sont traversés les rêves d'une jeune et ardente amoureuse, qui, ayant perdu l'objet de sa passion terrestre, élève vers le ciel son âme inconsolée, aussi bien que l'emblème de la lâcheté ou le démon de la colère, sont, les uns et les autres, des personnifications humaines plus ou moins modifiées par la fantaisie ou la rêverie.

AMBROSIO. — Avec la tendance que vous montrez à croire à quelque chose d'analogue à une influence surnaturelle ou divine sur l'esprit humain, je m'étonne vraiment, mon cher Philaléthès, qu'il y ait tant de scepticisme dans votre rêve du Colisée. Voulez-vous me permettre d'y revenir un instant, et de vous avouer franchement que votre manière de juger de l'état primitif de l'homme après sa première création me paraît non-seulement incompatible avec la raison, mais encore contraire à la révélation et à tout ce que l'on sait sur l'histoire et les traditions des premières nations de l'antiquité?

PHILALÉTHÈS. — Soyez, je vous prie, Ambrosio, plus net et plus détaillé dans vos objections, afin que je puisse y répondre. En attendant le lever du soleil, asseyons-nous sur ces pierres où nous serons chauffés par la proximité du courant de lave, et où nous pourrons discuter le sujet à notre aise.

Ambrosio. — Vous vous représentez l'homme, dans son état primitif de création, comme un sauvage semblable à l'aborigène de l'Australie ou de la Nouvelle-Zélande, qui, par le pauvre exercice d'une faible intelligence, acquiert simplement le pouvoir d'alimenter et de perpétuer sa vie. Maintenant, j'affirme que si l'homme avait été créé de cette sorte, il aurait été inévitablement détruit par les éléments ou dévoré par les bêtes fauves, si supérieures à lui par la force physique. Il faut donc qu'il ait été formé avec des penchants ou des facultés instinctives d'une nature variée; qu'il ait reçu une perfection de forme et un usage d'organes appropriés à la destinée de celui qui devait se rendre maître sur la terre. Aussi, il me semble que l'histoire rapportée par la Genèse sur le premier couple humain, placé dans un jardin enrichi de toutes les choses nécessaires à son existence et à son bonheur, avec le commandement de croître et de multiplier, est en parfaite harmonie avec la raison, et d'accord avec une juste vue métaphysique de l'esprit humain.

L'homme, tel qu'il existe actuellement, ne peut être élevé de son état d'enfance à la maturité qu'avec grand soin et difficulté; tous ses mouvements sont premièrement automatiques et ne deviennent volontaires que par l'association ; il doit tout apprendre par des procédés lents et difficiles; plusieurs mois se passent avant qu'il puisse se tenir debout, et plusieurs années avant qu'il puisse se procurer les éléments les plus indispensables de la vie. Sans mère ou sans nourrice, il serait mort en quelques heures, et sans le dur travail de l'instruction et l'exemple, il resterait idiot et inférieur à presque tout autre animal. La raison ne lui vient que peu à peu, et, dans son plus haut perfectionnement même, est souvent incertaine encore et chancelante ; par conséquent, il s'ensuit qu'il a dû être créé avec des instincts qui, pendant longtemps, remplacèrent le manque de raison, et qu'il a été fait capable, dès le premier moment de son existence, de répondre à ses besoins, de remplir ses devoirs et de jouir de la vie dans toute sa puissance et dans toute son activité.

Philaléthès. — Que votre raisonnement ait quelque force, je l'admets, mais non pas autant que vous semblez lui en attribuer. Je suppose le premier homme doué de certains pouvoirs instinctifs tels que ceux qui appartiennent actuellement aux rudes sauvages de l'hémisphère austral ; je le suppose ensuite créé avec l'usage d'organes défensifs et offensifs, et avec des passions et des penchants qui l'aidèrent à subvenir à ses propres besoins. Mais à vos histoires vagues et traditionnelles j'oppose le fait de races actuellement en cet état ; leur progrès graduel, depuis l'état primitif de la société jusqu'à celui de la plus haute civilisation, peut, je crois, être facilement déduit de l'exercice de la raison aidé par l'influence des pouvoirs moraux et des circonstances physiques.

Je me représente sans peine que le hasard ait eu quelque influence en offrant la première base pour certains arts ; un climat où le travail n'était pas trop pénible, et où il fallait de l'industrie pour répondre aux besoins de la vie, doit avoir engagé la race dans ses premiers pas vers le progrès. Où la nature est une trop bonne mère, l'homme est généralement un enfant gâté ; où elle est une marâtre, il a toute sa puissance virtuelle tarie et stérilisée.

Les peuples du Sud et du Nord, ainsi que ceux qui habitent les tropiques, nous offrent aujourd'hui la preuve de la vérité de ce principe ; et il est possible même à présent de trouver sur la surface de la terre toutes les gradations différentes de la société, depuis celle où l'homme est à peine au-dessus de la brute, jusqu'à celle où il paraît atteindre dans sa haute nature une intelligence divine. De plus, la raison est le don le plus noble que Dieu ait fait à l'homme, et je ne puis supposer qu'un tout-puissant Créateur, d'une sagesse infinie, ait doué les premiers habitants du globe d'une proportion plus grande d'instinct que celle qui était nécessaire pour conserver leur existence, et qu'il n'ait pas voulu laisser le progrès de leur amélioration au travail, au développement et à l'élévation de leurs facultés intellectuelles [1].

AMBROSIO. — Il me semble que vous avez oublié dans votre argument l'influence qu'une race civilisée doit avoir sur les sauvages ; plusieurs

---

[1]. Non-seulement le progrès organique des races est contenu dans ces arguments, mais encore et surtout le progrès intellectuel de l'humanité. Les dernières discussions de physiologie zoologique d'une part, les observations faites d'autre part par les grands voyages récemment accomplis chez les noires tribus de l'Afrique, comme chez les Peaux-Rouges de l'Amérique, établissent éloquemment que les variétés si nombreuses de l'espèce humaine progressent par l'exercice de leurs facultés intellectuelles et se développent aux dépens des retardataires, qu'elles exterminent tôt ou tard, soit rapidement par les guerres, soit lentement par la seule importation des habitudes civilisées. C. F.

nations, que vous croyez trouver dans leur état original, peuvent être descendues de nations jadis civilisées. Tracer la rétrogradation ou l'avancement d'un peuple est également facile. Les tribus barbares qui habitent l'Afrique du Nord sont probablement des descendants des Carthaginois si opulents, si commerçants et si ingénieux, qui, dans le temps, luttèrent avec Rome pour l'empire du monde. Même plus près de nous, nous pourrions trouver dans le midi de l'Italie et les îles adjacentes des preuves d'une dégradation moins marquée. Je soutiens donc que la civilisation des premières races patriarcales peupla l'Orient, et passa dans l'Europe en sortant de l'Arménie, où la tradition a placé le paradis terrestre. L'antique civilisation de cette race ne peut être que la conséquence d'un privilége particulier, signalé par un caractère bien plus élevé que celui de l'état sauvage. Les patriarches hébreux paraissent être longtemps restés à l'état de groupes de familles, — état le moins adapté à la découverte des arts; et pourtant leur foi était de la forme la plus sublime dans sa religieuse grandeur; car ils professaient le culte de l'Intelligence unique et de l'Être suprême, vérité qui ne fut trouvée qu'après mille ans de civilisation, de travaux intellectuels et d'efforts gigantesques par les sages de la Grèce.

Il est évident que, dans l'histoire des Juifs, rien n'est plus conforme à nos idées d'analogies que cette série d'événements. Nos premiers parents furent créés avec tous les éléments nécessaires à leur vie et à leur bonheur; ils n'avaient qu'un devoir à remplir, celui de prouver leur obéissance leur amour et leur dévouement au Créateur. En ceci ils ont failli; et la mort, ou la crainte de la mort, est devenue une malédiction pour leur race; mais le père de la famille humaine se repentit, et la puissance intellectuelle dont la révélation l'avait gratifié fut transmise à ses enfants, plus ou moins modifiée par leur raison instinctive.

Pourtant, il y eut une branche de ces créatures qui, ayant conservé leurs pouvoirs et leurs institutions particulières, brillèrent au-dessus de la raison par leur foi et par le culte pur envers Jého-vah, tandis que plusieurs frères de la même famille tombèrent dans l'idolâtrie et que la lumière céleste se perdit dans le brouillard des sens. L'Être tout-puissant, adoré par les Israélites seulement comme un mot mystérieux, fut oublié par plusieurs nations voisines pour l'adoration des hommes et des animaux aussi bien que des parties de l'univers visible et même des pierres. La difficulté que les législateurs divins des Juifs eurent à conserver la pureté de leur foi, au milieu des idolâtres de leur entourage, est une preuve de la mauvaise tendance de l'esprit humain après la chute. Et si l'on veut se donner la peine de considérer la nature de la loi de Moïse, et la manière dont elle fut suspendue avant la fin de l'empire romain, — le sacrifice expiatoire du Messie, — la crainte de la mort détruite par l'espérance de l'immortalité établie dans le Christ ressuscité, — et les triomphes du christianisme sur les païens au temps de Constantin, — je crois que l'on ne peut manquer de reconnaître la vérité logique de la religion révélée, basée sur l'histoire primitive de l'homme. Or, celui qui reconnaît la justice de cette vérité doit, je crois, être peu satisfait du tableau qu'a tracé Philaléthès, ou son Génie, du prétendu progrès de l'humanité, où l'on ne trouve que des résultats vagues et faux de la raison humaine trop vantée.

ONUPHRIO. — Je crains de vous offenser, mon cher narrateur; cependant, je ne puis m'empêcher de faire un peu l'apologie des résultats philosophiques dus à l'exercice de la raison humaine, à laquelle, il faut l'avouer, vous n'attribuez pas du tout sa valeur véritable. Je partage l'opinion de Philaléthès que le don le plus noble que Dieu ait fait à l'homme est celui de *la raison*. Aussi je ne puis admettre que votre manière de considérer la condition humaine dans le paradis terrestre, la chute et le progrès de la société, soit en aucune façon conforme aux idées que nous devons nous former des institutions d'un Être puissant et infini. D'un autre côté, vous parlez de la justesse de vos opinions; évidemment vos idées sur la raison diffèrent des miennes, ou bien nous avons adopté des formes différentes de logique. Moi, je ne trouve dans l'histoire biblique aucune idée d'une Intelligence suprême, conforme à celle des philosophes grecs; au contraire, je trouve Jéhovah partout dépeint comme un puissant être matériel, doué d'organes, de sentiments et de passions semblables à ceux d'un grand agent humain. On le représente ayant fait l'homme à son image, marchant au jardin dans la fraîcheur du soir, content des sacrifices d'actions de grâces, se courrouçant contre Adam et Ève, maudissant Caïn pour son crime de fratricide, et même fournissant à nos premiers parents des vêtements destinés à cacher leur nudité. Plus loin, il paraît sous une forme matérielle au milieu des flammes, du tonnerre et des éclairs, avec sa résidence fixe dans l'air, selon les idées des Lévites. Dans toutes les Écritures, sa puissance est seulement mise en contraste avec celle des dieux païens, et dans la scène étrange qui s'est passée chez Pharaon, il semble avoir mesuré ses pouvoirs par ceux de quelques magiciens ou voyants, et n'avoir prouvé sa supériorité que par des faits encore plus terribles. Dans l'histoire entière de la nation juive il n'y a pas de conception qui approche de la sublimité de celle d'Anaxagore, quand il appelle Dieu l'*Intelligence* ou νοῦς[1]; Jéhovah paraît toujours au contraire comme le Génie d'un conte arabe, ayant sa demeure dans les nuages, descendant sur une montagne, encourageant le peuple de son choix à commettre les crimes les plus atroces

1. Les efforts de la pensée grecque, dont on a vu un si remarquable exemple dans Xénophane (V. *Dieu dans la nature*, liv. V), pour la conception pure de l'intelligence divine, le polythéisme lui-même dans son adoration des forces de la nature divinisée, constituaient un déisme bien plus élevé que celui des Hébreux, et que celui même du christianisme de l'époque de Constantin, dans lesquels la tendance à se représenter Dieu sous la forme humaine, ou l'anthropomorphisme, est très-sensible. On a suffisamment calomnié le polythéisme pour ne pas le défendre un peu maintenant en se déclarant déiste, sans être pour cela panthéiste. C. R.

pour exterminer toutes les races qui ne partageaient pas la même foi, et tout détruire jusqu'aux enfants, et même jusqu'aux enfants encore sommeillant dans le sein de leurs mères! D'autre part, je ne trouve point dans l'Écriture la promesse d'un Messie spirituel, mais bien plutôt celle d'un roi temporel encore à venir, comme le croient les Juifs. Le serpent dans la Genèse n'a aucun rapport avec l'esprit de la méchanceté, mais on le regarde simplement comme un reptile dangereux dont le venin fut souvent funeste à l'homme, d'où s'ensuivait naturellement une guerre perpétuelle entre leurs races. Le serpent, quand il le pouvait, devait mordre le talon de l'homme, et l'homme, quand l'occasion s'en présentait, devait en revanche lui briser la tête. J'admets, si vous voulez, qu'il y a au fond de l'esprit humain un instinct de religion ou de superstition; instinct revêtant des formes différentes selon les circonstances locales, selon les événements historiques et selon l'état du climat. Mais je ne suis pas convaincu que la religion des Juifs ait été supérieure à celle des Sabéens, adorateurs des étoiles, ni à celle des anciens Persans qui offraient leur culte au soleil comme à un symbole de la puissance divine, ni davantage à celle de ces nations de l'Orient qui adoraient les pouvoirs et les attributs de la divinité dans les formes diversifiées de l'univers visible. Quant à la tolérance, je suis comme un des Romains du passé : dans mon Panthéon, je voudrais qu'il y eût une place pour tous les dieux, mais je ne permettrais ni aux brahmes, ni aux chrétiens de discuter sur des questions aussi insolubles que le mode de l'incarnation ou les attributs de leur dieu trinaire.

AMBROSIO. — Vous ne m'avez pas compris, mon cher penseur, si vous croyez que vos opinions m'ont offensé le moins du monde. J'ai trop observé les égarements de la raison humaine pour qu'ils puissent me surprendre, et votre manière de voir n'est pas rare dans le monde des jeunes gens d'esprit, qui n'examinent que légèrement les évidences de la religion révélée. Toutefois, je suis heureux de constater que vous n'êtes pas de cette école de sceptiques qui trouvent dans l'astronomie ancienne tous les germes du culte hébraïque, identifient les travaux d'Hercule avec ceux des héros juifs, et ne voient dans la vie et la mort du Messie ressuscité que l'histoire du jour solaire [1].

1. Allusion à l'*Origine des cultes* de Dupuis et à l'école philosophique régnante de la fin de l'empire. Ce système d'interprétation applicable à la mythologie astronomique,

Au moins, vous admettez l'existence d'un instinct religieux, ou, si vous préférez l'appeler ainsi, une superstition innée dans l'esprit humain. Plus tard, cette base vous donnera, je l'espère, un système de foi digne d'un philosophe chrétien.

L'homme, avec quelque instinct religieux qu'il ait été créé, était destiné à communier par sensations avec l'univers visible, et à se mettre en relation avec la nature par ses organes; aussi, dans l'état primitif de la société, fut-il plus spécialement sous l'influence de ses sens grossiers. Si l'on admet l'existence d'une Intelligence suprême, et ses intentions bienfaisantes envers l'homme, il faut admettre aussi que les idées sur son existence qu'elle a voulu imposer à l'homme, telles que la vénération, l'amour, l'espérance, la crainte, devaient être en harmonie avec l'ordre général des sensations humaines. (Je ne sais si vous me comprenez bien.) La même puissance infinie, qui dans un instant pouvait créer l'univers, pouvait également modifier les idées d'un

---

et qui pouvait rendre compte de plusieurs épopées primitives en les attribuant à la célébration de la marche du soleil dans le zodiaque, était évidemment exagéré dans ses prétentions à se substituer aux traditions relatives à l'existence de Jésus. C. F.

être intellectuel de manière à ce qu'elles prissent une forme et un caractère plus aptes à comprendre l'existence divine ; il est donc possible que, dans son premier état, l'homme se soit imaginé entendre la voix, et jouir de la présence actuelle de la Divinité.

Ce fut là, à mon avis, le premier effet de l'instinct religieux servi par des sens très-impressionnables. Chez les patriarches, il se peut que ces idées aient été assez vives pour se confondre avec des impressions; cependant, comme il est probable que dans leurs descendants l'instinct religieux s'affaiblit en même temps que la force des impressions diminua, il s'ensuivit les visions ou les rêves qui paraissent avoir constitué l'inspiration des prophètes. Je ne suppose pas que l'Être suprême se soit jamais fait connaître à l'homme par un véritable changement dans l'ordre de la nature ; je crois plutôt que les sensations de l'homme ont été intimement modifiées en certaines circonstances, de telle sorte qu'il a pu croire à la présence de Dieu. Les événements historiques prouvent à mon avis en particulier que l'Intelligence divine a agi continuellement sur la race de Seth comme sur le peuple de son choix, et que les premières opinions d'une petite tribu de Juda ont été destinées, après une période de trois mille ans, à former la base de la religion des nations les plus puissantes, les plus actives et les plus civilisées du monde.

La manière dont le christianisme, promulgué par quelques pêcheurs obscurs, s'est répandu sur le monde, son triomphe sur le paganisme, lors même que celui-ci était protégé par la philosophie et par la puissance d'un Julien; ces martyrs qui, par leur sang versé, ont souscrit à la vérité de la foi, les qualités supérieures de ces hommes d'intelligence qui approfondirent la nature, tels que Newton, Locke et Hartley, et se déclarèrent hautement chrétiens, me semblent autant d'arguments invulnérables en faveur de la religion révélée.

D'autre part, j'ajouterai que j'aime mieux baser mon *credo* sur la valeur morale de ses doctrines que sur les évidences historiques ou sur la nature de ses miracles. L'Intelligence divine veut que l'homme soit convaincu selon le cours ordinaire de ses sensations, et en tout cas je trouve plus naturel qu'un changement se fasse dans l'esprit humain que dans l'ordre du monde. D'après l'opinion populaire du peuple juif, certaines maladies étaient causées aux êtres humains par la possession des démons ; le Sauveur guérit cette maladie, et l'Évangile exprime le fait en disant qu'il a chassé les démons. Sans entreprendre l'explication des miracles historiques du christianisme, il suffit de dire que la vérité de la religion est constatée par un miracle permanent : par l'état actuel des Juifs, prédit par Jésus ; leur ville et leur temple ayant été détruits, malgré tous les efforts tentés pour les rétablir, et leur race entière étant devenue un objet de mépris et de répulsion pour le genre humain.

Onuphrio. — Très-bien ! Toutefois, outre que votre arrangement n'est pas très-clair, et quelque peu mystique, vous ne répondez pas à mes observations au sujet des cruautés pratiquées par les Juifs d'après le commandement de Jéhovah, usage que je trouve opposé à toute idée de justice divine et même humaine.

Ambrosio. — Je crois que Philaléthès même admettra que des maladies physiques et morales puissent être héréditaires, et que, pour détruire une fausse croyance ou le culte des démons, il ait été nécessaire de frapper de destruction la race entière. Supposons, par exemple, qu'une maladie contagieuse semblable à la peste soit transmise par telle ou telle famille à ses enfants, et de là aux autres personnes saines ; détruire la malheureuse famille par laquelle cette maladie pourrait se transmettre serait un véritable bienfait, sans aucun doute. D'ailleurs, je crois à l'immortalité du principe pensant dans l'homme ; la destruction de la vie n'est qu'un changement d'existence, et en supposant, comme il est probable, que votre nouvelle existence soit supérieure à celle-ci, quitter cette vie n'est qu'un avantage. Devant l'intelligence suprême, la mort d'un million d'êtres humains n'est autre chose que la simple circonstance d'un changement de demeure par un grand nombre d'essences spirituelles, métamorphose analogue à celle de ces myriades de larves qui laissent leur enveloppe terrestre et s'élèvent dans l'atmosphère comme les mouches au matin d'un beau jour d'été. Lorsque les œuvres de l'esprit divin sont mesurées par l'homme et par ses faibles combinaisons, nous tombons infailliblement dans l'erreur. Le fini ne peut jamais comprendre l'infini.

ONUPHRIO. — Vous êtes décidément splendide ! mon cher. Alors, d'après vos raisonnements, les prêtres de Juggurnaut pourraient défendre leur idole de la sorte, et même y trouver une belle excuse pour la destruction des milliers de victimes volontaires qui se font écraser par les pieds de l'éléphant sacré¹?

Ambrosio. — Il n'y a pas de doute qu'ils le pourraient, et j'admettrais la justice de leur défense si je voyais dans leur religion quelque germe d'une institution divine, capable de devenir comme celle de Jéhovah la foi du monde civilisé, joignant à la plus parfaite forme de

1. Juggurnaut est un des noms de Vichnou (la seconde personne de la trinité hindoue) et aussi le nom de la capitale d'Orissa, province des Indes orientales. Les indigènes de l'Hindoustan la nomment Poury. Son nom européen est aussi Djaguernat (40,000 hab. à 480 kil. S.-O. de Calcutta). Son célèbre temple, dédié à Vichnou, y attire plus d'un million de pèlerins pendant les fêtes qui s'y célèbrent encore. A la grande fête annuelle, une foule fanatique a coutume de traîner trois chars gigantesques, hauts de plus de quatre-vingts pieds, surmontés de la statue colossale de Vichnou, de son frère et de sa sœur.

Les fidèles idolâtres se jettent par milliers sous les roues pesantes du char et *se font broyer* en lambeaux sanglants, dans la conviction d'obtenir un bonheur éternel. Les jeunes mères elles-mêmes ne craignent pas d'y précipiter leurs petits enfants. Les corps écrasés ne reçoivent point de sépulture, et les cadavres se décomposent en couvrant une étendue de plusieurs lieues, jusqu'à ce que les bêtes fauves viennent en débarrasser la ville sacrée!...

Depuis quelques années le gouvernement anglais a diminué autant qu'il l'a pu ces usages barbares, mais sans pouvoir encore entièrement les faire évanouir. c. f.

déisme la plus pure et la plus haute moralité. Je considère les premiers faits de la nation juive simplement comme les marches les plus basses et les plus rudes d'un temple élevé à l'Être suprême par lui-même, comme un autel spécial d'adoration où il puisse recevoir un culte pur. Dans les commencements de la société il a fallu, pour agir sur des hommes non civilisés, des récompenses et des punitions temporelles et grossières; des rites sévères et une discipline rigide ont été nécessaires pour maintenir l'esprit dans l'ordre, et la punition des nations idolâtres servit d'exemple aux Juifs. Lorsque le christianisme prit la place du judaïsme, les idées sur l'Être suprême devinrent plus pures et plus abstraites, et les attributs visibles de Jéhovah et de ses anges paraissent avoir été moins fréquemment présentés à l'esprit. Cependant il semble que pendant plusieurs siècles la grossièreté de nos sens matériels ait demandé l'aide de la vue pour fixer et perpétuer le caractère de l'instinct religieux. Dans l'Église dont je suis membre, aussi bien que dans tout le christianisme du temps primitif, les images, les tableaux, les statues et les reliques, ont été employés comme moyens d'éveiller le sentiment de dévotion. On nous accuse d'adorer des objets inanimés; mais cette manière de juger notre foi est absolument fausse. Nous ne les considérons que comme des symboles, représentant des saints existant dans le ciel, et ce n'est pas plus de l'adoration que chez le protestant quand il baise sa bible comme adjuration solennelle. Le passé, le présent et l'avenir, étant identiques pour l'Intelligence divine et infinie, et l'homme ayant été créé pour le bonheur, la discipline morale et religieuse qu'il devait subir a été conforme à ses facultés progressives et aux premières lois de sa nature. Je ne puis trouver qu'une analogie, et peut-être est-elle un peu grossière : c'est celle de comparer l'Être suprême à un bon père qui, désireux de s'assurer du bien-être de ses enfants, se voit forcer d'adopter un système de récompenses et de punitions, qui parle d'abord aux sens et plus tard à l'imagination et à la raison. Il cause l'effroi par l'exemple des autres, et éveille l'amour de la gloire en montrant la distinction et les honneurs dont jouissent les hommes supérieurs lorsqu'ils se sont conduits d'une façon particulière. Après avoir éveillé la crainte de la honte et l'amour de la gloire et de l'honneur, par ce résultat conféré à des actions temporaires, il applique cette influence à la vie entière, et transforme un sentiment momentané en un principe permanent et immuable. L'obéissance de l'enfant à la volonté d'un tel père peut se comparer à la foi et à l'obéissance à la volonté du Tout-Puissant. L'enfant obstiné et revêche, qui raisonne et donne tort à un bon père, est à peu près dans le même cas que l'homme qui met en doute s'il y a du bon dans les œuvres de la Providence, ou de l'harmonie dans le plan de l'univers moral.

Onuphrio. — Lors même que j'admettrais la perfection de votre système moral de la religion, et en le supposant approprié à la nature humaine, je trouve encore impossible de croire aux premières doctrines sur lesquelles est basé ce système. Vous condamnez l'esprit divin, le Créateur des mondes infinis, à prendre la forme humaine ! à naître d'une vierge ! vous rendez le Dieu éternel et immortel victime d'une punition honteuse, en supposant qu'il ait été soumis à la mort sur la croix, qu'il ait repris sa vie après trois jours, et qu'il soit remonté au ciel avec son corps meurtri !

Ambrosio. — Je vois que, comme tous les sceptiques, vous interprétez les Écritures à votre façon, et mesurez le pouvoir divin au mètre de la raison humaine. L'esprit éternel et infini, comme je l'ai déjà dit, approprie les doctrines de la religion aux esprits destinés à les embrasser. Je ne vois rien d'improbable dans l'idée qu'une partie intégrante de son essence ait pu animer la forme humaine ; sans aucun doute, cette croyance a existé dans l'esprit des hommes ; or, la foi constitue la partie vitale de la religion. Nous ne connaissons pas la génération de l'être humain, quoiqu'elle appartienne au cours ordinaire de la nature ; combien donc serait-il absurde de prétendre raisonner sur les actions possibles de l'esprit infini ! Y a-t-il plus de difficulté à imaginer une conception divine qu'une création divine ? Devant Dieu, le petit, le grand, l'infini même, d'après nos éléments de mesure, sont égaux ! Une création de la terre, tout insignifiante qu'elle soit, peut avoir la même considération que des millions d'êtres supérieurs, habitant des sphères plus élevées. Or, je considère que *c'est par des modifications dans nos sensations* ou dans les idées de l'esprit humain, *et non par des transformations physiques* de la nature, que se sont effectués les phénomènes miraculeux de notre religion. Lorsqu'on a une horloge ou une machine quelconque à réparer, il faut la démonter entièrement, et ensuite la reconstituer de nouveau. Cependant, pour la puissance et la sagesse infinie, un changement dans l'état actuel de l'être humain peut être le résultat d'une volonté momentanée, et même le seul fait de la foi peut produire ce changement. La puissance de l'imagination, même dans la vie ordinaire, se montre en des exemples frappants, et rien ne paraît impossible pour cette imagination, lorsqu'elle est influencée par la puissance divine. Mais ce serait un travail interminable que d'essayer de répondre à toutes les objections qui peuvent être tirées du manque de conformité entre la doctrine chrétienne et l'ordre ordinaire des événements.

Mon premier principe est que la religion n'a rien de commun avec le cours vulgaire des choses. C'est un instinct pur et divin, destiné à donner à l'homme des vérités qu'il ne pourrait obtenir par le simple exercice de sa raison, et qui souvent, au premier abord, paraissent en contradiction avec elle; mais une fois bien approfondies et considérées dans leurs relations les plus étendues, ces vérités se trouvent d'accord avec la science la plus haute. De sorte que, réellement, les résultats de la raison et de la foi finissent définitivement par s'harmoniser. L'arbre de la science est greffé sur celui de la vie, et le fruit qui apporta dans le monde la crainte de la mort croît sur une tige immortelle et devient le fruit de l'immortalité promise.

Onuphrio. — Vous ne manquez pas d'éloquence pour défendre votre cause, mon cher docteur en droit canon; mais vous ne nous rendrez pas catholiques avec ce procédé-là. Du moment où vous consentez à admettre que la raison n'a rien à voir dans les mystères de votre religion, je n'ai qu'un parti à prendre, c'est de vous laisser catholique et de rester libre penseur. Autre chose maintenant. Vous faites venir le christianisme du judaïsme. Je ne distingue pas leur rapport aussi clairement que vous vous imaginez le voir; il me semble plus naturel de croire que la religion de Mahomet tire son origine de Moïse. Le Christ fut un Juif, et circoncis; Mahomet continua ce rite, comme le font encore aujourd'hui ses disciples, quoique les chrétiens aient préféré s'en abstenir. En outre, les doctrines de Mahomet paraissent avoir une prétention plus directe à l'origine divine que celle de Jésus; sa moralité est aussi pure, son déisme plus pur, et son système de récompenses et de punitions après la mort exactement en conformité avec nos idées sur la justice éternelle.

Ambrosio. — La décision de la question générale dépend de la décision de celle-ci en particulier. Les mahométans n'ont jamais essayé de trouver dans l'Ancien Testament quelque prophétie sur leur fondateur, et jamais ils n'ont même prétendu qu'il ait été le Messie ; par conséquent, quant à la question des prophéties, il n'y a rien là qui puisse nous engager à admettre la vérité de la religion de Mahomet. Il a été à la mode, dans une secte spécieuse de sceptiques, de louer la moralité des musulmans, ce qui me paraît d'une justice douteuse ; on les dit honnêtes et charitables entre eux ; mais ils admettent la polygamie, la pluralité des femmes, méprisent et persécutent toute nation d'une foi différente de la leur. Quelle différence entre cette moralité et celle de l'Évangile, par laquelle la charité est ordonnée à tout homme, voire même les bienfaits aux ennemis ; et où l'on voit Jésus présenter à ses disciples les petits enfants pour modèles. De plus, dans les récompenses et les punitions de l'autre vie, chez les mahométans, combien toutes leurs idées sont grossières et peu dignes des promesses d'un Être spirituel et divin ; leur paradis n'est qu'un jardin terrestre, séjour de plaisirs sensuels, où les houris représentent les favorites de leurs harems bien plutôt que des natures angéliques et glorifiées. Quelle différence dans le ciel du chrétien ! Combien sublime est sa perspective indéfinie ! si merveilleusement appropriée en même temps à un être doué de facultés intellectuelles et progressives ! Comme il est doux de savoir « que l'œil n'a point vu, que l'oreille n'a point entendu, et que l'esprit de l'homme n'a point connu les joies que Dieu a préparées à ceux qui l'aiment. »

Onuphrio. — Votre réponse est ingénieuse, quoiqu'on puisse objecter à votre charité et à votre tolérance chrétiennes les guerres de religion et les persécutions commises par le catholicisme lui-même. Votre dernière allusion au ciel chrétien ne manque pas de profondeur ; mais ne croyez pas que je permette qu'une question si variée dans son étendue puisse être résolue par un avantage aussi faible. Maintenant je vais vous présenter une autre difficulté. Vous admettez que les lois des Juifs ont été établies par Dieu lui-même, données à Moïse par le Tout-Puissant au milieu de sa gloire, dans une tempête de tonnerres et d'éclairs, au mont Sinaï? Pourquoi donc cette loi, si elle était pure et divine, aurait-elle été abolie par celui-là même qui l'avait établie, et pourquoi toutes les cérémonies hébraïques ont-elles été détruites par les premiers chrétiens ?

Ambrosio. — Je nie entièrement que la loi divine de Moïse ait été abolie par le Christ, qui lui-même a dit : « Ne pensez point que je sois venu détruire la loi ou les prophètes; je suis venu non pour les abolir, mais pour les accomplir. » Les parties vitales du *credo* du vrai chrétien ont pour base les dix commandements. Ma conviction est que la religion du Christ était le déisme pur, comme celle des patriarches; les rites et les cérémonies établis par Moïse semblent n'avoir été que des formes adjointes à la religion spirituelle convenant à leur climat particulier ou à l'état spécial de la nation juive, et plutôt un vêtement qu'un corps constitutif de la religion; en un mot, un système de discipline, et non pas l'essentiel de la doctrine. Les rites de la circoncision et des ablutions étaient nécessaires à la santé et peut-être à l'existence même d'un peuple habitant les climats les plus chauds; et dans l'offrande des prémices, on peut apercevoir un but en rapport, non-seulement avec la loi du peuple, mais encore avec son économie politique. Offrir le meilleur choix de leurs biens, en témoignage de leur gratitude envers le Tout-Puissant, fut une espèce d'épreuve de dévouement et d'obéissance à la théocratie. Et encore, ces sacrifices rendirent-ils le travail obligatoire, car il fallait qu'ils fussent munis d'une certaine abondance supérieure à la nourriture ordinaire, ce qui les garantissait du danger de famine, puisque, en cas pareil, il était permis au prêtre, par l'autorisation divine, de se servir de ces offrandes pour les besoins du peuple. Les éléments les plus purs de la foi descendue d'Abraham à David furent conservés par le Christ; mais quant aux cérémonies, elles n'étaient adaptées qu'à un peuple particulier et à une nation spéciale. Le christianisme, au contraire, devait être la religion universelle du monde civilisé, lequel est toujours en progrès; je vois là une preuve de plus que sa nature et son origine divines sont conformes aux principes du progrès et de la perfection de l'esprit humain. Lorsqu'elle fut donnée à une race particulière fixée dans un certain climat, son but fut tangible, sa discipline sévère, ses cérémonies nombreuses et imposantes, conditions propres à agir sur le faible et l'ignorant, par conséquent sur l'homme obstiné. Dans son développement graduel, elle se débarrassa de son caractère local et de ses formes particulières, et adopta des cérémonies plus convenables à la grande famille humaine. Quant aux principes essentiels de cette religion chrétienne, elle ne consacre que des doctrines pures, spirituelles, philosophiques; elle comprend à la fois l'unité de la nature divine, l'état futur des âmes et un système de récompenses et de châtiments dignes d'un être responsable et immortel.

Philaléthès. — J'ai écouté attentivement votre discussion. Les principes de la religion interprétés par Ambrosio, la met devant moi dans un nouveau jour; et je m'instruis à en faire un parallèle avec l'exposition de mon Génie. J'ai toujours considéré le sentiment religieux comme instinctif; mais les arguments d'Ambrosio m'ont donné quelque chose qui approche d'une foi définie, au lieu des idées obscures et vagues que j'avais. Je ne verrais pas grande difficulté à admettre que l'homme ait été créé, non pas absolument sauvage, mais doué de nouvelles facultés, de certaines connaissances et de divers pouvoirs instinctifs. De plus, ces pouvoirs et ces connaissances auraient pu être transmis par lui à ses enfants. Mais il n'est pas démontré que par suite du mauvais exercice de la raison contre la volonté divine, les facultés instinctives de la plupart de ses descendants se soient détériorées et en définitive aient été complétement perdues, sauf dans la race d'Abraham et de David qui les aurait conservées, ni que le plein pouvoir primitif ait été de nouveau accordé au Christ, ou repris par lui. Je reconnais l'influence de la religion sur l'amélioration et le progrès du monde, et vos vues, mon cher Ambrosio, me semblent se rapporter en somme à une loi générale de notre nature. La révélation peut être regardée, non pas comme la parole de Dieu, mais plutôt comme une faculté constante appartenant à l'esprit de l'homme; la croyance en des agents supérieurs et des formes surnaturelles, aussi bien que les prophéties et les miracles, ne paraissent être que les manifestations nécessaires de cette faculté. Comme être raisonnable, l'homme devait toujours arrriver à la connaissance de son immortalité, et de sa destinée; mais sous l'influence de la foi, il y a de plus l'obéissance absolue à la volonté divine, dont l'excellence nous est assurée. Sous ce rapport, on peut comparer la destinée de l'homme sur la terre à la migration des oiseaux. Si, par exemple, un oiseau au vol lent des îles Orcades, raisonnait pendant l'automne et pouvait se servir de son raisonnement, quant à la probabilité de se nourrir et de trouver son chemin à travers les mers et les déserts, en voyageant vers un pays plus chaud, situé à un millier de lieues de distance, il est assurément bien probable qu'il mourrait de faim en route; mais, dirigé par son instinct, il arrive sain et sauf. J'ai admis la force de vos objections sur ma vision relative à l'origine de la société; j'espère, maintenant que vous admettrez, à votre tour, que la doctrine de la Pluralité des existences de l'âme n'est pas incompatible avec la révélation sur l'avenir de l'être humain.

Ambrosio. — La révélation ne nous a pas expliqué la nature de cet état, quoiqu'elle nous l'annonce comme vérité certaine. Par les faits géologiques, aussi bien que par l'histoire sacrée, on est assuré que l'homme est récent sur le globe, et que ce même globe depuis sa création a subi une révolution considérable par l'eau. On peut également croire à une autre révolution par le feu, qui préparera pour l'homme une existence nouvelle et purifiée. Mais voilà tout ce qu'il est permis de conjecturer; or, puisque l'état à venir doit différer entièrement de notre état actuel de misère et d'épreuve, en savoir plus serait inutile et véritablement presque impossible.

Philaléthès. — Mon Génie place les natures spirituelles et purifiées dans les mondes cométaires. Peut-être sera-ce par la rencontre d'une comète que cette révolution du feu adviendra.

Ambrosio. — L'imagination humaine peut se figurer mille manières pour la produire, mais chercher à voir le fin mot de tout cela me paraît insensé.

PHILALÉTHÈS. — Ne dites pas insensé, car c'est là une anxiété de connaître bien respectable.

AMBROSIO. Pour moi, ma foi me satisfait. Tenez! Voyez l'aurore aux doigts de rose, qui commence à se montrer à l'orient; vers l'horizon, en face du cratère du Vésuve, il y a quelques nuées sombres qui nous laissent voir par leurs bords lumineux et brillants que déjà l'astre du jour se montre dans les pays situés au-dessous de nous. Je pense qu'elles pourraient servir comme image de l'espérance de l'immortalité tirée de la révélation, car la lumière réfléchie dans ces nuages nous assure que ces contrées lointaines sont illuminées par les rayons splendides du soleil, quoique nous ignorions complétement les traits du paysage. Ainsi en est-il de la révélation : la lumière d'un monde glorieux et impérissable nous est découverte; mais nous ne la connaîtrons que dans l'éternité, et non par l'œil mortel, ni par notre imagination terrestre.

PHILALÉTHÈS. — Je ne suis pas aussi versé dans la connaissance des Écritures que vous paraissez l'être vous-même; mais il me semble qu'on y trouve le bonheur suprême du ciel plus distinctement désigné que vous ne voulez le dire. Il me semble me souvenir que les saints y sont couronnés de palmes, et qu'ils sont dépeints chantant perpétuellement les louanges du Père éternel.

Ambrosio. — Toutes ces images sont métaphoriques, c'est évident. La musique est le plaisir sensuel qui approche le plus près de la jouissance intellectuelle, et peut le mieux représenter le charme puisé dans la perception de l'harmonie des choses et de la vérité existant en Dieu. La palme, arbre toujours vert, et l'amarante, fleur perpétuelle, sont des emblèmes de l'immortalité. S'il m'est permis d'émettre une idée symbolique sur l'état des élus, j'aimerais mieux l'imaginer semblable à ce charmant bosquet d'orangers dans ce beau vallon où le soleil jette ses premiers rayons, sur des arbres gracieux chargés à la fois de fruits d'or et de belles fleurs odorantes argentées. Ce paradis terrestre peut bien représenter un état où l'espérance et la jouissance sont unies dans un sentiment éternel.

Onuphrio. — Il paraît que ce magnifique lever du soleil vous a rendus tous deux poétiques; quoique je sois le plus triste et le plus mélancolique de nous trois, je ne puis m'empêcher d'en être influencé moi même et de croire avec vous qu'une aurore brillante succédera à la nuit de la mort; mais, comme nous le voyons dans la scène qui se déroule à nos pieds, ces objets sont presque les mêmes qu'ils étaient hier au soir, seulement, plus rayonnants et plus beaux ; quelque chose de plus doux à l'orient, de plus vaporeux et brumeux à l'ouest. Je suis de même porté à croire que notre nouvel état d'existence sera analogue à celui-ci, et que cet ordre de choses n'en diffère pas essentiellement.

C'est ainsi que j'aime à me représenter la vie future. Je deviens, vous le voyez, un chrétien philosophe; à vrai dire, cependant, je ne puis comprendre ni accepter toutes les vues que vous avez développées, quoique au fond je ne demande pas mieux.

AMBROSIO. — Votre désir, s'il est sincère, sera accompli. Fixez votre puissante et grande intelligence sur l'harmonie du monde moral comme vous le faites depuis si longtemps sur l'ordre de l'univers physique, et vous verrez que le plan de l'intelligence divine se manifestera également en chacun d'eux. Songez à la bonté et à la miséricorde de l'Omnipotence, et soutenez vos contemplations par les sentiments de dévouement et par vos aspirations et vos prières à la source de toute connaissance; attendez humblement la lumière qui ne tardera pas à se montrer bientôt à votre esprit.

Onuphrio. — Ah! voici que de nouveau vous me mettez dans la perplexité. Je ne puis croire que les adorations et les offrandes d'une créature aussi faible que moi puissent influencer en rien les décrets du Tout-Puissant.

Ambrosio. — Vous ne me comprenez donc pas encore? Quant à influencer l'Esprit suprême de la sorte, ce serait sans doute là un peu trop de présomption. Mais les prières et les aspirations agissent *sur l'âme*, et perpétuent une habitude de reconnaissance et d'obéissance qui ne peuvent qu'aboutir à la foi religieuse complète. Ainsi les affections se disciplinent, et le cœur se prépare à recevoir et à conserver tout sentiment bon et pieux. Celui qui passe de l'obscurité à l'éclat brillant du soleil se trouve ébloui et ne peut voir distinctement les objets qui l'environnent; mais dans une lumière faible il acquiert peu à peu la faculté de supporter la clarté du grand jour, et non-seulement il s'y accoutume, mais sa vue y puise de nouvelles délices et peut en recevoir une instruction féconde. Dans les contemplations pieuses que je vous recommande, vous verrez s'ouvrir l'aurore de la foi, et elle vous amènera plus tard à supporter la pleine splendeur de son soleil.

Onuphrio. — Oui, je vous comprends, mais votre méthaphore est plus poétique que juste; je ne doute pas, cependant, que votre discipline ne m'amène plus vite à la lumière que si je continuais à la chercher à travers les verres enfumés du scepticisme.

Ambrosio. — Certainement, car non-seulement ces verres en diminuent l'éclat, mais ils en altèrent encore la nature.

Philaléthès. — L'athéisme est une insoutenable erreur. Élevons-nous vers l'Être suprême par l'exercice croissant de nos facultés intellectuelles. Si nous n'avons pas tous une croyance égale en une religion révélée, la philosophie spiritualiste des sciences nous invite toutefois à conclure à la religion naturelle.

TROISIÈME DIALOGUE

—

L'INCONNU

TROISIÈME DIALOGUE

L'INCONNU

Rencontre de l'*Inconnu* aux ruines du temple de Pæstum. Entretien sur la formation des terres par les dépôts de la mer. Dépôts calcaires par les eaux. Origine des pierres et des marbres. L'eau et l'acide carbonique. — Géologie: — Histoire de la Terre. Les temps primitifs. Le feu central. La science moderne et la Genèse.

Les amis dont j'ai parlé dans les récits précédents m'accompagnèrent encore dans plusieurs promenades sur l'eau et sur la terre ferme, et en particulier dans une visite aux Champs-Phlégréens. Nous étions au commencement du mois de mai, la saison la plus charmante pour jouir des beautés de la nature, et pendant laquelle il nous fut donné d'étudier la ravissante campagne qui entoure la baie de Naples, si riche par elle-même, si merveilleusement privilégiée, et de plus si intéressante encore par ses monuments et ses souvenirs du passé. Notre dernière excursion dans l'Italie du Sud fut la plus importante, en ce qu'elle me fit faire la connaissance du personnage singulier qui, depuis, a eu tant d'influence sur ma vie; cet événement mérite des détails particuliers, et je dois à cette œuvre de les raconter ici.

Le 16 mai 1818, nous étions partis de Naples, à trois heures du matin, pour visiter les ruines des temples de Pæstum. Ayant pris nos arrangements d'avance pour les relais de chevaux, nous nous trouvâmes, environ à une heure et demie, sur le versant de la côte d'Eboli, vers la plaine où sont situés ces monuments prodigieux de l'antiquité. Si mon existence pouvait se prolonger pendant dix siècles, je crois que jamais je ne pourrais oublier le plaisir ineffable que je goûtai en arrivant dans ces lieux enchanteurs. Étant descendus de voiture pour nous rafraîchir, nous nous reposâmes sur l'herbe, à l'ombre d'un pin vénérable, le regard absorbé dans la contemplation des beautés déployées autour et au-dessous de nous. A droite, de riantes collines boisées s'étendaient vers Salerne; au delà apparaissaient les falaises de marbre qui bordent l'extrémité méridionale de la baie de Sorrente; immédiatement à nos pieds se déroulait une riche campagne tapissée de vignes, et ornée de villas entourées de vastes jardins, où l'olivier et le cyprès se montrent côte à côte,... comme pour nous faire ressouvenir combien sont voisines l'une de l'autre la vie et la mort, la joie et la douleur.

Les montagnes un peu éloignées, dans toute la splendeur de leur printanière verdure, se perdaient dans la vaste étendue de la plaine de Pæstum, où, comme au milieu d'un désert, dans le lointain extrême, on apercevait des temples blancs resplendissant au rayonnement du soleil. Le miroir azuré de la mer Thyrrénienne complétait cet admirable paysage, qui, malgré tant de beauté, n'était cependant pas absolument calme. Il y avait un air vivifiant venant du sud-ouest, un véritable zéphir, et sa fraîcheur, au milieu du jour, était particulièrement suave et délicieuse; c'était un souffle d'été volé par le printemps. Jamais je n'ai vu d'azur plus pur que ces vagues qui venaient caresser la plage, azur transparent, encore rehaussé à travers ces vagues par la blancheur étincelante de leurs crêtes. Au sein de cette grande et douce activité de la nature, on croyait sentir quelque chose d'une vie renaissante et palpitante; le murmure du balancement des branches du pin, le tremblement de ses rameaux aux fruits pendants, les soupirs des vagues et le bruissement des vents, étaient surmontés et dominés par le chant d'un nombre considérable d'oiseaux sautillant dans les branches, et entrecoupés des gémissements doux et amoureux de la colombe des bois; de sorte que, dans ce tableau du travail de la nature, les accents d'amour prédominaient.

Touchés jusqu'au fond de l'âme par cette scène ravissante, nous reprîmes le chemin des ruines, et après avoir fait choix d'un guide chez un fermier, nous commençâmes à examiner les ruines merveilleuses, qui ont survécu même au nom du peuple qui les a élevées, et demeurent encore presque intactes, tandis qu'une ville romaine et sarrasine ont été bâties et détruites depuis. Après une promenade longue et en plein soleil, autour des temples, notre cicerone nous représenta le danger qu'il y aurait à séjourner plus longtemps et à s'exposer aux émanations et aux miasmes qui caractérisent tristement cet endroit, et nous conseilla d'entrer dans l'intérieur du temple de Neptune. Son conseil ayant été suivi, nous commençâmes à examiner l'architecture intérieure du temple, et déjà mes deux compagnons entreprenaient de mesurer la circonférence d'une des colonnes doriennes, lorsque tout à coup ils appelèrent mon attention sur un étranger assis derrière cette même colonne.

L'apparition d'un être humain dans cet endroit
et à cette heure était assez remarquable, mais
l'homme qui était devant nous aurait été remarqué n'importe où, tant par sa mise que par tout
son extérieur. Il était occupé à écrire sur un
carnet; quand il s'aperçut de notre présence, il
se leva immédiatement et nous salua fort gracieusement, ce qui me laissa voir distinctement son
ensemble. Il était au-dessus de la taille moyenne,
svelte mais bien pris; son visage offrait une expression rare, ses yeux étaient vert de mer pénétrant, son front large et uni sans ride; sauf quelques boucles grises qui argentaient ses tempes,
on aurait pu le supposer à l'été de la vie. Je
remarquai son nez aquilin, et je trouvai sa physionomie extrêmement douce; quand il parla à
notre guide, ce qu'il fit couramment dans le
dialecte napolitain, il me sembla n'avoir jamais
entendu une voix plus agréable, plus sonore,
ni plus argentine. Ses vêtements, d'une forme
assez originale, rappelaient d'abord ceux d'un
ecclésiastique, simples et sans prétention. Sur le
pavé, à côté de lui, était son chapeau à larges
bords, d'un blanc gris, orné de la coquille des
pèlerins; son cou portait un chapelet de perles
auquel on voyait attaché un long flacon antique

d'émail bleu, pareil à ceux qu'on trouve dans les tombeaux grecs. Il ramassa son chapeau et sembla se retirer vers une autre partie du monument, quand je lui fis nos excuses de l'avoir dérangé dans ses études, en le priant de les reprendre puisque notre présence ne devait être que momentanée, le soleil s'étant voilé de nuages, et la grande chaleur qui nous avait forcé d'entrer commençant à diminuer.

Je lui avais adressé la parole en italien, mais il me répondit dans ma langue natale, ajoutant qu'il supposait que la crainte de contracter la fièvre nous avait engagés à chercher un abri; mais qu'il était prématuré dans la saison d'avoir aucune crainte bien fondée sur cet ennemi terrible dont les ravages se font surtout sentir en été. Cependant, ajouta-t-il, je porte toujours ce flacon sur moi, comme préservatif contre les effets de la malaria, et j'ai déjà pu acquérir l'expérience que c'est une habitude très-efficace.

« Quelle peut être la nature de ce préservatif de la fièvre? lui demandai-je, en observant qu'il serait sans doute bon et utile de divulguer ce spécifique et de le faire connaître aux voyageurs.

— C'est, me répondit-il, un mélange qui produit lentement la substance appelée chlorine, bien connue dans la chimie pour détruire la contagion. Un de mes amis, qui habite l'Italie depuis longtemps, et qui en a fait des expériences nombreuses, en s'exposant au danger de la fièvre dans les saisons et les endroits les plus mauvais, m'assure qu'il considère la chlorine comme un préservatif complet. Je n'en suis pas convaincu, mais cela ne peut pas faire de mal; et, sans attendre plus d'évidence de son utilité, j'en fais l'emploi sans y ajouter une absolue confiance, attendu que, pour en faire l'expérience, je ne veux point m'exposer comme mon ami dont j'ai parlé [1].

—Plusieurs hommes de science, lui répondis-je,

---

[1]. On sait que l'on doit à Sir Humphry Davy lui-même la découverte du chlore, c'est-à-dire la démonstration de la simplicité de l'acide muriatique oxygéné. Berthollet, puis Gay-Lussac et Thénard avaient en vain essayé de désoxyder l'acide muriatique oxygéné; mais la théorie régnante de Lavoisier, enseignant que l'oxygène était l'élément *unique* de la combustion, les avait empêchés d'arriver à la solution du problème. La chimie doit à Davy d'avoir démontré que ce prétendu acide, obtenu pour la première fois par Scheele, est un *corps simple*, et qu'en le combinant avec l'hydrogène il forme l'acide muriatique. L'ingénieux chimiste donna d'abord à cette substance le nom de *chlorine*, du mot grec *chloros* (jaune-verdâtre), à cause de la couleur de ce gaz. On finit par le distinguer

et en particulier Brocchi [1], ont mis en doute l'existence dans l'atmosphère de toute substance spécifique produisant les fièvres intermittentes dans les pays marécageux et les climats chauds. Aussi, continuai-je, est-on plus disposé à attribuer la maladie à des causes physiques, dépendant des grandes différences de température entre le jour et la nuit, et aux effets réfrigérants des

---

plus simplement sous le nom de *chlore*, et c'est le nom qu'il porte définitivement aujourd'hui.

Tout le monde connaît les propriétés désinfectantes du chlore.

La découverte de l'iode, — substance dont les propriétés chimiques ont la plus grande analogie avec celles de la précédente, — faite également par Sir Humprhy Davy à la même époque (1813), — imprima les plus grands progrès à la nouvelle théorie chimique. Ces années sont des plus mémorables dans l'histoire de la chimie. c. f.

1. Géologue italien (né en 1772, mort en 1826), publia entre autres un mémoire sur l'air de Rome et des environs, un grand ouvrage *dello Stato fisico del suolo di Roma*, et des études géologiques et météorologiques.

Cette même question de l'existence dans l'atmosphère de corpuscules, germes et animaux donnant les fièvres, le choléra, les épidémies, a été remise à l'ordre du jour en ces dernières années. Nos lecteurs connaissent entre autres les idées de M. Raspail et les observations de M. Pouchet d'une part, comme celles de M. Pasteur d'autre part. Le problème n'est pas encore résolu (1868). M. Pasteur vient de le résoudre en faveur des microbes (1883).

brouillards épais communs le matin et le soir en de tels lieux. Dans cette hypothèse, on recommande des vêtements chauds et des feux pendant la nuit, comme les meilleures garanties contre ces affreuses maladies si fatales aux paysans qui restent l'été et l'automne dans le voisinage des marais de Rome, de la Toscane et de Naples.

— Je connais ces opinions, qui ne manquent pas de quelque importance, répondit l'étranger; mais la non-existence d'une matière spécifique amenant la contagion dans l'atmosphère marécageuse, n'est pas prouvée par cela seul que la chimie n'en a pas encore fait la découverte. On connaît si peu les agents dont peut être affectée la constitution humaine, qu'il est à peu près stérile de raisonner sur ce sujet. Il n'en est pas moins vrai que la ligne de la malaria, au-dessus des marais Pontins, est dessinée par un brouillard épais le matin et le soir, et que la plupart des anciennes villas romaines avaient déjà été placées sur des éminences au delà de ce brouillard. J'ai moi-même éprouvé des effets singuliers de l'odorat dans le voisinage des marais, le soir, après un jour de grande chaleur; et les cas où l'on a été saisi de la fièvre dans la saison malsaine, en s'exposant une seule fois à l'endroit infesté du mauvais air, appuient, à mon avis, en faveur de l'idée qu'il existe dans l'atmosphère de ces lieux quelque chose d'analogue à une matière délétère. Mais je ne le tiens pas pour certain. Toutefois, j'espère que le temps n'est pas loin ou les progrès de la physiologie et de la chimie décideront cette question importante. »

En ce moment, Ambrosio s'avança, et désirant savoir si les masses de travertin dont sont construits ces temples et leurs murs cyclopéens ont été formées, comme on le pense, d'un dépôt aqueux du Silaro[1], demanda à l'étranger de vouloir bien lui donner son avis. La manière d'être de celui-ci avec notre cicerone montrait, en effet, qu'il devait connaître le temple de Pæstum à tous les points de vue.

« Sans contredit, répondit l'inconnu, ces masses sont le produit d'un dépôt aqueux, et c'est par le Silaro que cela s'est opéré ; mais je crois plutôt, continua-t-il, que ces pierres viennent d'une carrière qui se trouve près d'un ancien lac dans le voisinage de la ville. Dans une demi-heure, si vous le voulez, après avoir terminé votre visite au temple avec votre guide, je vous conduirai à ce lac ; vous reconnaîtrez avec moi que des masses considéra-

---

[1]. Le *Sélé*, rivière descendant de l'Apennin au golfe de Pæstum.

bles de travertin et de tuf calcaire en ont été extraites. »

On accepta avec remercîments cette invitation gracieuse, et, après avoir fait le tour des ruines comme on a coutume de le faire, on revint à l'étranger, qui nous servit de guide et nous conduisit hors la ville aux bords d'un étang ou d'un lac à peu de distance. On marcha jusqu'aux rives sur une masse de tuf calcaire, et on put voir que même les roseaux qui le bordent s'étaient incrustés de cette substance. Il y avait quelque chose de très-mélancolique dans le caractère de cette eau : autour d'elle, toute la verdure était grise et comme incrustée de marbre; quelques buffles qui s'y abreuvaient disparurent rapidement à notre approche, et semblèrent se retirer dans une excavation de rocher, ou dans une carrière située au bout du lac. Nous remarquâmes à la surface du lac une grande quantité d'oiseaux, et en les examinant nous vîmes que c'étaient des hirondelles de mer. Elles effleuraient la surface et paraissaient fort occupées à détruire, en compagnie de la libellule, des myriades de cousins qui s'élevaient du fond, et dont les tourbillons voltigeant autour de nous commençaient à nous être désagréables.

« Voici, fit l'étranger, à quoi j'attribue la formation de ces pierres massives et durables qu'on voit là-bas dans la plaine. Cette eau fait rapidement des dépôts calcaires; si même on y jette un bâton, il se couvre de cette substance en quelques heures. Quel que soit le point du rivage vers lequel on dirige ses regards, on aperçoit des masses de ce marbre récemment produit par le débordement du lac pendant les inondations de l'hiver; et dans cette grande excavation où tout à l'heure les buffles sont disparus, on peut observer le déplacement de masses immenses de ces pierres évidemment opéré par la main de l'art dans le temps passé. Le marbre qui est actuellement dans la carrière est de la même qualité et du même grain que celui qu'on voit employé dans les ruines de Pæstum, et je pense qu'il est presque impossible de douter que l'on ait tiré en grande partie de cet endroit les matériaux dont on s'est servi pour construire ces singuliers monuments. »

Ambrosio était du même avis. Je me permis alors de questionner notre savant guide sur la quantité de matière calcaire en dissolution que pouvait contenir le lac, remarquant que, selon moi, pour obtenir des effets de dépôt aussi considérables et aussi rapides, il faudrait une quantité extraordinaire de matière solide dissoute soit directement par l'eau, soit par quelque procédé spécial. « Cette eau, me dit-il, est semblable à celle de la plupart des sources qui prennent naissance au pied des Apennins ; elle contient de l'acide carbonique en dissolution, car elle a dissous une portion de la matière calcaire des rochers entre lesquels elle est passée ; cet acide carbonique se dissipe dans l'atmosphère, et le marbre descendant lentement prend une forme cristalline et se dépose en pierres cohérentes. Le lac qui s'étend devant nous n'est pas particulièrement riche par une énorme quantité de matière calcaire, car, d'après mes expériences, on n'en trouve dans un demi-litre que 5 ou 6 grains[1] ; cependant la quantité d'eau d'une part et la longueur du temps de l'autre suffisent pour expliquer les bancs immenses de tuf et de roches qui, pendant la marche des siècles, se sont accumulés ici.

— Puis-je vous demander si l'on a quelque idée de la cause de cette grande quantité d'acide carbonique qui existe dans les eaux de ce pays ? hasarda Onuphrio, dont la curiosité se réveillait.

— Je n'ai pas manqué de me former une opinion

---

1. A peu près quatre décigrammes.

là-dessus, répondit l'étranger, et je me ferai un plaisir de vous la transmettre. Je tiens pour hautement probable qu'il y a une source de feu volcanique sous la surface de l'Italie, dans toute la région du sud, et que l'action de ce feu sur les rochers calcaires dont les Apennins sont composés en isole constamment de l'acide carbonique, lequel s'élevant vers ces sources déposées par les eaux de l'atmosphère, doit les imprégner assez vite et les rendre capables de dissoudre la matière calcaire. Je n'ai pas besoin de vous citer l'Etna, le Vésuve, les îles Lipari pour prouver que des feux volcaniques existent encore; mais de plus on ne peut douter que dans le passé toute l'Italie n'ait été ravagée; Rome même, la ville éternelle, repose sur les cratères des volcans éteints. L'histoire traditionnelle de l'incendie allumé par Phaéton conduisant mal le char du soleil, et la chute dans le Pô de ce petit dieu doit, j'imagine, remonter à quelque éruption volcanique terrible, qui aurait couvert l'Italie entière, et ne se serait terminée qu'au pied des Alpes, près du fleuve. Quoi qu'il en soit, d'ailleurs, les sources d'acide carbonique sont nombreuses, non-seulement dans les États napolitains, mais encore dans les États romains et dans la Toscane.

La chute d'eau la plus magnifique de l'Europe, celle du Velino, près Terni [1], est alimentée en partie par un ruisseau dans lequel se trouve une grande quantité de matière calcaire dissoute par l'acide carbonique ; malgré la puissance de la chute, un dépôt de marbre se forme constamment et se cristallise dans le lit où elle tombe. L'Anio ou le Téveronne, qui en beauté approche presque du Velino par le nombre varié de ses cascades et cascatelles, est également formé d'eau calcaire. Il y a encore une autre source analogue plus remarquable qui se déverse dans cette rivière près Tivoli. Vous l'avez probablement vue lors de vos excursions dans la campagne de Rome ? C'est le Lacus Albula ou le lac de Solfatare.

—Je m'en souviens, en effet, dit Ambrosio, nous avons vu cette source précisément ce printemps-ci ; nous y étions allés pour examiner quelques anciens bains romains ; la teinte bleuâtre de l'eau, les dimensions énormes de la source et l'odeur

---

[1]. La Velino est une rivière qui prend sa source dans le sud-ouest de la province des Abruzzes et descend sur un cours de 95 kilomètres, avec de belles cascades. Près de Terni (Ombrie), elle forme la belle cataracte de la Marmora, en tombant d'une hauteur verticale de 165 mètres. Je l'ai visitée en 1872 : quoique construite de main d'homme, par les Romains, elle mérite son antique et glorieuse réputation. C. F.

désagréable de l'hydrogène sulfuré qui entoure le lac furent pour nous autant d'objets de remarque.

— A votre retour au Latium, je vous conseille de visiter encore ce lieu, qui est intéressant à tant de titres, dit l'inconnu, et, si vous le voulez, je vous citerai quelques-unes de ces principales curiosités. »

Vous n'avez vu que le lac où furent les bains des anciens Romains; mais il y en a un autre à quelques mètres seulement de distance, presque caché par les grands roseaux qui l'entourent. Ce bassin envoie au grand lac un courant considérable d'eau tiède, mais cette eau est moins fortement imprégnée d'acide carbonique ; le plus grand lac est actuellement une solution saturée de ce gaz, qui, en certains endroits, s'échappe de la surface en quantités si considérables qu'on pourrait supposer cette eau en ébullition. Par mes expériences, j'ai trouvé que l'eau prise de l'endroit le plus tranquille du lac, même lorsqu'elle a été agitée et exposée à l'air, contient en solution plus que son propre volume de gaz acide carbonique, avec une très-petite quantité d'hydrogène sulfuré, à la présence duquel je crois pouvoir attribuer son ancien usage à la guérison des maladies de peau. J'ai trouvé que la température des endroits les plus chauds était, en hiver, de plus de 80 degrés [1], et qu'elle paraît être assez constante; car elle ne diffère que de quelques degrés, dans la source supérieure, pendant janvier, mars, mai et le commencement de juin. C'est donc d'une source souterraine que provient cette chaleur, qui est presque de 20° (12° cent.) au-dessus de la température moyenne de l'atmosphère.

Kircher, dans son « *Mundus subterraneus*, » donne sur les merveilles variées de ce lac, des détails dont la plupart sont sans fondement, tels par exemple que son allégation : « qu'il est insondable, que la chaleur du fond est du degré de l'eau bouillante, et que des îles flottantes s'élèvent du golfe d'où il vient. » Il est certainement très-difficile, ou même impossible, de sonder une source qui s'élève avec tant de force d'une excavation souterraine; et, à une époque où la chimie n'avait fait que peu de progrès, il était facile de se tromper et de prendre le dégagement de l'acide carbonique pour de l'eau en état d'ébullition. Des îles flottantes existent actuellement, mais

---

[1]. 80 degrés Fahrenheit, c'est-à-dire 27° centigrades.

il est fort curieux que nulle hypothèse scientifique sur leur origine n'ait jamais été émise ni par Kircher, ni par aucun des écrivains qui ont décrit ce lac depuis. La haute température de cette eau et la quantité d'acide carbonique qu'elle contient la rendent particulièrement apte à fournir une nourriture à la vie végétale ; les bancs de travertin sont partout couverts de mousses, de roseaux, de conferves et de plantes aquatiques d'espèces variées. En même temps que s'effectuent les procédés de la vie végétale, la matière calcaire, partout déposée en raison de la mise en liberté de l'acide carbonique, se cristallise aussi et donne au lac une apparence laiteuse au lieu de la teinte bleue qui l'azurerait en tout autre cas. La décomposition de l'acide carbonique occasionne une végétation tellement rapide qu'en hiver même des masses de conferves et de mousses, mêlées au dépôt de travertin, se détachent constamment de la rive, flottent sur le courant, et forment ces petites îles qu'on voit toujours dans la partie large de la rivière. Parfois elles n'ont que quelques pouces de diamètre, et sont composées seulement de conferves d'un vert sombre, de lichen jaune ou de mousse pourpre ; mais elles mesurent parfois plusieurs pieds même et contiennent des espèces variées de plantes aquatiques plus ou moins incrustées de marbre.

Je crois qu'il n'existe pas au monde un endroit où l'on ait un exemple plus frappant de l'opposition, du contraste, qui existent entre les lois de la nature animée et celles de la nature inanimée, aussi bien qu'entre les forces inorganiques de l'affinité chimique et les forces vitales. Dans une température pareille, entourés comme ils le sont de tous les éléments de leur existence, des végétaux se produisent avec une rapidité merveilleuse! mais des cristallisations se forment avec une vitesse égale, et à peine les unes et les autres sont-elles apparues qu'elles sont détruites ensemble l'une par l'autre. Il résulte de la chaleur, et de la quantité de matière végétale produite, que, malgré ses exhalaisons sulfureuses, ce lac reste le refuge de tribus d'insectes d'une variété infinie. En hiver, même au jour le plus froid, des mouches pullulant en grand nombre se montrent sur les végétaux du rivage ou sur ces îles flottantes; et on peut y voir leurs larves en énormes quantités, quelquefois incrustées et entièrement détruites par la matière calcaire, ce qui est fort souvent le sort de l'insecte aussi bien que celui des crustacés variés qui se trouvent au milieu des végétaux croissant sur les bords, et qui sont rapidement détruits par le travertin.

Des bécasses, des canards sauvages et des oiseaux aquatiques de plusieurs espèces visitent souvent ces lacs, attirés par la température et la quantité de nourriture qui y abonde; mais ordinairement ils se bornent aux rives, attendu que l'acide carbonique dégagé de la surface leur serait fatal s'ils se risquaient à y nager lorsque l'eau est tranquille.

Désirant mesurer l'intensité du dépôt incessamment formé par ces eaux, j'enfonçai un jour un bâton sur une masse de travertin couvert d'eau. C'était au mois de mai; près d'un an après, au commencement du mois d'avril suivant, je le retirai et j'en fis l'examen, afin de déterminer la nature du dépôt. L'eau, à cette époque, était plus basse que d'habitude; cependant j'eus quelque difficulté à casser avec un marteau pointu la masse adhérente au bout du bâton. Elle était d'une épaisseur de plusieurs pouces. La partie supérieure était un mélange de tuf léger et de feuilles de conferve; plus bas, c'était du travertin plus solide et plus foncé, contenant des masses de conferves noires et décomposées; dans la partie inférieure, le travertin se montra encore plus solide et d'une couleur grise, mais avec des cavités, résultat, je crois, de la décomposition de la matière végétale.

J'ai passé des heures entières, et je puis dire des jours, dans l'étude des phénomènes de ce lac mystérieux, ajouta l'inconnu, d'une voix plus lente et plus grave. Ils ont éveillé dans mon esprit bien des sujets de pensée en rapport avec les changements primitifs de notre globe, et parfois j'ai laissé mes raisonnements se développer, depuis les formes des plantes et des animaux conservés dans le marbre de cette source chaude jusqu'aux grands dépôts des roches secondaires, où des zoophytes, des coraux, etc., ont travaillé sur une plus grande échelle, et où des palmiers, des végétaux actuellement inconnus, ont été conservés avec des dépouilles de crocodiles, de tortues et d'animaux gigantesques éteints, du genre saurien, colosses qui semblent avoir appartenu à une époque où le globe entier possédait une plus haute température. De là même manière, les phénomènes remarquables qui se passaient autour de moi dans ce lieu m'amenèrent souvent à comparer les œuvres de l'homme avec celles de la nature.

Les bains qui y furent construits il y a presque

vingt siècles ne sont à présent qu'un monceau de ruines, et même les briques dont ils furent bâtis, quoique durcies par le feu, sont réduites en poussière. Au contraire, les masses de travertin d'alentour, quoique formées, par une source variable, des matériaux les plus destructibles, se sont endurcies avec le temps, et les restes les plus parfaits des ruines grandioses de la ville éternelle, tels que les arcs de triomphe et le Colisée, doivent leur durée à cette cause. Donc, d'après tout ce qu'on peut savoir, sauf quelques changements peut-être dans ses dimensions, ce lac est presque dans le même état que Pline l'a décrit il y a dix-sept cents ans, avec ces mêmes îles flottantes, ces mêmes plantes et ces mêmes insectes. Je le connais depuis quinze ans, et il m'a toujours paru sous ces rapports précisément identique, et cependant il a le caractère d'un phénomène accidentel dépendant du feu souterrain. Combien merveilleuses sont ces lois par lesquelles se conservent les types même les plus humbles de l'existence organique, lors même qu'ils sont nés au milieu des causes de leur destruction. Par ces lois admirables, une espèce d'immortalité est donnée à ces générations qui flottent pour ainsi dire, comme des bulles d'air passagères, sur un courant échappé des profondes cavernes de la terre, et qui perdent à chaque instant ce que nous pourrions appeler leur vie dans l'atmosphère !

Ces dernières observations de l'Inconnu me rappelèrent le souvenir de quelques phénomènes que j'avais remarqués plusieurs années auparavant, et dont je n'avais pu alors me rendre compte. J'étais à la chasse dans les marais qui entourent les ruines de Gabia, et où l'on rencontre encore des vestiges que l'on suppose provenir de l'aqueduc d'Alexandre. Une petite colline insulaire, composée entièrement de travertin, se présenta à ma vue ; à sa cime il y avait des formations de tuf évidemment produites par un courant d'eau, mais toute la masse était parfaitement sèche et incrustée de végétaux. De prime abord, j'avais cru cette petite montagne formée par un jet d'eau calcaire, par une espèce de petite fontaine analogue aux geisers, qui aurait déposé le travertin et aurait continué à s'élever à travers le bassin, en coulant d'un niveau plus élevé. Toutefois, la forme irrégulière de l'éminence ne répondait pas à cette idée, et j'étais resté embarrassé par le fait sans pouvoir m'en expliquer la cause. Aujourd'hui, il me semblait probable, selon les vues de notre nouvelle connaissance, que l'eau calcaire était sortie des anciennes fentes de l'aqueduc, et avait formé une colline où s'étaient trouvées enfermées les briques du monument. Celles qui, dans d'autres endroits, n'avaient pas reçu cette incrustation de travertin, ont été entièrement détruites et même ont disparu du sol. Je communiquai cette circonstance et mes idées sur ce point.

« Cette explication et la théorie qu'elle comporte sont très-judicieuses, dit l'Inconnu. Je connais fort bien l'endroit, et si vous n'en aviez pas parlé, je l'aurais probablement cité comme exemple de conservation des œuvres d'art par les accidents de la nature. L'an dernier, je fus tellement frappé de cet aspect, que je fis enlever une partie du travertin par des ouvriers; or je trouvai précisément le canal de l'aqueduc au-dessous de la masse dans un état parfait de conservation, et les briques des voûtes aussi intactes que si elles venaient d'être récemment posées. »

L'Inconnu fut interrompu par Onuphrio qui se hâta de dire : « J'ai toujours supposé que dans tout système géologique l'eau doit être considérée comme cause destructive de la surface du globe; mais, dans tous les cas dont on vient de parler, elle semblerait plutôt une puissance conservatrice destinée à produire et non à détruire. Lequel des deux est vrai ?

— C'est là le vice général des systèmes philosophiques, répliqua l'étranger. Ils sont ordinairement fondés sur quelques faits dont ils fournissent l'explication, et l'imagination humaine les étend ensuite à tous les phénomènes de la nature, pour un certain nombre desquels ils doivent être contradictoires. L'intelligence humaine est tellement faible, qu'elle ne peut embrasser qu'avec difficulté une simple série de phénomènes : elle se montre impuissante toutes les fois qu'elle veut s'étendre à l'ensemble de la nature. L'*eau*, par ses opérations communes, telles que sa précipitation de l'atmosphère sous forme de pluie, sa circulation dans les torrents, tend à niveler et à dégrader la surface de la terre, et emporte des matériaux du sol au sein de l'Océan. Le *feu*, au contraire, dans les éruptions volcaniques, a généralement pour effet d'élever des montagnes ; par lui la surface est exhaussée et des îles sont créées, même au milieu de la mer. Cependant ces lois ne sont pas invariables, comme le prouvent les cas dont nous nous entretenons, et les parties de la surface du globe sont souvent détruites même par le feu, comme cela se montre dans les champs Phlégréens. Parfois aussi des îles soulevées par une éruption volcanique ont été englouties dans la mer par d'autres mouvements du sol. Enfin, dans la nature il n'y a pas de hasard. Ce mot ne cache que notre ignorance de la cause. Nous qualifions ordinairement ainsi certains résultats des lois générales en opérations particulières; mais on ne peut pas plus déduire ces lois de l'une de ces opérations particulières, que tracer l'ordre général d'après un résultat partiel.

— Vous me paraissez, répliqua à son tour Ambrosio, avoir beaucoup étudié les phénomènes physiques; il nous serait fort agréable de connaître vos opinions personnelles sur les changements primitifs et sur l'histoire antique du globe, car je vois que vous n'êtes pas de l'école géologique moderne.

— Je suis naturellement arrivé à certaines opinions, ou plutôt à des spéculations, sur ces sujets; mais elles ne méritent assurément pas la peine de vous être communiquées. Si elles m'ont distrait quelquefois pendant mes heures de loisir, je doute qu'elles puissent avoir la même influence sur vous, et surtout qu'elles puissent vous être utiles.

— Les observations dont vous avez bien voulu nous faire part sur la formation du travertin nous portent à espérer non-seulement un grand plaisir, mais encore une grande instruction en vous écoutant, lui répondis-je.

— Eh bien ! je ne demande pas mieux que de causer un peu géologie, répliqua l'Inconnu tandis que nous nous asseyions sur des fragments de roches. Quelle est la figure cosmographique de notre planète? Quel est son état géologique actuel? Quelle est son origine? Ce sont là de grands problèmes. Tout à l'heure, c'étaient des faits dont j'avais à vous entretenir. Ici, sur le plan géologique de l'histoire primitive du globe, on n'est guidé que par des analogies, lesquelles s'appliquent et s'interprètent de façons bien différentes par différents esprits ; mais arrivons au sujet, et ne perdons plus de temps en discours préliminaires.

Les déductions astronomiques et les mesures récentes de triangulation prouvent que le globe est un sphéroïde aplati aux pôles. Cette forme est connue par des démonstrations mathématiques très-exactes pour être nécessairement celle que revêtirait un corps fluide tournant autour de son axe, et devenu solide à sa surface par la dissipation lente de la chaleur[1]. Nous devons donc

---

1. La figure géométrique de la Terre décèle son origine et retrace son histoire, aussi bien que l'étude de ses roches et de ses minéraux. Son ellipticité accuse la fluidité pri-

regarder le globe, dans le premier état où l'imagination puisse le considérer, comme une masse

mitive, ou du moins le ramollissement de sa masse. Pour tous ceux qui savent lire dans le livre de la nature, l'aplatissement de la terre est une des données les plus anciennes de la géognosie; de même, la forme elliptique du sphéroïde lunaire et la direction constante de son grand axe vers notre planète sont des faits qui remontent à l'origine de notre satellite. « La figure mathématique de la terre est celle que prendrait sa surface si elle était couverte d'un liquide au repos. » C'est à cette surface idéale, qui ne reproduit ni les inégalités ni les accidents de la partie solide de la surface réelle, que se rapportent toutes les mesures géodésiques, quand elles ont été réduites au niveau de la mer; elle est complétement déterminée lorsque l'on connaît la valeur de l'aplatissement et la longueur du diamètre équatorial...

Trois méthodes ont été employées pour déterminer la courbure de la terre : ce sont les mesures de degrés, les observations du pendule, et certaines inégalités lunaires ; toutes les trois ont conduit au même résultat. La première methode est à la fois géométrique et astronomique ; dans les deux autres, on passe des mouvements observés avec exactitude aux forces qui les ont produits, puis de ces forces mêmes à leur cause commune, qui est liée à l'aplatissement de la terre... D'après les méthodes les plus rigoureuses, il en est résulté la connaissance d'un aplatissement de $\frac{1}{289}$. Le demi-diamètre polaire est plus court de vingt et un kilomètres environ que le demi-diamètre équatorial; le renflement équatorial a donc à peu près cinq fois la hauteur du Mont-Blanc.

Quand la figure de la terre est connue, on peut déduire

fluidique enveloppée d'une atmosphère immense, gravitant dans l'espace autour du soleil ; par suite

l'influence qu'elle exerce sur les mouvements de la lune ; réciproquement, de la connaissance parfaite de ces mouvements, on peut remonter à la forme de notre planète. C'est ce qui a fait dire à Laplace : « Il est très-remarquable qu'un astronome sans sortir de son observatoire, en comparant seulement ses observations à l'analyse, eût pu déterminer exactement la grandeur et l'aplatissement de la terre, et sa distance au soleil et à la lune, éléments dont la connaissance a été le fruit de longs et pénibles voyages dans les deux hémisphères. » L'aplatissement qu'on déduit ainsi des inégalités lunaires a, sur les mesures de degré isolées et sur les observations du pendule, l'avantage d'être indépendant des accidents locaux; c'est l'aplatissement *moyen* de notre planète. Comparé à la vitesse de rotation de la terre, il prouve que la densité des couches terrestres va en croissant de la surface au centre; l'on obtient le même résultat pour Jupiter et pour Saturne, quand on compare leurs aplatissements avec les durées de leurs rotations respectives. Ainsi, la connaissance de la figure extérieure des astres conduit à celle des propriétés de leur masse intérieure.

Après avoir ainsi mesuré la terre, il fallait encore la peser. Plusieurs méthodes ont été imaginées dans ce but. La première consiste à déterminer, par une combinaison de mesures astronomiques et géodésiques, la quantité dont le fil à plomb dévie de la verticale, sous l'influence d'une montagne voisine; la seconde est fondée sur la comparaison des longueurs d'un pendule qu'on a fait osciller d'abord au pied, puis au sommet d'une montagne; la troisième méthode est celle de la balance de torsion,

du refroidissement, une partie de son atmosphère se condensa en eau dont la surface terrestre fut

qu'on peut aussi considérer comme un pendule oscillant horizontalement. De ces trois procédés, le dernier est le plus sûr, parce qu'il n'exige pas, comme les deux autres, la détermination toujours difficile de la densité des minéraux dont se compose une montagne. Les recherches récentes que Reich a faites avec la balance de torsion ont fixé la densité moyenne de la terre entière à 5,44, celle de l'eau pure étant prise pour unité. Or, d'après la nature des roches qui composent les couches supérieures de la partie solide du globe, la densité des continents est à peine 2,7 ; par conséquent, la densité moyenne des continents et des mers n'atteint pas 1,6. On voit par là combien la densité des couches intérieures doit croître vers le centre, soit par suite de la pression qu'elles supportent, soit à cause de la nature de leurs matériaux.

Plusieurs physiciens célèbres, placés à des points de vue différents, ont tiré de ce résultat des conclusions diamétralement opposées sur l'intérieur de notre globe. Ainsi, l'on a calculé à quelle profondeur les liquides et même les gaz doivent avoir acquis, sous la pression des couches supérieures, une densité supérieure à celle du platine ou de l'iridium; puis, pour accorder l'hypothèse de la compressibilité indéfinie de la matière avec l'aplatissement, dont la valeur est fixée aujourd'hui entre des limites très-rapprochées, l'ingénieux Leslie se vit conduit à présenter *l'intérieur du globe comme une caverne sphérique* « remplie d'un fluide impondérable, mais doué d'une force d'expansion énorme. » Ces conceptions hardies firent naître bientôt des idées encore plus fantastiques dans des esprits entièrement étrangers aux sciences. On en vint à

recouverte presque tout entière. Dans cet état, aucune forme de vie ne put se manifester. Les faire croître des plantes dans cette sphère creuse ; on la peupla d'animaux, et, pour en chasser les ténèbres, on y fit circuler deux astres, Pluton et Proserpine. Ces régions souterraines furent douées d'une température toujours égale, d'un air toujours lumineux par suite de la pression qu'il supporte : on oubliait sans doute qu'on y avait déjà placé deux soleils pour l'éclairer. Enfin, près du pôle nord, par 82° de latitude, se trouvait une immense ouverture qui permettait de descendre dans la sphère creuse. *Sir Humphry Davy et moi, nous fûmes* instamment et publiquement *invités,* par le capitaine Symmes, *à entreprendre cette expédition souterraine.* Telle est l'énergie de ce penchant maladif qui porte certains esprits à peupler de merveilles les espaces inconnus, sans tenir compte ni des faits acquis à la science, ni des lois universellement reconnues dans la nature. Déjà, vers la fin du dix-septième siècle, le célèbre Halley, dans ses spéculations magnétiques, avait creusé ainsi l'intérieur de la terre : il supposait qu'un noyau, tournant librement dans cette cavité souterraine, produit les variations annuelles et diurnes de la déclinaison de l'aiguille aimantée. Ces idées, qui ne furent jamais qu'une pure fiction pour l'ingénieux Holberg, ont fait fortune de nos jours, et l'on a cherché avec un sérieux incroyable à leur donner une couleur scientifique.

La figure, la densité et la consistance actuelles du globe sont intimement liées aux forces qui agissent dans son sein, indépendamment de toute influence extérieure. Ainsi, la force centrifuge, conséquence du mouvement de rotation dont le sphéroïde terrestre est animé, a déterminé l'aplatissement du globe ; à son tour, l'aplatissement dénote

roches cristallines azoïques ou roches primaires, comme les appellent les géologues, où nulle trace

la fluidité primitive de notre planète. Une énorme quantité de chaleur latente est devenue libre par la solidification de cette masse fluide, et si, comme le veut Fourier, les couches superficielles, en rayonnant vers les espaces célestes, se sont refroidies et solidifiées les premières, les parties plus voisines du centre doivent avoir conservé leur fluidité et leur incandescence primitives. Longtemps cette chaleur interne a traversé l'écorce ainsi formée, pour se perdre ensuite dans l'espace ; puis à cette période a succédé un état d'équilibre stable dans la température du globe, en sorte qu'à partir de la surface, la chaleur doit aller en croissant graduellement vers le centre. En fait, cet accroissement se trouve établi d'un manière irrécusable, au moins jusqu'à une grande profondeur, par la température des eaux qui jaillissent des puits artésiens, par celle des roches qu'on exploite dans les mines profondes, et surtout par l'activité volcanique de la terre, c'est-à-dire par l'éruption des masses liquéfiées qu'elle rejette de son sein. D'après des inductions, fondées à la vérité sur de simples analogies, il est hautement probable que cet accroissement se propage jusqu'au centre.

D'après les expériences assez concordantes auxquelles on a soumis l'eau de divers puits artésiens, il paraît qu'en moyenne la température de l'écorce terrestre augmente dans le sens vertical, avec la profondeur, à raison de 1° du thermomètre centigrade pour 30 mètres. Si cette loi s'appliquait à toutes les profondeurs, une couche de granit serait en pleine fusion à une profondeur de quatre myriamètres (quatre à cinq fois la hauteur du plus haut sommet de la chaîne de l'Himalaya). ALEXANDRE DE HUMBOLDT.

de vie, même primitive, ne se manifeste, furent le résultat de la première solidification de la surface.

En raison du refroidissement ultérieur, l'eau qui couvrait la plus grande partie de la surface terrestre se resserre, et forme bientôt de vastes dépôts. Les crustacés et les coraux primitifs naissent au fond des eaux et commencent leurs travaux, et des îles apparaissent au sein de l'Océan, élevées de l'abîme par des millions de zoophytes.

Ces îles se tapissent de végétaux variés construits suivant le régime de la haute température de cette époque primitive, de plantes dont les vestiges amoindris existent encore dans les plus chaudes parties du monde. Ces rochers sous-marins, les versants de ces formations nouvelles, se peuplent de végétaux aquatiques sur lesquels des crustacés de nouvelles espèces et les premiers poissons trouvent leur nourriture. Les liquides et les vapeurs du globe, en se refroidissant lentement, déposent une grande quantité des matériaux qu'ils contenaient en suspension. Par ces dépôts furent agrégés ensemble des sables, des masses immenses de bancs de coraux, et certains restes de coquillages et de poissons appartenant aux rivages des terres primitives : telle fut l'origine du premier rang des roches secondaires, des terrains de sédiment les plus anciens et les plus bas.

A mesure que la température du globe s'abaisse, diverses espèces de reptiles ovipares apparaissent et se développent; la tortue, le crocodille et les animaux gigantesques de l'ordre fantastique des sauriens semblent avoir envahi, à cette époque, les baies et les eaux des terres primitives.

Dans cet état de choses, l'ordre des événements n'avait nulle analogie avec l'ordre actuel. La croûte du globe était très-mince, et la source brûlante du feu bouillonnait tempétueuse à une faible distance au-dessous de la surface à peine solidifiée. Par suite de contractions dans une partie de la masse, des cavités s'ouvrirent, à travers lesquelles l'eau s'engloutit dans les profondeurs, et d'immenses explosions volcaniques éclatèrent; une partie de la surface s'éleva, une autre s'affaissa; les premières montagnes se hérissèrent, et des dépôts nouveaux furent produits sur une vaste étendue dans le sein de l'Océan primitif. Les changements de ce genre durent être très-fréquents dans les premières époques de la nature, et les seules formes vivantes dont on trouve les restes fossiles dans les couches de la terre, et qui nous ont conservé le témoignage de ces changements, sont celles des plantes, des poissons, des oiseaux et des reptiles ovipares qui paraissent les mieux adaptés pour avoir pu exister au milieu de cette guerre antique des éléments.

Après la flore gigantesque des marécages saturés d'acide carbonique de l'époque secondaire, apparaît dans le monde antédiluvien la faune armée, puissante et féroce, de la période tertiaire.

Lorsque ces révolutions furent devenues moins fréquentes, le globe ayant continué de se refroidir, et les inégalités de sa température étant conservées par les chaînes de montagnes, notre planète fut habitée par des animaux plus perfectionnés, dont plusieurs, tels que le mammouth, le mégalonix, le mégatherium, la hyenne gigantesque, etc., n'existent plus. A l'époque de ces espèces, la température de l'Océan paraît n'avoir pas été beaucoup plus élevée qu'à présent, et les changements produits par les éruptions devenues plus rares n'ont pas laissé de couches rocheuses solides. Néanmoins, l'une de ces éruptions a dû être fort considérable et de quelque durée, car elle paraît avoir été la cause productrice de ces quantités immenses de pierres usées par l'eau, agglomérées avec diverses espèces de sables et de graviers de toute sorte, qui constituent la couche quaternaire désignée sous le titre de terrain diluvien, et il est bien probable que cette vaste inondation a coïncidé avec l'élévation d'un nouveau continent dans l'hémisphère austral par le feu volcanique. Enfin, quand le système des choses devint permanent, et lorsque ces effroyables révolutions, causées par la destruction fréquente de l'équilibre entre les agents de la chaleur et ceux du froid, ne furent plus à craindre, l'Homme put apparaître à la surface de ce monde. Depuis cette époque, les circonstances physiques de notre globe n'ont subi qu'une très-légère modification. De nos jours encore, les volcans élèvent parfois des îles nouvelles, et quelques points de nos vieux continents sont emportés par les fleuves à la mer; mais ces modifications sont trop insignifiantes pour agir sur les destinées de l'humanité ou sur l'état actuel de la nature terrestre. Ajoutons que, dans l'hypothèse que j'ai adoptée, il faut se souvenir que la surface actuelle du globe n'est qu'une croûte mince et légère enveloppant un noyau de matière fluide ignée; d'où il résulte que nous ne pouvons nous considérer comme absolument affranchis du danger d'une catastrophe par le feu.

Onuphrio. — D'après votre manière de voir, je

tire la conclusion que vous considérez les éruptions volcaniques comme dues au feu central, et leur existence même comme un argument en faveur de la théorie de la fluidité intérieure du globe.

L'Inconnu. — Je vous prie de n'envisager les vues que j'ai développées qu'à titre d'hypothèses ; la science n'est pas encore assez avancée sur ce point pour nous autoriser à affirmer une théorie absolue. L'ensemble des faits successifs que je viens de vous retracer est authentique, et nous donne l'esquisse générale des phases de l'histoire de la Terre. Quant à l'état actuel de l'intérieur du globe, on ne peut nier que l'hypothèse du feu central ne soit, jusqu'à un certain point, autorisée. Vous n'ignorez pas qu'il y a un grand nombre d'observations favorables à l'idée que l'intérieur du globe soit d'une température supérieure à celle de la surface. L'accroissement de la chaleur, à mesure qu'on pénètre plus profondément dans les mines, et le nombre des sources chaudes jaillissant des grandes profondeurs, sous toutes les latitudes, sont certainement favorables à cette théorie. L'opinion que les volcans sont dus à cette cause simple et générale paraît aussi plus facilement acceptable que la supposition qu'ils puissent être produits par certains combats chimiques, tels que l'action de l'air et de l'eau sur les bases combustibles de certaines terres et de certains alcalis ; et cependant il est fort probable que ces substances existent sous la surface terrestre et pourraient déterminer certains effets de feu volcanique. Sur cette dernière explication, mon opinion personnelle n'est peut-être pas dénuée de fondement, car il y a déjà longtemps que j'ai émis la pensée que « les éruptions volcaniques peuvent être le résultat de réactions chimiques opérées par l'eau sur certains minéraux, » et principalement sur les métaux découverts en ces derniers temps. J'ai fait là-dessus plusieurs expériences (dont quelques-unes assez dangereuses) dans l'espérance de m'en confirmer l'idée ; mais je n'ai pas réussi aussi complétement que je l'eusse désiré pour satisfaire ma théorie [1].

1. Il y a, sur l'état actuel du globe terrestre, deux grandes théories principales en présence, et qui subsistent en 1869 comme en 1829. La théorie généralement reçue et enseignée dans la science est que le globe est liquide et incandescent dans sa masse presque entière, et qu'une mince couche solide et relativement froide l'enveloppe (V. la note précédente). L'autre est que le globe est entièrement solide.

Sir Humphry Davy avait lui-même proposé aux géologues la théorie qui porte son nom, et à laquelle il fait

AMBROSIO. — Permettez-moi de vous remercier, pour ma part, de vos développements géolo-

allusion ici ; elle appartient à la seconde idée, et, d'après elle, la partie la plus superficielle du globe terrestre aurait seule était soumise à la combustion. Partant de ce fait curieux, qu'il existe certains métaux capables de s'enflammer par suite du seul contact de l'air et de l'eau, tels que le potassium et le sodium, il suppose qu'au commencement des choses ces métaux, qui existaient en grande proportion à la surface du sol, auraient pris feu spontanément et communiqué l'incendie à toute cette surface ; plus tard, l'eau, à mesure qu'elle pénétrait dans l'intérieur des couches extérieures solidifiées, continuant d'enflammer les mêmes métaux, aurait déterminé un soulèvement de ces couches avec explosions et éruptions volcaniques. C'est pour cette raison que les volcans auraient été, à l'origine des choses, infiniment plus nombreux qu'ils ne le sont maintenant. Pourtant, aujourd'hui même, les éruptions ne seraient pas dues à une autre cause. Notre chimiste trouve une confirmation de cette opinion dans la nature des gaz qui s'échappent du cratère des volcans, et qui sont justement, dit-il, ceux qui doivent résulter de la combustion des métaux dont il vient d'être parlé, combinés avec le soufre ou le chlore.

Pour rendre son explication sensible, Davy indique une expérience très-jolie et facile à répéter : elle consiste à placer sur un morceau de verre une boule métallique, dans laquelle entrent en grande proportion des métaux tels que le potassium et le sodium ; si sur cette boule, qui représente le globe terrestre, on fait tomber une rosée très-fine, on voit en peu de temps sa surface se

giques; mais ils me rappellent un peu les idées de notre ami Philaléthès dans sa vision remar-

brûler et s'oxyder, en communiquant à toute la boule une chaleur très-intense.

C'est ainsi, suivant le chimiste anglais, que la terre aurait été échauffée par la combustion de sa surface jusqu'à une profondeur assez considérable, chaleur qui, à moins d'un temps immense, n'aurait pu pénétrer jusqu'à son centre.

Comme il s'agit ici de profondeurs auxquelles l'homme n'atteindra probablement jamais, on peut être assuré que jamais l'observation ne pourra rien fournir de directement favorable ou contraire à chacune des deux opinions opposées.

Ampère, dans ses leçons sur la Classification naturelle des connaissances humaines, a émis sur la théorie de la terre des opinions fort ingénieuses, confirmation de celles de Davy, dont Alex. Bertrand (*Lettres sur les révolutions du globe*) nous présente le résumé suivant.

Si l'on admet que les choses se sont passées comme le suppose Herschel, c'est-à-dire que tous les corps, soit simples, soit composés, qui ont concouru à la formation de notre système planétaire et de la terre en particulier, aient d'abord été à l'état gazeux, il faut admettre nécessairement que leur température était plus élevée à cette époque que celle à laquelle celui de ces corps qui est le moins volatil prendrait l'état gazeux. Sans nous inquiéter de savoir quel est ce corps, nous désignerons par la lettre A la température à laquelle il cesse d'exister à l'état de fluide élastique. Pour qu'il y ait formation de corps solides ou liquides aux dépens de cette immense masse gazeuse, il faudra supposer qu'il s'y opère un refroidissement, et le premier dépôt ne pourra arriver avant

quable, — vision dont nous pourrions vous distraire un jour, comme revanche de votre géo-

que la température soit descendue au point A. Le dépôt ne continuera qu'en vertu d'un refroidissement ultérieur, et sans que la partie déposée puisse acquérir une température supérieure à A. C'est ainsi que, si l'on a de la vapeur d'eau à 120°, on sait qu'elle ne pourra se liquéfier que lorsque, par un refroidissement successif, elle sera arrivée à 100°, et que, quoiqu'il y ait de la chaleur produite par la liquéfaction, cette chaleur ne peut que maintenir à 100° l'eau déposée, et jamais l'élever au-dessus.

Le premier dépôt ne sera très-probablement formé que d'une seule substance, soit simple, soit composée, car il est difficile d'admettre que deux substances différentes se liquéfient précisément au même degré de température.

Quand toute cette substance, provenant d'une portion déterminée de l'espace, se sera réunie en une seule masse liquide (masse qui, si elle n'a pas de mouvement de rotation, prendra la forme d'une sphère, et qui, si elle en a, prendra celle d'un sphéroïde aplati), il ne se formera plus de dépôt jusqu'à l'époque où, par l'effet du refroidissement, la masse sera descendue à la température B, qui est celle à laquelle une seconde substance se déposera sur le premier noyau, autour duquel elle formera une courbe concentrique ; le second dépôt se fera comme le premier, peu à peu, et sans que jamais la température de la surface puisse s'élever au-dessus de B.

Il en sera de même pour toutes les températures de moins en moins élevées, auxquelles se déposeront successivement les autres substances restées jusqu'alors à l'état de gaz.

Jusqu'à présent, nous avons raisonné comme si les

logie, si toutefois la connaissance que nous avons eu le plaisir de faire avec vous se conti-

diverses substances déposées successivement n'exerçaient les unes sur les autres aucune réaction chimique.

Mais, lorsqu'une nouvelle couche se dépose à l'état liquide, soit que la précédente existe encore à cet état, soit que déjà elle ait passé à l'état solide, il doit se manifester entr'elles une action chimique résultant de l'affinité entre les deux substances, si chaque couche est formée par un corps simple (ce qui doit être rare), ou entre les éléments, si l'une d'elles ou si toutes deux sont des substances composées : de là formation de nouvelles combinaisons, explosions, déchirements, élévation de température, et (dans le cas où l'une des couches au moins contiendrait des éléments divers) retour à l'état de gaz des éléments qui seraient séparés par l'effet de nouvelles combinaisons, soulèvement de la surface par une sorte d'ébullition; enfin, formation de matière solide toutes les fois qu'un des nouveaux composés exigerait pour rester à l'état liquide une température beaucoup plus élevée.

C'est ainsi qu'on peut rendre raison des révolutions successives qu'a éprouvées le globe terrestre, du brisement et de la disposition, sous toutes espèces d'inclinaisons, des couches formées d'abord selon des lignes de niveau.

On conçoit que la surface de la terre, au lieu d'avoir été en se refroidissant d'une manière graduelle, a dû éprouver des augmentations de température très-grandes et très-brusques toutes les fois que se sont produites les réactions chimiques dont nous venons de parler.

Maintenant que la température est tellement abaissée, que, parmi les corps susceptibles d'agir chimiquement, avec violence, il n'y a plus que l'eau qui soit à l'état liquide,

THÉORIE DE LA TERRE. 165

nue. — Maintenant, laissez-moi vous dire franchement que, puisque vous avez été forcé, dans

ce n'est plus que de l'eau qu'on peut craindre un nouveau cataclysme. Ampère rappelle à cette occasion l'expérience de Davy, laquelle représente en miniature les bouleversements qui ont dû avoir lieu sur le globe terrestre quand une substance, jusqu'alors à l'état gazeux, est tombée liquéfiée sur ce globe dont la surface était de nature à agir chimiquement sur elle. Cette expérience, comme on l'a vu plus haut, consiste à projeter en l'air de l'eau, de manière à ce qu'elle retombe en gouttes imperceptibles sur une petite masse de potassium. A mesure qu'elle y arrive, chaque molécule d'eau est décomposée; son hydrogène, à cause de la température qui se produit, brûle avec une petite flamme semblable à celle d'un volcan; il se fait au point de contact une petite cavité qui est le cratère, et l'oxyde de potassium se relève sur les bords en formant un monticule dont le cratère occupe le centre.

Si l'eau tombe en quantité un peu plus considérable, il se fait un embrasement général de la surface du potassium, d'où résulte une multitude de crevasses et d'élévations comparables aux grandes vallées et aux chaînes de montagnes dont la terre est sillonnée. Au surplus, dit Ampère, il reste un grand monument des bouleversements qu'a produits sur le globe la décomposition des corps oxygénés par les métaux : c'est l'énorme quantité d'azote qui forme la plus grande partie de notre atmosphère. Il est peu naturel de supposer que cet azote n'ait pas été primitivement combiné, et tout porte à croire qu'il l'était avec l'oxygène sous la forme d'acide nitreux ou nitrique. Pour cela, il lui aurait fallu, comme on sait, huit à dix fois

votre tableau de l'histoire de la création, d'avoir recours à des créations pour l'apparition de cha-

plus d'oxygène qu'il n'en reste dans l'atmosphère. Où sera passé cet oxygène? Suivant toute apparence, il aura servi à l'oxydation de substances autrefois métalliques, et aujourd'hui converties en silice, en alumine, en chaux, en oxyde de fer, de manganèse, etc. Quant à l'oxygène qui existe dans l'atmosphère, ce n'est qu'un reste de celui qui n'est pas combiné avec les corps combustibles, joint à celui qui a été expulsé des combinaisons dans lesquelles il entrait par du chlore ou des corps analogues.

Cette hypothèse d'un noyau non oxydé, déjà présentée par Davy comme la seule admissible, explique très-bien les volcans, sans qu'on ait besoin de supposer que la terre ait en elle une chaleur énorme qui serait due à l'état de fusion de la partie intérieure. En effet, cette masse non oxydée est une source chimique intarissable de chaleur qui se manifestera toutes les fois qu'un corps viendra former avec elle quelques combinaisons; de sorte qu'un volcan en activité semblerait n'être autre chose qu'une fissure permanente, une correspondance continuelle du noyau non oxydé avec les liquides qui surmontent la couche oxydée. Toutes les fois qu'a lieu cette pénétration des liquides jusqu'au noyau non oxydé, il se produit des élévations de terrain, et c'est un effet qu'on pouvait prévoir puisqu'on sait que le métal, en s'oxydant, doit augmenter de volume. La chaleur résultant de l'action chimique doit avoir son maximum d'intensité au point où se fait la combinaison, c'est-à-dire à la surface du contact de la partie oxydée avec le noyau métallique, et de là elle doit se propager non-seulement vers l'extérieur du globe, mais aussi vers son intérieur. On voit, d'après cela, que

que espèce vivante, je ne vois nullement pourquoi
vous ne supposeriez pas que les mêmes lois de la

la marche de la chaleur dans l'intérieur du globe pourrait aller en diminuant : à mesure que l'oxydation de la croûte va plus avant, la région des actions chimiques, source de la chaleur dégagée, se propagerait en s'affaiblissant du dehors vers le dedans, de sorte que, si les métaux, dit Ampère, étaient moins bons conducteurs, on pourrait supposer au centre une très-basse température.

Ce que nous venons de dire paraît, au premier abord, en opposition avec les faits observés. On a reconnu, en effet, qu'à partir de la surface la température va toujours en augmentant, et on s'est pressé d'en conclure que l'augmentation continue jusqu'au centre ou au moins jusqu'au noyau liquide.

Les observations sont bonnes, mais la conclusion est discutable. Remarquons d'abord que cette augmentation de température, à partir de la surface jusqu'à une certaine profondeur, ne fournit pas matière à une objection ; dans la dernière hypothèse même elle est nécessaire, puisque le maximum d'intensité de la chaleur serait au point de contact du noyau métallique avec la couche oxydée. Ajoutons que l'homme s'enfonce au plus à une lieue en terre, en sorte qu'il ne peut observer ce qui se passe que sur 1/1400 du diamètre du globe. Conclure de ce qui s'observe dans une petite fraction du diamètre à ce qui a lieu dans toute son étendue est une extrême légèreté, et c'est au contraire en physique une règle imprescriptible, qu'on ne doit considérer une loi comme générale que quand elle a été observée directement dans la plus grande partie de l'échelle.

La liquidité du noyau intérieur de la terre trouve

sagesse infinie ont aussi bien pu produire des arrangements et des créations de la matière morte,

encore une nouvelle difficulté dans l'action qu'exercerait la lune sur cette énorme masse liquide, d'où résulteraient des marées analogues à celles de nos mers, mais bien autrement terribles, tant par leur étendue que par la densité du liquide. Il est difficile de concevoir comment l'enveloppe de la terre pourrait résister, étant incessamment battue par une espèce de levier hydraulique de 1400 lieues de longueur.

Enfin, quant à l'hypothèse des actions chimiques, nous pouvons ajouter qu'aujourd'hui, les eaux de la mer n'étant plus acides, lorsqu'une fissure se formerait dans la croûte terrestre et mettrait à nu le noyau métallique, le liquide qui se précipiterait sur lui, prêt à l'oxyder, devrait être sensiblement de l'eau pure. Donc, les gaz qui se dégageront devront être hydrogénés, et c'est, en effet, ce que confirme l'expérience.

Davy, dans ses voyages aux volcans, a constaté le dégagement de l'hydrogène, soit à l'état de pureté, soit à l'état de combinaison avec le soufre, le chlore ou le carbone.

Cette théorie, qui substitue à la fluidité intérieure du globe sa solidité entière, et explique les volcans par des actions chimiques opérées au-dessous de la surface du sol, a été récemment reprise par plusieurs géologues et notamment par M. Élisée Reclus dans son laborieux ouvrage sur *la Terre*.

D'après la théorie généralement professée, dit-il, la croûte solide achèverait à peine de se former ; elle serait même beaucoup plus mince que la couche des airs enveloppant le globe : car, suivant les évaluations, c'est de 40 à

et pourquoi notre globe n'aurait pas été tout de suite *complétement formé*, comme un ouvrage

50 kilomètres au-dessous de la surface du sol que la chaleur terrestre serait assez forte pour fondre le granit. Comparée au diamètre de la terre, qui est 250 fois plus considérable, cette enveloppe ne serait donc qu'une pellicule ténue, dont une simple feuille de mince carton entourant une sphère liquide d'un mètre de largeur peut donner une juste idée. Dans la terre, ce liquide serait une mer de laves et de roches fondues, ayant, comme l'océan superficiel, ses courants, ses marées, peut-être ses orages. Les révolutions géologiques du globe ne seraient autre chose que le contre-coup des ondulations souterraines de cet enfer caché.

Il est, en vérité, très-probable qu'une grande partie des roches qui constituent la partie extérieure de la planète, et surtout les formations les plus anciennes, se sont trouvées autrefois dans un état de fusion analogue à celui des laves volcaniques de nos jours. Pour la plupart des géologues, les granits et autres roches similaires, qui constituent les massifs principaux dans l'architecture des continents, existaient jadis à l'état pateux ou semi-pateux; mais, quand même ce fait serait complétement hors de doute, il ne changerait point en certitude les hypothèses relatives à l'origine de la planète, à la légèreté de sa pellicule et à l'existence du feu central.

L'aplatissement de la terre aux deux pôles et le renflement équatorial ont été présentés comme des témoignages irrécusables de l'état d'incandescence liquide dans lequel se serait autrefois trouvé le globe. En effet, toute sphère liquide tournant autour de son axe prendra nécessairement cette forme, à cause de l'inégale vitesse de sa masse.

divin adapté immédiatement à la vie animée et intelligente.

Mais on peut se demander si un globe, même solide, ne se renflerait pas aussi vers l'équateur, en tournoyant sans repos pendant une série indéfinie de siècles; car il n'est pas une matière qui soit absolument inflexible, et, sous les fortes pressions de nos laboratoires, bien inférieures certainement aux pressions des forces planétaires, tous les corps solides, comme le fer et l'acier, s'écoulent à la façon des liquides.

L'argument principal de ceux qui considèrent l'existence du feu central comme un feu démontré, c'est que, dans les couches extérieures de la terre explorées par les mineurs, la chaleur ne cesse de s'accroître avec la profondeur des cavités. En descendant au fond d'un puits de mine, on traverse invariablement des zones d'une température de plus en plus haute : seulement le taux de la progression varie suivant les diverses parties de la terre et les roches dans lesquelles sont creusées les galeries. La chaleur s'accroît plus rapidement dans les schistes que dans le granite, plus dans les veines de métal que dans les schistes, dans les filons de cuivre plus que dans l'étain, et dans les couches de houille plus que dans les gisements de métaux. En Wurtemberg, au puits artésien de Neuffen, la température s'accroît d'un degré centigrade par chaque intervalle de 10 mètres et demi. Dans la mine de Monte-Masi, en Toscane, près des sources baraciques, l'augmentation de chaleur est d'un degré par 13 mètres. Près de Jakutzk, en Sibérie, c'est de 16 mètres en 16 mètres que le sol se réchauffe d'un degré supplémentaire. Presque partout la progression est moins rapide : la moyenne de l'intervalle qui, dans ce grand thermomètre des couches

L'Inconnu. — J'ai voulu vous tracer une histoire philosophique basée sur des faits connus,

terrestres, correspond à un degré de chaleur, est de 2? à 30 mètres. Dans les mines de Saxe, l'accroissement serait, d'après Reich, de 1 degré par 42 mètres.

Toutefois, la terre n'a pas encore été fouillée à une bien grande profondeur. Les excavations les plus remarquables, celle de Kuttenberg, en Bohême, et l'une des mines de Guanajuako, au Mexique, ont à peine atteint un kilomètre, c'est-à-dire la six ou sept millième partie du rayon terrestre : ce serait donc plus que de l'imprudence de vouloir juger de l'état de tout l'intérieur du globe par la température des couches superficielles, et d'affirmer que la chaleur accrue suivant une proportion constante, de la surface du sol au centre de la terre, s'y élève à la température de 200,000 degrés, c'est-à-dire bien au-delà de tout ce que peut concevoir l'imagination de l'homme. Autant vaudrait conclure du refroidissement graduel des hautes couches aériennes, que l'abaissement de température se continue jusqu'au milieu des espaces célestes, et qu'à 1,000 kilomètres de la terre le froid est de 5,000 degrés. La partie superficielle du globe que traversent incessamment des courants magnétiques se dirigeant d'un pôle à l'autre, et dans laquelle s'élaborent tous ces phénomènes de la vie planétaire qui modifient sans relâche le relief et la forme des continents, doit sans aucun doute se trouver, pour le développement de la chaleur, dans des conditions toutes particulières. La minceur de l'enveloppe terrestre n'est donc rien moins que prouvée par l'accroissement graduel de la température dans les puits de mine et les sources.

Déjà Cordier, frappé par toutes les objections qui se

sur l'observation des roches et des couches où les restes fossiles ont été retrouvés. J'ai com-

présentaient à son esprit relativement à la ténuité de la pellicule terrestre, admettait que cette enveloppe ne peut être stable, à moins d'avoir de 120 à 280 kilomètres d'épaisseur. Récemment, M. Hopkins, en soumettant à des calculs de haute mathématique les éléments fournis par les phénomènes de la précession et de la nutation terrestres, est arrivé à conclure qu'avec ou sans feu central, la planète serait animée de mouvements périodiques tout différents, si la partie solide de l'écorce n'avait de 1,300 à 1,600 kilomètres, c'est-à-dire du quart au cinquième du rayon terrestre. M. Thomson établit par d'autres calculs que, si la terre avait seulement la solidité du fer et de l'acier, les marées et la précession des équinoxes auraient une importance bien moindre qu'elles n'ont actuellement. Enfin, M. Emmanuel Liais, reprenant et discutant toutes ces recherches, a essayé de démontrer qu'en vertu des phénomènes astronomiques la solidité intérieure de la planète est irrécusable. Il est donc permis de croire, dit M. Reclus, sans se prononcer encore d'une manière affirmative, qu'il n'existe point de feu central, mais seulement des mers intérieures de matière incandescente, éparses en diverses parties de la planète, à une faible distance de la surface terrestre, et séparées les unes des autres par des piliers de roches solides. C'est l'hypothèse qui semble à W. Hopkins, comme à Sartorius de Waltershausen, l'historien de l'Etna, s'accorder le mieux avec les phénomènes volcaniques.

Un des arguments les plus décisifs que l'on cite en faveur de la libre communication des bassins maritimes avec les foyers volcaniques est tiré de la grande quantité

mencé par le commencement de la planète, ce que l'on peut appeler une création : un globe

de vapeur d'eau qui se dégage des cratères pendant les éruptions, et qui, d'après M. Ch. Sainte-Claire-Deville, composerait au moins les 999 millièmes de la prétendue fumée des volcans. Pendant l'éruption de l'Etna, en 1865, M. Fouqué tenta de jauger approximativement le volume d'eau qui s'échappait sous forme gazeuse des cratères d'éruption. En prenant pour terme de comparaison le cône qui lui semblait émettre une quantité moyenne de vapeur, il trouva que cette masse, ramenée à l'état liquide, serait d'environ 60 mètres cubes d'eau pour chaque détonation générale. Or, les explosions ayant eu lieu, en moyenne, toutes les quatre minutes pendant cent jours, il en résulte que le débit de l'eau peut être évalué à 2,160,000 mètres cubes pendant la durée du phénomène c'est le même écoulement que celui d'un ruisseau permanent débitant 250 litres à la seconde. En outre, il aurait fallu tenir compte des énormes volutes de vapeur qui s'échappaient incessamment du grand cratère terminal de l'Etna et se recourbaient, sous la pression des vents, en une immense arcade déployée sous la voûte du ciel.

Les diverses substances que produisent les cratères indiquent aussi que les eaux marines sont décomposées dans le grand laboratoire des laves. Le sel ordinaire, ou chlorure de sodium, qui est le minéral contenu en plus grande abondance dans l'eau de la mer, est aussi celui qui se dépose le premier et en quantité la plus considérable autour des bouches d'éruption.

Les autres matières rejetées par les éruptions sont d'origine terrestre, et proviennent évidemment de roches réduites par la chaleur à l'état liquide ou pâteux ; elles

fluide enveloppé d'une atmosphère immense. J'ai considéré ce globe comme ayant été le théâtre

consistent principalement en silice et en alumine, et renferment, en outre, de la chaux, de la magnésie, de la potasse et de la soude.

En pénétrant dans les crevasses de l'enveloppe terrestre, l'eau de la mer ou des fleuves augmente graduellement en température, comme les roches mêmes qu'elle traverse. Nous venons de voir que cet accroissement peut être évalué en moyenne, du moins pour les couches extérieures de la planète, à 1 degré centigrade par chaque espace de 30 mètres en profondeur. D'après cette loi, l'eau descendue à 3,000 mètres au-dessous de la surface aurait, dans les latitudes méridionales de l'Europe, une température d'environ 100 degrés; mais elle ne se transformerait point pour cela en vapeur; elle resterait à l'état liquide, à cause de l'énorme pression que lui font subir les couches supérieures.

D'après des calculs qui reposent, il est vrai, sur diverses données hypothétiques, ce serait au plus à 15 kilomètres au-dessous de la surface du sol que la force d'expansion de l'eau aurait assez d'énergie pour équilibrer le poids des masses liquides surincombantes et pour se transformer soudain en vapeur à la température de 4 à 500 degrés. Ces masses gazeuses auraient alors une tension suffisante pour soulever une colonne d'eau du poids de 1,500 atmosphères; toutefois, si, par une cause quelconque, elles ne pouvaient s'échapper aussi vite qu'elles se sont formées, leur pression s'exercerait dans tous les sens et finirait par se transmettre, de crevasse en crevasse, jusque sur les roches en fusion qui se trouvent dans les profondeurs. C'est à cette pression sans cesse accrue qu'il

d'une série de phénomènes, résultant des forces auxquelles le Créateur a soumis la matière pour son œuvre, et des lois intellectuelles imposées à l'univers.

Ambrosio. — Ce que je trouve de plus vraisemblable dans votre récit, c'est qu'il n'est pas en contradiction avec les enseignements donnés par la révélation sur l'origine du globe, sur l'ordre qui se produisit après l'état chaotique, et sur la succession des formes vivantes engendrées aux jours de la création, lesquels peuvent être, se-

---

faudrait attribuer l'ascension des laves dans les soupiraux des volcans, les tremblements du sol, la fusion et la rupture de l'enveloppe terrestre, et finalement l'éruption violente des fluides emprisonnés.

Quoi qu'il en soit, les observations directes faites sur les éruptions volcaniques rendent désormais fort douteux que les laves proviennent d'un seul et même réservoir de matières fondues, ou du classique foyer central qui remplirait tout l'intérieur de la planète. Des volcans très-rapprochés les uns des autres ne présentent aucune coïncidence dans leurs éruptions, et vomissent, à des époques différentes, les laves les plus dissemblables d'aspect et de composition minéralogique, ce qui serait évidemment impossible si les cratères étaient alimentés par la même source. Il suit de ces faits que la théorie déjà exposée par Sir Humphry Davy, il y a quarante ans, se trouve soutenue aujourd'hui par un certain nombre de géologues.

G. F.

lon l'expression de certains savants, « des époques de la nature. » Devant la Toute-Puissance, un jour est comme mille ans, et mille ans sont comme un jour.

Onuphrio. — Allons bon! voilà, mon cher, que vous allez encore gâter la science pas vos réserves dogmatiques, et essayer d'aliéner son indépendance. Savez-vous que c'est là une très-mauvaise habitude? Je m'attendais à votre réplique, mais je ne comprends pas votre manière d'interpréter les vues scientifiques de notre nouvelle connaissance, et votre disposition à y mêler déjà la cosmogonie de Moïse. Lors même qu'on admettrait avec vous l'origine divine de la Genèse, il faudrait reconnaître encore que ce vieux livre n'a pas été écrit dans le but d'apprendre aux juifs un système scientifique, mais bien plutôt pour leur donner une espèce de Code, et leur enseigner les lois de la vie et de la morale. Il y a deux siècles qu'un homme supérieur, d'une piété absolue, éleva sa voix contre cette manière d'interpréter les Écritures et de les appliquer conformément aux fantaisies humaines. De cette disposition d'esprit, dit lord Bacon, « il résulte non-seulement des philosophies fausses et fantasques, mais encore des religions hérétiques. » S'il fallait donner aux

Écritures une interprétation littérale et les considérer comme possédant la vérité scientifique, Galilée mériterait sa persécution ; et nous devrions encore croire que le soleil tourne autour de la terre, revenir à l'illusion mystique du moyen âge, et poser un éteignoir sur la science expérimentale. Je vous en prie, mon cher, dans votre intérêt, corrigez-vous de cette mauvaise habitude que vous avez toujours d'aller chercher la Bible quand on parle de science positive.

AMBROSIO. — Mon digne philosophe, vous ne comprenez pas ma pensée, si vous vous imaginez que j'aie l'intention de construire un système géologique sur la Genèse. Le premier homme, nous l'avons déjà dit, a été créé doué d'une sorte de science instinctive ou inspirée, suffisamment exacte, laquelle fut aussi transmise à ses descendants. Une partie des éléments de cette connaissance primitive le mit en rapport avec la nature et avec les objets dont il était entouré. Sans ce don inné, il eût été impossible à l'esprit humain d'embrasser les mystères de la création. Comment aurait-il été capable de suivre l'histoire des atomes, en mouvement depuis leur désordre chaotique jusqu'à leur arrangement dans l'ordre du cosmos ; de voir la matière morte se vêtir de la vie animée, la lumière et la puissance s'élever du sommeil de la mort? Or, les idées transmises à Moïse, ou rapportées par lui sur l'origine du monde et de l'humanité, étaient des plus simples; mais c'étaient des vérités divines, quoique enveloppées d'un langage approprié à la compréhension d'un peuple rude et ignorant. Toutefois, je n'ai pas la prétention d'en déduire un système de science, quand je témoigne ma satisfaction de ne pas les trouver en contradiction avec les recherches savantes des géologues modernes. Je crois que la lumière a été la création d'un acte de la volonté divine, mais je n'admets pas pour cela que les mots : « Que la lumière soit! » aient été prononcés oralement par la Divinité. De même, je ne veux pas en inférer non plus que les découvertes modernes sur la lumière se trouvent en aucune façon en rapport avec cette phrase magnifique et sublime de la Bible.

Onuphrio. — Fermons votre parenthèse théologique, si vous le voulez bien, mon cher docteur, et continuons la géologie; c'est plus instructif. Je ne crois pas absolument aux révolutions par l'eau, et je suis plutôt porté à croire que le feu a joué le principal rôle dans la formation du globe. Ayant longtemps habité Édimbourg, j'ai eu l'occasion d'entendre plusieurs discussions sur la théorie du docteur Hutton, ou ce qu'on appelle la théorie plutonienne de la formation de la terre. La beauté, la simplicité de ce système, sa conformité avec les faits actuels, m'ont beaucoup frappé; et les preuves que j'ai eues sur sa vraisemblance, par quelques belles expériences chimiques, ne me disposent pas à y renoncer pour adopter les vues qu'on vient de développer. Pour ma part, je regarde la plupart des faits établis par notre nouvel ami comme plutôt en rapport avec les systèmes scientifiques du professeur Playfair et de sir James Hall [1].

L'Inconnu. — Je ne veux pas nier que le fameux système plutonien ne soit un excellent moyen d'expliquer plusieurs phénomènes observés; et vous avez pu voir que moi-même j'ai eu parfois recours a lui. Mais ce que je n'admets

1. Hutton, Playfair et Hall sont des géologues du système plutonien, qui suppose que la chaleur est le mode général d'action des métamorphoses de la Terre. La théorie de la Terre de James Hutton fut publiée à Édimbourg en 1796, puis en 1802, et fit école pendant longtemps. Humphry Davy est éclectique en fait de systèmes géologiques, et suppose que la chaleur, l'eau et les actions chimiques ont été simultanément en œuvre dans la construction de la surface du globe.

pas, c'est qu'il puisse expliquer la formation des terrains secondaires, qui, selon moi, appartiennent clairement à un ordre de faits étrangers à ce système.

Dans le système plutonien, l'état de la nature est toujours le même dans son ensemble. On imagine que la surface terrestre est, d'une part, constamment désagrégée, détruite, entraînée par les rivières dans la mer; et, d'autre part, constamment consolidée par la pression au fond de l'Océan, chauffée, puis élevée et régénérée par le feu : de telle sorte que les ruines du vieux monde fournissent incessamment les bases d'un nouveau monde. On suppose ensuite qu'il y a toujours les mêmes types de la matière, soit morte ou vivante, que des restes de roches, de végétaux et d'animaux d'un âge se trouvent ensevelis au milieu de bancs élevés du sein de l'Océan, dans un âge ultérieur. Or, pour soutenir cette manière de voir, il faudrait que l'on puisse trouver non-seulement des êtres vivant aujourd'hui sur le globe dans la plus ancienne couche secondaire, mais encore les traces des arts humains, de l'habitant le plus puissant et le plus répandu, ce qui n'est pas, comme nul ne l'ignore. Au contraire, ce sont des fossiles d'animaux et de végétaux d'espèces pour la plupart inconnues et toutes particulières qui se trouvent dans chaque couche de roches secondaires. Dans les couches les plus profondes, qui doivent par conséquent être regardées comme les premiers dépôts, les formes même de la vie végétale sont rares; dans la couche qui fut postérieure à cette première, on trouve des coquilles, des restes végétaux; des arêtes de poisson et des reptiles ovipares se rencontrent dans la suivante. On constate la présence des oiseaux dans le terrain qui vient ensuite, et enfin on remarque des quadrupèdes d'un genre disparu dans la couche encore plus récente. Ce n'est donc que dans la couche peu compacte de sable, désignée ordinairement sous le nom de diluvium, que les restes des animaux vivant actuellement sur le globe existent, mêlés avec d'autres appartenant à des espèces disparues. Mais on n'a rien découvert de l'homme ni de ses œuvres dans aucune de ces formations, soit secondaire, soit tertiaire, soit diluvienne. Il est, je crois, impossible d'examiner les restes organiques trouvés dans quelques-unes des couches secondaires les plus anciennes, telles que le lias, par exemple, et ses formations congénères, sans acquérir la conviction que les êtres dont ils ont formé les organes ont appartenu à un ordre de choses tout à fait différent du présent. Des végétaux gigantesques, d'une parenté plus proche des palmiers des pays tropicaux que de toute autre espèce de plantes, n'ont pu exister que dans une très-haute température. Des reptiles énormes, tels que le mégalosaure, plus grand que la baleine même, ayant un corps colossal entièrement cuirassé, et au lieu de jambes de rudes et fantastiques pattes d'oie; tels encore que le superbe plésiosaure, amphibie dont le corps est analogue à celui de la tortue, mais armé d'un cou beaucoup plus long que le corps, probablement pour lui permettre de brouter les végétaux croissant sous les eaux basses de l'Océan primitif : de tels êtres, dis-je, semblent annoncer une époque primordiale où des terres à pente douce et des rivages d'une vaste étendue s'élevaient au-dessous d'une immense mer calme ; époque où les grandes chaînes de montagnes n'existaient pas pour produire les inégalités de température, les ouragans et les tempêtes. Si la surface de la terre était emportée de nos jours dans les profondeurs de l'Océan, ou si la terre actuelle se trouvait soudain recouverte par les eaux sous l'action de quelque cataclysme, et si de nouveau elle était encore relevée par le feu (système plutonien du géologue

Hutton), offrant à sa surface émergée des dépôts compactes de sable et de boue, combien son caractère différerait de celui des anciennes couches secondaires ! Pour caractère principal, on retrouverait les œuvres de l'homme, des pierres taillées, des sculptures, des machines de l'industrie contemporaine, des instruments de fer, des statues de marbre et de bronze; puis, sur la plus grande partie de la surface, des restes humains plus communs certainement que ceux des animaux. Les colonnes de Pæstum ou d'Agrigente, les piles de nos énormes ponts de fer et de granit offriraient un contraste frappant avec les ossements fossiles des crocodiles ou des sauriens de terrains antérieurs, ou même à côté de ceux du mammouth, de l'éléphas primigenius, ensevelis dans la couche diluvienne. Celui qui étudie ce sujet doit être convaincu que l'ordre actuel des choses et l'existence comparativement récente de l'homme, comme maître du globe, sont aussi certains que la destruction d'un ordre antérieur et différent, et la disparition d'un grand nombre de formes vivantes dont il ne reste plus aucun type, mais dont les fossiles demeurent comme autant de monuments merveilleux des révolutions de la nature.

Onuphrio. — Je ne suis pas tout à fait convaincu par vos arguments. Supposons, par exemple, que les terres de la Nouvelle-Hollande, de l'Australie, peuplées de races animales et végétales si différentes de celles de l'Europe, soient emportées dans l'océan, et qu'ensuite, suivant le système huttonien, elles soient élevées comme couches secondaires par le feu souterrain : on y trouverait des vestiges d'animaux et de végétaux entièrement différents de ceux qu'on a trouvés dans les couches du vieux continent. Or, ne pensez-vous pas que ces formations toutes particulières, dont vous avez parlé, pourraient être des accidents de la nature appartenant à des contrées spéciales du globe? Vous parlez aussi de terrains diluviens dans lesquels on ne trouve pas de restes humains. Identifiez vous ces terrains avec ceux qui ont dû être bouleversés par la catastrophe dont parle la Bible? Cependant vous ne nierez pas absolument qu'à l'époque du déluge mosaïque l'homme existât déjà, ni qu'il ait pu également exister à l'époque des autres révolutions dans lesquelles on voit le résultat du feu souterrain.

L'Inconnu. — Si je me suis servi du mot diluvien, c'est parce que les géologues l'ont adopté, sans vouloir cependant identifier la cause de cette formation avec le déluge asiatique décrit dans les Écritures. J'en fais l'emploi simplement pour désigner les couches sablonneuses qui ont été entraînées par l'eau, ne se sont pas solidifiées comme les roches et ont été déposées par suite d'inondations. Or, dans les contrées ainsi couvertes, l'homme certainement n'a pas existé; quant à votre argument, à propos de la Nouvelle-Hollande, il me semble dénué de toute valeur. On trouve dans tous les climats si variés du globe, et dans les régions les plus distantes, des couches secondaires de même ordre qui renferment toujours des restes organiques du même genre, lesquels diffèrent entièrement de ceux qui proviennent des êtres appartenant à l'état actuel des choses. Les révolutions à la suite desquelles se sont produits les couches secondaires et les dépôts diluviens n'ont pu être des phénomènes locaux, mais ont dû s'étendre sur toute la surface du globe ou sur la plus grande partie. Les dents de mammouth ne sont pas rares dans les diverses parties de l'Europe; le nouveau comme l'ancien continent ont offert dans leur pierre à chaux des vestiges de crustacés analogues. On a découvert en Amérique des squelettes entiers d'animaux. Ne vous souvenez-vous point que le corps intact, couvert de peau et de poil, de l'elephas primigenius, disparu de la surface terrestre depuis si longtemps, a été découvert en Sibérie, conservé dans une masse de glace? Dans les couches secondaires les plus anciennes, il n'y a pas de restes d'animaux analogues à ceux qui appartiennent à la vie actuelle ; et dans les roches qu'on peut regarder comme les plus récentes, ces restes commencent à se montrer, ayant pour compagnons les fossiles d'un grand nombre d'années éteintes. Il semblerait, pour ainsi dire, qu'il y eût eu une marche graduelle vers le système actuel des choses, et toute une série de créations et de destructions préparatoires à l'existence de l'homme. Il serait superflu de pousser ces arguments plus loin. Vous ne pourriez sérieusement soutenir que la nature d'aujourd'hui ne soit autre chose que l'ancien et constant ordre de la nature modifié seulement par les lois existantes. Il faut donc vous résoudre à abandonner les vues que vous avez voulu soutenir, et laisser de côté tout système exclusif. Les vestiges des générations animales disparues sont aussi faciles à discerner que ceux des nations éteintes, et il serait aussi raisonnable de supposer que les colonnes et les monuments de Palmyre ont été élevés par les Arabes nomades du désert, que d'imaginer que ces vestiges de formes animées, particulières aux couches ensevelies sous la surface, appartiennent à des familles modernes.

Onuphrio. — Je me déclare satisfait, et je pense que tous les trois nous partageons unanimement les opinions que vous nous avez développées sur l'histoire de la terre. D'ailleurs j'ajouterai, en manière de péroraison, que je n'ai jamais attribué à la matière la faculté de s'organiser et de former l'admirable mécanisme de la vie. Je ne partage pas les sophismes de cette école qui enseigne que la nature vivante s'est formée elle-même et a subi des changements graduels par suite de sa sensibilité et de certains exercices; que le poisson, par exemple, après des millions de générations, s'est développé jusqu'à former le quadrupède, que le quadrupède est devenu l'homme, et qu'en un mot le système de la vie, en vertu de sa puissance inhérente, s'est adapté aux modifications physiques survenues dans le système de l'univers. A cette doctrine absurde, vague et athée, je préférerais presque même la fantaisie de la *faculté formatrice* ou des *pouvoirs plastiques*.

Ambrosio. — Ou encore cette autre plus moderne, que les *terrains géologiques ont été créés tout remplis de restes fossiles,* comme si la vie animale y avait été, afin d'embarrasser, au dix-neuvième siècle, messieurs les géologues qui voudraient percer le mystère de la création.

ONUPHRIO. — Belle théorie!... digne de la *Somme* du grand saint Thomas.

L'INCONNU. — Exagérée d'une part, comme la théorie matérialiste est exagérée de l'autre. Je suis heureux de voir que vous ne vous êtes pas réfugié dans le désert périlleux du scepticisme, ou dans les sinuosités d'une philosophie fausse et faible. Je n'aurais pas pris la peine de vous suivre. Autant vaudrait discuter avec le paysan qui me dirait que les colonnes basaltiques de la chaussée des Géants du comté d'Antrim, en Irlande, ou celles de Staffa, dans la petite île écossaise de Skye (l'une des Hébrides), sont l'œuvre de l'art humain, et ont été élevées par la main même du fameux géant du Nord, le formidable Finmacoul.

Cet entretien en était là, à peu près terminé comme on le voit, lorsqu'on vint nous avertir que notre dîner était servi. L'étranger ayant bien voulu nous faire l'honneur de le partager, on s'entretint, à table, de divers sujets, par lesquels je ne crois pas inutile de terminer ce dialogue.

« Nous avons beaucoup parlé des systèmes géologiques modernes, fis-je remarquer. Ce serait un sujet interminable. Le principal est de savoir à quoi nous en tenir sur les faits principaux, si bien esquissés tout à l'heure. Mais nous avions devant nous un spectacle plus direct, sinon plus grandiose. N'avions-nous pas un sujet de conversation tout naturellement offert à notre esprit par ces temples magnifiques? Ne pourrions-nous les interroger sur la race qui les a édifiés? Nous foulons aux pieds un sol enfermant les ossements et les cendres d'un peuple puissant, qui brillait jadis à un haut degré de civilisation; cependant nous ignorons presque complétement son nom, et l'époque même de sa grandeur est perdue dans la poussière du temps.

— Je ne mets pas en doute que les premiers habitants de cette ville n'aient été des Grecs, répliqua Ambrosio, et un peuple commerçant maritime; et je me crois même autorisé à supposer qu'ils appartenaient à la race sybarite. En effet, il y a lieu de croire que ce délicieux endroit fut choisi avec le plus doux plaisir par une société délicate, savante appréciatrice des agréments de l'existence, et charmée de se fixer en un jardin où les roses fleurissaient deux fois par an, au printemps et à l'automne.

— Quant à moi, répliqua à son tour Onuphrio, il m'est fort indifférent que ce soient des Grecs ou des Turcs qui aient, les premiers, respiré ici le parfum des roses. Il me semble que ce serait perdre son temps que de le passer à imaginer des opinions sur les anciens habitants de ces plaines désertes. Dans nos entretiens géologiques de tout à l'heure, on nous a présenté quelques faits très-intéressants. Les monuments de la nature, lors même qu'ils ne parlent pas un langage distinct, parlent au moins d'une manière intelligible; mais quant à Pæstum, il n'y a ni histoire ni tradition pour nous guider; je crois donc que nous ferions mieux de reprendre nos recherches philosophiques, si déjà nous n'avons trop abusé de la complaisance de notre hôte par nos doutes et nos observations sur ses arguments.

— Pendant l'entretien de ce matin, interrompit l'Inconnu, l'un d'entre vous m'a parlé d'une vision qui se trouverait en rapport avec le sujet en discussion, et a bien voulu promettre de me la raconter.

A cette réflexion de notre nouvel hôte, la conversation se dissémina sur notre séjour à Rome, sur le Colisée, sur le rêve que j'avais rapporté à mes compagnons de voyage. L'Inconnu paraissant fort désirer d'en avoir un récit détaillé, je lui racontai, telle que je l'ai donnée plus haut, ma vision du Colisée, dont le récit a commencé cet ouvrage, sans omettre les opinions d'Ambrosio sur l'histoire primitive de l'humanité ni nos discussions précédentes sur la religion.

Comme, après le repas, nous revenions vers les arbres séculaires de la campagne de Pæstum, l'Inconnu nous fit sa profession de foi en déclarant qu'il était non-seulement spiritualiste convaincu, mais encore profondément religieux. — Dans ma jeunesse, dit-il, j'étais sceptique. Je crois au surplus que c'est là le cas de la plupart des jeunes gens qui ont étudié et un peu discuté, et qui se sont accoutumés à mettre quelque rigueur mathématique dans leur mode de raisonnement. C'est en considérant la nature des facultés intellectuelles des animaux, en comparaison avec celles de l'homme, et en examinant les merveilles de l'instinct, que je suis devenu croyant. L'idée me vint un jour que l'instinct était remplacé dans l'homme par l'action de Dieu sur nos âmes, et dans cette persuasion ma foi s'affermit de plus en plus. Plusieurs circonstances qui m'arrivèrent pendant un voyage en Égypte et en Asie Mineure servirent à fortifier cette foi naissante. Entre autres, je fis un rêve assez remarquable pendant mon séjour en Palestine ; et, puisque nous sommes maintenant à l'heure de la sieste, je vais vous le raconter avant notre séparation. Peut-être serez-vous endormis avant la fin !...

C'est alors que l'Inconnu nous fit le singulier récit qu'on va lire :

— Je me promenais, nous dit-il, sur ce rivage désert, où sont situées les ruines de Ptolémaïs, un des plus anciens ports de la Judée. C'était le soir : le soleil descendait dans son lit ondoyant de la mer. Je m'assis sur une roche, plongé dans des pensers mélancoliques sur les destinées d'un endroit jadis si fameux dans l'histoire humaine. La Méditerranée, calme et toute illuminée par le rayonnement du couchant, était le seul objet déployé devant moi. Ces vagues, me disais-je, ont porté les navires du roi puissant de Jérusalem, chargés de leurs cargaisons de richesses orientales, pour embellir et honorer le sanctuaire. Il n'y reste plus aujourd'hui aucune trace de la puissance ni du commerce antiques : quelques pierres rouges et des briques brisées marquent seules ce qui, dans le passé, fut un port florissant et considérable ; et je ne vois ici qu'une citadelle élevée par les Sarrasins et occupée actuellement par des soldats turcs.

Non loin de moi, un vieux janissaire que j'avais pris pour guide et mon domestique étaient occupés à faire divers préparatifs dans ma tente. Seul avec mes pensées, je continuai ces rêveries qui devaient se terminer par le sommeil. Et j'eus le songe suivant que je pris alors pour une réalité, n'ayant pas conscience d'être tout à fait endormi.

Je vis un homme qui s'avançait vers moi, et que tout d'abord je pris pour mon janissaire ; mais il s'approcha de plus près, et je lui trouvai un tout autre visage. C'était un grand vieillard d'un âge extraordinairement avancé, à la barbe longue et blanche comme la neige. Sa figure était d'un teint basané, mais plus pâle que celle d'un Arabe ; ses traits sévères et irréguliers, et sa physionomie brutale. De taille, il était gigantesque ; mais ses bras étaient décharnés, et sur la joue gauche on apercevait une grande cicatrice qui semblait lui avoir causé la perte d'un œil. Il portait un turban noir et des vêtements larges et flottants également noirs; à sa ceinture était suspendue une chaîne dont le cliquetis se faisait entendre à chacun de ses mouvements. L'idée me vint que c'était un de ces santons ou fous sacrés si communs dans l'Orient, et j'eus soin de me reculer ausitôt qu'il fit mine de s'approcher de moi.

« Ne fuis pas, ô voyageur, me dit-il; ne crains rien. Je ne veux te faire aucun mal. Attends et écoute mon histoire, elle pourra t'être utile. »

Il parla arabe; et quoique ce fut en un dialecte très-singulier et tout nouveau pour moi, cependant je compris chaque mot.

« Tu vois devant toi un homme élevé dans le christianisme, dit-il sur un ton sévère, qui renonça au culte du Dieu suprême pour les superstitions des païens...

« Je me fis apostat au temps de l'empereur Julien, et je fus occupé par ce souverain à surveiller la reconstruction du temple de Jérusalem, par laquelle on voulait donner un démenti aux prophètes, et par conséquent anéantir la religion sacrée...

« Tu connais déjà par l'histoire le résultat de cette tentative. Presque tous ceux qui travaillaient furent exterminés par un ouragan effroyable! Moi, — fit-il en levant son bras décharné, et passant sa main sur son front défiguré, — je fus foudroyé par le feu du ciel...

« Mais une sentence implacable m'ordonna de continuer de vivre pour expier mon crime dans la chair. Ma vie s'est passée dans des pénitences constantes et sévères, et dans cette particulière douleur d'âme produite par le remords d'un crime irréparable. Cette vie déplorable devait se continuer aussi longtemps qu'il resterait ici une trace du temple de Jupiter, où j'ai abandonné la foi...

« J'ai traîné la vie à travers quinze lents siècles, mais j'espère en la miséricorde de la Toute-Puissance. Mes épreuves sont terminées. Je foule maintenant à mes pieds la poussière du temple païen. C'est toi qui viens de jeter le dernier de ses fragments par-dessus la falaise. Mon temps est venu : c'est l'heure marquée où je dois disparaître de la terre. »

En achevant ce singulier discours, le vieillard s'éloigna vers la mer; de la pointe du rocher il s'élança dans les flots, et disparut.

Je n'entendis aucune lutte; je ne vis que les eaux limpides, si ce n'est une faible lueur qui s'éleva de l'onde au point où il s'était englouti. Je fus alors éveillé par mon domestique et mon janissaire qui me secouaient le bras, et s'écriaient qu'ils avaient été effrayés en me trouvant anéanti dans un sommeil extraordinairement profond. Je tournai mes regards vers la mer : la même lueur y était encore, et il me sembla continuer de voir l'endroit secret de la vague où était disparu le vieillard. La vision m'avait si fortement impressionné, que je leur demandai s'ils n'avaient vu personne se jeter dans la mer, et s'ils n'avaient pas entendu un interlocuteur parler avec moi. Vous le pensez d'avance, leur réponse fut négative.

Ce songe me causa une étrange surprise.

En passant par Jérusalem, et en suivant le littoral de la mer morte, j'avais été extrêmement frappé par l'état actuel de la Judée et par la conformité du sort de la nation juive avec les prédictions du Christ. De plus, je faisais alors la lecture de l'éloge de Julien par Gibbon, et j'avais suivi avec curiosité les efforts surprenants essayés par cet empereur pour reconstruire le temple. Dans ces circonstances et dans un tel endroit, un rêve pareil n'avait sans doute rien qui dût fort m'étonner ; cependant, il y avait quelque chose de si vivant dans cette apparition, et l'image du sujet était tellement singulière, si étrange, que ce songe agit longtemps sur mon imagination, de sorte que chaque fois qu'il me revenait à l'esprit, je sentais ma foi fortifiée.

— Je crois, fit Onuphrio, que toutes les histoires de revenants et des apparitions surnaturelles se basent sur des rêves du même genre. C'est une représentation idéale d'événements ayant rapport à la situation locale dans laquelle la personne se trouve au moment; le tableau imaginaire présenté pendant le sommeil coïncide plus ou moins avec la réalité.

— Je suis entièrement de votre avis quant aux rêves en général, répliqua l'Inconnu. Cependant, il y a des circonstances où l'âme paraît alors douée d'une plus grande clairvoyance et agir dans un monde d'idées distinct du monde ordinaire. Il est bien certain que dans le cas dont je viens de vous faire le récit, si je n'avais pas eu mon domestique avec moi, et si mon rêve avait été un peu plus vraisemblable, il m'eût été très-difficile de me persuader que je n'avais pas été réellement visité par une apparition.

La conversation s'étant engagée sur les rêves, je lui rappelai le songe de Brutus, et je fis la remarque que son génie lui était apparu dans sa tente. Si le héros eût rêvé que ce génie lui apparaissait à Rome, il n'eût plus eu de doute sur la réalité de l'apparition.

Je citai la vision du même genre que, si l'on en croit Plutarque, Dion eut avant sa mort, et dans laquelle il vit une femme gigantesque : une des Parques lui apparaissant tandis qu'il se reposait sous le portique de son palais. Je fis également allusion à ma vision de l'ange gardien de ma convalescence, qui me sembla rester si longtemps avec moi au chevet de mon lit.

— Évidemment, ce sont là autant d'illusions, dit à son tour Ambrosio, et je partage le scepticisme d'Onuphrio. Je me rappelle avoir rêvé une nuit que ma porte était forcée, qu'il y avait des voleurs dans ma chambre, et que l'un d'entre eux mettait actuellement sa main devant ma bouche pour savoir si j'étais véritablement endormi. En ce moment je me réveillai, et je fus quelques minutes avant de pouvoir me rendre compte que je n'avais fait que rêver. Je sentis le poids des couvertures sur mes lèvres, et encore dans la crainte d'être assassiné, je continuai de tenir mes yeux soigneusement fermés et de respirer le plus doucement possible ; quoique je n'entendisse aucun mouvement, ce fut néanmoins avec un certain sentiment de frayeur que je me risquai, au bout de quelque temps, à ouvrir les yeux ; et, lors même que j'eus constaté qu'il n'y avait absolument rien, je ne fus pas encore entièrement convaincu, jusqu'à ce que je me fus levé pour m'assurer que la porte de ma chambre était toujours fermée à clef.

— Je suis le seul de notre petite société qui ne puisse raconter quelque rêve singulier de la même nature, dit Onuphrio d'un air légèrement moqueur. C'est sans doute à cause de mon esprit lourd et peu imaginatif. Je suppose qu'une tendance générale à la rêverie est le symptôme d'un tempérament poétique. Si j'étais doué d'une grande faculté d'enthousiasme, sans doute aurai-je été doué également d'un plus fervent instinct religieux. Enfin, pour en revenir à l'idée de Philaléthès sur l'hérédité des caractères, j'ajouterai que probablement mes ancêtres n'ont pas été bien profonds dans leur foi, ni bien mystiques.

— Vous n'avez pas le droit de nier les choses que vous n'avez pas ressenties, lui répondis-je, et cela d'autant moins que la science n'a pas encore porté son attention spéciale sur cet ordre de phénomènes. Le cerveau fonctionne pendant le sommeil. L'âme se trouve, en ces heures solitaires, dans un état certainement différent de l'état de veille. Le jour viendra où l'on étudiera ces faits encore fugitifs, et où l'on appliquera cette étude à la connaissance de l'homme. Ce sujet étant suffisamment discuté entre nous aujourd'hui, en raison du manque de documents nécessaires pour terminer, je me permettrai d'adresser maintenant à notre hôte inconnu une question qui, j'espère, ne lui paraîtra pas indiscrète. Onuphrio, comme moi, nous serions curieux de savoir s'il est catholique (ultramontain ou libéral), ou d'une communion réformée.

— Je suis membre de l'Église universelle du *christianisme*, répondit l'Inconnu. Le chapelet que vous me voyez au cou est un souvenir de sympathie et de respect pour un homme illustre. Si vous le désirez, je vous raconterai en deux mots l'histoire de ma rencontre avec ce personnage. Les circonstances qui s'y rattachent auront d'ailleurs un certain intérêt pour vous.

Au temps de Napoléon Ier, ajouta-t-il, grâce au privilége particulier accordé aux savants, je passai par la France en venant en Italie [1]. J'étais précisé-

---

1. Il s'agit de Sir Humphry Davy lui-même, qui avait obtenu de Napoléon la permission spéciale de traverser la France pendant le blocus continental. Il désirait depuis longtemps visiter le continent. Ce désir fut réalisé vers le milieu d'octobre 1813, où il s'embarqua à Plymouth, en compagnie de sa femme et du jeune Faraday, son prépa-

ment de retour de la Terre sainte, et j'avais en ma possession deux ou trois de ces chapelets qui se vendent à Jérusalem aux pèlerins comme ayant été suspendus dans le saint sépulcre. Pie VII était alors emprisonné à Fontainebleau. Par une faveur spéciale, et en considération de mon voyage dans la Terre sainte, j'obtins la permission d'une entrevue avec le vénérable et illustre pontife. J'apportai avec moi un de mes chapelets. Le saint-père me reçut avec une grande bonté ; je lui offris mes

rateur et secrétaire. « Nous allons faire, écrivait-il à sa mère, un voyage scientifique qui, je l'espère, nous sera agréable à nous et utile au monde. Nous traverserons rapidement la France pour nous rendre en Italie; de là nous passerons en Sicile, et nous reviendrons par l'Allemagne. Nous avons l'assurance des gouvernements de ces pays qu'on nous accordera partout aide et protection. Nous resterons probablement un ou deux ans absents. » Vers la fin de décembre 1813, le savant chimiste quitta Paris pour continuer son voyage. Passant par Fontainebleau, il visita le palais où quelques mois plus tard l'empereur Napoléon Ier devait abdiquer. Il admira la beauté de la forêt sur laquelle s'étendait le linceul de l'hiver. L'aspect de ces chênes séculaires, couverts de glaçons et étincelants, lui inspira un morceau de poésie, dont quelques fragments nous ont été transmis par le savant auteur de l'*Histoire de la Chimie* :

« La nature repose dans le silence du sommeil; les arbres ne se parent d'aucune verdure; aucune forme de la vie ne se déploie; un feuillage magique les revêt; le

services pour lui être utile de quelque façon, hors la politique, suivant ce qu'il daignerait me confier. Il me remercia, mais me répondit qu'il ne voulait pas me déranger. Je lui racontai alors que j'étais tout récemment de retour de la Terre sainte, et le saluant avec beaucoup d'empressement, je lui présentai mon chapelet comme relique du saint sépulcre ; il le reçut avec un sourire, le toucha de ses lèvres, le bénit de sa bénédiction, et me le rendit, me croyant naturellement catholique.

pur cristal de la glace transparente reflète au soleil les teintes de l'arc-en-ciel... Voici des blocs de pierre, des rochers massifs ; vous les diriez entassés par la main de l'homme, attristantes ruines de quelque grand paladin, l'orgueil des anciens jours... Plus loin est le palais d'une race de rois puissants ; il semble appartenir aujourd'hui au chef d'une nouvelle dynastie... L'aigle d'or y brille... Mais, tel est le sort capricieux des choses humaines : un empire s'élève, comme un nuage à l'horizon : rouge au soleil levant, il répand ses teintes matinales sur une atmosphère électrique ; soudain ses teintes s'assombrissent, un orage approche, la foudre éclate, le tonnerre gronde ; mais bientôt la tempête se dissipe et tout rentre dans le calme. »

Ces lignes portent la date du 29 décembre 1813. Davy continua sa route par l'Auvergne, dont il visita les volcans éteints. La vue du mont Blanc des hauteurs de Lyon, les bords du Rhône, la Méditerranée, les Alpes, les lacs, les formations géologiques, etc., inspirèrent successivement la muse du poëte chimiste. C. F.

J'avais eu l'intention de l'offrir à Sa Sainteté, mais voyant que ses lèvres y avaient touché, et qu'il y avait joint sa bénédiction, cet objet devint plus précieux pour moi, et je le rattachai à mon cou, où il est toujours resté depuis. Le pontife me fit quelques questions importantes sur l'état des chrétiens à Jérusalem, m'entretint de la défaite de l'armée française en Russie et de ses espérances sur la prochaine restauration de l'État catholique. Puis, abaissant sa voix : « Nous nous reverrons, dit-il, au revoir ! » et il me donna sa bénédiction paternelle.

Dix-huit mois après cette entrevue, je me trouvai, avec presque toute la population de Rome, à la réception et à la fête de sa rentrée dans la ville éternelle. Ce vénérable pontife fut porté sur les épaules des artistes les plus renommés, à la tête desquels on vit le grand sculpteur Canova. Jamais je n'oublierai l'enthousiasme de cette réception... et je crois encore avoir dans les yeux et dans l'âme l'émotion de ce grand spectacle. Au moment où il donna sa bénédiction au peuple, il y eut une prostration générale, et des marques d'une émotion profonde ; on apercevait même des larmes, on entendait même des sanglots, comme si les cœurs trop remplis avaient éclaté.

Partout autour de moi, les mots : « Le saint-père, le très-saint-père ! sa restauration est l'œuvre de Dieu, » se faisaient entendre ; les vieillards pleuraient comme des enfants. Je serrai mon chapelet contre ma poitrine, et je le touchai de mes lèvres, là où le pontife l'avait déjà embrassé. Je conserve donc ce chapelet avec le sentiment d'une vénération extrême, comme souvenir d'un homme saint, ferme, doux et bienfaisant, qui fait honneur à son Église et à la nature humaine. Non-seulement cet objet a eu une certaine influence sur mon esprit, mais il a encore été pour moi d'une utilité réelle en me préservant une fois contre les attaques des brigands, un jour que je traversais les Apennins. Bien souvent, j'ai fait plaisir aux paysans d'Apulie et des Calabres, en leur permettant de déposer un baiser sur ce chapelet qui venait du saint sépulcre, et qui avait été sanctifié par le toucher des lèvres et la bénédiction du pontife.

— Vous me permettrez de remarquer, fit Onuphrio, que ce que vous venez de nous dire sur les services que cet objet a pu vous rendre dans une rencontre de brigands rappelle un peu les fraudes pieuses. Si les brigands vous ont respecté pour un chapelet béni, vous le devez évidemment à leur crédulité et non à la vertu de la relique. Ceci me rappelle une invention assez ingénieuse d'un savant géologue contemporain. Il était sur l'Etna, fort occupé à rassembler une collection des différentes laves formées par le courant igné de cette montagne; et les paysans lui étaient souvent fort désagréables, car ils supposaient qu'il cherchait des trésors. L'idée lui vint un jour de leur adresser l'allocution suivante : « J'ai fait *le vœu*, mes chers frères, d'emporter avec moi des morceaux de chaque sorte de pierres existant sur cette montagne; laissez-moi, je vous prie, faire mon devoir tranquillement, afin que je puisse recevoir l'absolution de mes péchés. » Ces paroles produisirent leur effet; les paysans se mirent à crier : Voilà un saint homme, un vrai saint! et ils lui donnèrent toute l'assistance qu'ils purent pour l'aider à emporter tous les échantillons que son ambition de géologue convoitait. Par ce stratagème, il put faire sa collection en sûreté complète, et d'une façon très-agréable.

— Je n'admets pas la fraude pieuse, répondit l'Inconnu, même dans le but de faire avancer la science. Mon chapelet n'éveille chez les autres qu'un sentiment de piété respectable, et quant à moi je continue de le porter en souvenir d'un homme juste et éprouvé, étant d'ailleurs chrétien moi-même, et convaincu que le véritable christianisme est resté jusqu'ici la meilleure forme religieuse.

— Avez-vous toujours été en sûreté dans vos nombreux voyages? lui demanda Ambrosio.

— Oui; toujours, répondit-il. Je dois en partie cette sûreté, comme j'ai déjà dit, à mon chapelet, et en partie à mon costume et à mon habitude de parler alors les dialectes du peuple ; j'ai toujours eu avec moi un paysan à qui j'avais l'habitude de confier le peu d'argent qu'il me fallait pour mes dépenses de chaque jour. Mon petit bagage n'était guère que celui qu'un philosophe cynique de la Grèce ancienne aurait pu porter avec lui; enfin, dans les circonstances où je ne pouvais aller à pied, je faisais mes arrangements avec un voiturier du pays possédant un mulet et une caratelle.

L'Inconnu parlait encore lorsque le soleil, à demi descendu sous l'horizon, illumina la nature de ses derniers rayons écarlates. Le temple de Neptune se montra une dernière fois resplendissant du rayonnement de l'astre du jour. On vint nous dire que nos chevaux nous attendaient, et

qu'il était temps de partir pour notre demeure à
Eboli. Je demandai à l'Inconnu de nous accompagner, et de nous faire le plaisir d'accepter une
place dans notre voiture. Il s'y refusa, en objectant qu'on lui avait préparé un lit dans le voisinage pour passer la nuit, et que le lendemain il
partait pour un voyage scientifique en Calabre,
dans l'intention de visiter le théâtre du terrible
tremblement de terre de 1783. Je lui présentai
ma main, il la serra avec effusion, en me souhaitant
une heureuse santé et en me disant au revoir.

QUATRIÈME DIALOGUE

L'IMMORTALITÉ

QUATRIÈME DIALOGUE

L'IMMORTALITÉ

Les climats et le caractère des nations. La nature. — Voyage aux Alpes d'Illyrie. Le lac de Traun. La pêche. *Salmonia*. — Catastrophe. La barque de l'auteur est entraînée dans la cataracte. Sauvetage par l'*Inconnu*. — Visite aux grottes et aux lacs souterrains de la Carniole. Les poissons des cavernes. Le *Protée*. Les métamorphoses. L'organisme. Le principe vital. L'âme.

L'Inconnu dont on a fait la connaissance à Pæstum m'avait laissé dans l'esprit une puissante et extraordinaire impression. Sa personne, sa mise, ses manières, le timbre de sa voix et ses vues philosophiques restaient toujours devant mon imagination, et ne me quittaient pas, même en rêve. Il m'arriva souvent de penser que ce n'était pas la première fois que je l'avais vu, et je cherchais, mais inutilement, à lui trouver quelque type ou ressemblance, parmi tous ceux que j'avais connus dans le passé sur cette terre. Je m'informai de lui parmi mes amis, mais personne ne put me donner aucun renseignement sur son compte.

Il y avait quelque chose de si remarquable en lui, que, s'il avait fait la moindre apparition dans le monde, il serait certainement et rapidement devenu célèbre. — Enfin, j'avais mis une telle assiduité dans mes recherches à cet égard que j'en étais devenu ridicule, et que l'on me demandait à chaque instant si définitivement j'avais reçu des nouvelles de mon ami l'Esprit.

Après mon retour de Naples à Rome, je fus rappelé en Angleterre par une triste circonstance, et je laissai mes deux amis Ambrosio et Onuphrio continuer leurs voyages qui devaient être de quelque durée.

Je rentrai à Londres, l'âme attristée et mélancolique, non-seulement à cause des événements pénibles et douloureux qui m'y rappelaient, mais encore par suite du changement qui s'était accompli dans tout mon être moral et physique. Ma santé était perdue ; je n'avais plus d'ambition ; je n'étais plus animé par le désir de la gloire. Celle que j'aimais en ce monde était descendue au tombeau, et, pour me servir d'une métaphore, la coupe de ma vie n'était plus généreuse, douce et enivrante ; tout ce qu'elle contenait de bon était perdu et il ne restait plus que l'amertume et la lie.

Mais à peine avais-je passé quelques mois en Angleterre, au milieu d'une agréable société d'amis qui me restaient (si toutefois quelque chose était capable de me plaire encore), que de nouveau le désir des voyages me reprit. Dans ce naufrage de tout sentiment, un seul était resté dans mon âme avec autant de verve et de puissance que jamais : celui de l'amour de la nature. Ce goût puissant devenait le recteur de mes projets pour la dernière période de ma vie terrestre.

De tous les climats d'Europe, celui de l'Angleterre me semble le mieux adapté pour l'activité de l'esprit, et le moins convenable au repos. Ses variations de température, si nombreuses et si rapides, éveillent constamment des sensations nouvelles, et le ciel toujours changeant, de la sécheresse à l'humidité, et de l'azur aux nuages et aux brouillards, semble tenir le système nerveux constamment agité. Sous le beau ciel de Nice, de Naples ou de Sicile, où, même pendant l'hiver, on peut se reposer au grand air dans le chaud rayonnement du soleil, sous quelque belle tente d'odorant feuillage, sous les palmiers ou les orangers chargés de leurs fruits embaumés, l'existence est elle-même un agrément. Ainsi les souffrances de la maladie se trouvent souvent oubliées, sous l'influence bienfaisante de la nature, et l'on est bercé par des sensations douces et harmonieuses au sein d'un repos délicieux. Mais, dans l'atmosphère variable et orageuse d'Albion, la tranquillité est insupportable ; on se sent forcé de se défendre de l'ennui par une occupation constante.

Comme nation, les Anglais sont extrêmement actifs, et nul autre pays ne met autant d'énergie, de fermeté et de persévérance dans la poursuite de quoi que ce soit ; aussi, comme les pouvoirs humains sont limités, il y a très-peu d'exemples d'hommes remarquables vivant dans ce pays jusqu'à la vieillesse. Ordinairement les grands hommes d'Angleterre s'affaiblissent, s'affaissent et meurent, avant l'âge généralement regardé comme marquant le terme moyen de la vie; la vie des différents hommes d'État, des généraux, des littérateurs, des savants et des philosophes, offre le témoignage de cette vérité. Tout ce qui brûle se consume : les cendres seules restent.

En traçant mon itinéraire pour le voyage que je me proposais, j'étais guidé par l'expérience que j'avais déjà faite. Je ne connais pas de pays plus beaux que celui qu'on peut désigner sous le nom de l'Autriche alpestre, c'est-à-dire les Alpes du Tyrol méridional et celles d'Illyrie, les Alpes Noriques, Juliennes, et Styriennes, avec les Alpes de Salzbourg. La variété du paysage, la verdure des prairies et des arbres, la hauteur des montagnes, la grandeur et la limpidité des fleuves et des lacs, donnent selon moi à ce pays une grande supériorité sur la Suisse. Le monde y est beaucoup plus aimable; et, qu'ils soient Illyriens, Italiens ou Allemands, sous leurs costumes divers et malgré leurs mœurs variées, ils ont tous la même simplicité de caractère; ils sont tous animés par un vif amour de la patrie, une grande ferveur et une profonde pureté de foi, une honnêteté exemplaire, et je puis dire, sauf quelques exceptions, une douce politesse envers les étrangers.

Dans l'été de la vie, j'avais déjà visité ce beau panorama en compagnie d'une personne qui m'avait fait goûter, en même temps que le plaisir d'une amitié intellectuelle, le bonheur ineffable d'une affection pure. Plus tard, j'y trouvai la fraîcheur, le repos et la tranquillité, après la violence d'une passion funeste, en sortant de l'atmosphère brûlante d'un été italien. A une époque plus avancée encore, j'y cherchai et j'y trouvai la consolation et la convalescence, après une maladie dangereuse qui était résultée d'un long travail et d'une surexcitation mentale. Là enfin j'avais trouvé l'incarnation de l'ange de ma vision de jeunesse.

J'ai voulu alors revoir ces scènes, dans l'espérance d'y rétablir une organisation brisée ; et quoique cette espérance fût bien faible, je crus cependant possible au moins de passer les derniers jours de ma vie plus doucement et plus agréablement que dans la capitale bruyante de la Grande-Bretagne. Jamais la nature ne nous trompe, et ne nous laisse l'amertume au cœur. Les rochers, les montagnes et les fleuves parlent toujours le même langage : au printemps, les bois peuvent cacher leur beauté fraîche et verdoyante sous une mantille de neige, l'orage peut transformer les eaux bleues et limpides en eaux bourbeuses et turbulentes; mais ces infidélités sont rares et passagères. Dans quelques heures, dans quelques jours au plus, tous les traits charmants de la nature reparaissent de nouveau dans son sourire. Jamais la nature ne nous cause ces misères et ces tristes soucis qui accablent l'humanité. Chez cette tendre amie, il n'y a pas d'espérances flétries ; elle ne nous donne pas des êtres chéris, rayonnants de jeunesse et de beauté, pour nous les enlever au moment de notre bonheur. Non : ses fruits sont tous beaux, suaves et doux, et non pas amers, comme ceux de la vie humaine, qui, semblables à ces pommes de la mer Morte, ravissantes pour l'œil, ne laissent dans la bouche que l'amertume et la cendre.

J'ai déjà parlé de l'influence étrange que fit sur mon imagination l'Inconnu que j'avais rencontré « par hasard » lors de ma visite au temple de Pœstum; l'espérance de le revoir était encore une autre bonne raison pour moi de quitter l'Angleterre, car j'avais un pressentiment (et pourquoi? je l'ignore) que je le rencontrerais plutôt dans les États autrichiens qu'en Angleterre, sa patrie.

Pour ce voyage, j'avais un compagnon qui était à la fois mon médecin et mon ami d'enfance. Il était homme du monde, et s'était fait une fortune considérable. Retiré depuis plusieurs années, il cherchait comme moi, dans ce voyage, le repos de l'âme, les charmes puisés dans les tableaux de la nature. C'était un homme d'une rare puissance d'intelligence; mais il y avait chez lui moins de tempérament poétique que je n'en ai jamais remarqué chez toute personne douée de la même vivacité d'esprit. Penseur sévère, et d'une grande étendue de connaissances variées, il était encore bon physiologiste et naturaliste accompli. Dans ses raisonnements il mettait toujours une précision géométrique, et se tenait sur ses gardes contre toute influence de l'imagination. Le méridien de la vie était déjà passé chez lui comme en moi; sa santé était faible comme la mienne. Compagnons de voyage bien adaptés l'un pour l'autre, nous résolûmes de voyager lentement, passant insensiblement d'un endroit à l'autre, sans nous fatiguer. Je désignerai cet ami sous le nom d'Eubathès.

Je ne dirai rien de notre voyage en France et en Allemagne, et je ne m'étendrai que sur celui auquel je m'intéressais le plus et qui m'est resté le plus fortement gravé dans la mémoire.

Nous entrâmes dans le pays alpestre d'Autriche par Lintz, sur le Danube, suivant le cours de la Traun jusqu'à Gmünden sur le Traun-See, ou lac de Traun, où nous nous reposâmes quelques jours. Si c'était ici le lieu d'entrer en des descriptions détaillées, je pourrais occuper beaucoup de temps à présenter dans ces pages les vues pittoresques et si variées de ce pays enchanteur. Les vallons offrent cette beauté pastorale et cette verdure riante qui ont tant de charmes pour la vue, avec des enclos coquets entourés de haies, ornés de fruitiers et d'arbres à l'ombre épaisse. Les belles collines boisées, où dominent le chêne et le hêtre, s'élèvent en ondulations gracieuses, et la perspective n'est bornée que par les hautes montagnes, ici couronnées de pins et de mélèzes, là perdant au delà d'un voile de nuages leurs cimes d'albâtre argentées des neiges éternelles. La partie inférieure du lac de Traun est toujours transparente, même pendant la saison des pluies. Du lac azuré le fleuve descend, se précipitant sur des masses de roches, sur une imposante largeur, restant limpide comme le béryl, et du même teint verdâtre. La chute de la Traun, à trois lieues à peu près de Gmünden, était un de nos lieux de prédilection. C'est une cataracte qui, à l'époque où la rivière est pleine, peut se comparer[1] avec celle de Schaff-

---

[1]. Nous préférons personnellement de beaucoup la chute du Rhin près de Schaffouse à celle de la Traun près de Gmünden. On sait que cette chute magnifique, à quelques heures en amont de Bâle, tombe d'une hauteur de près de cent pieds, sur une largeur de près de trois cents qu'offre le Rhin en cette région (à Lauffen). C'est un des beaux spectacles de la Suisse orientale. — La Traun est une rivière des États autrichiens, qui naît dans le N.-O. de la Styrie, forme le lac qui porte son nom, et en sort à Gmünden, pour se jeter dans le Danube non loin de Lintz. Cette cataracte, ou plutôt cette cascade, est moins grandiose que la première, mais encadrée de paysages paisibles, silencieux et solitaires. C. F.

house ; elle offre le même caractère grandiose dans la descente violente et imposante de ses flots, aussi bien que dans les teintes de ses eaux et de son écume, dans les formes des rochers au-dessus desquels elle passe, et dans les falaises et les bois qui la dominent.

Le modeste passe-temps de la pêche à la ligne était à cette époque (comme aujourd'hui encore) un plaisir favori pour moi. Il m'a donné lieu de faire de patientes observations sur les variations des eaux suivant celles de l'atmosphère, sur les habitudes et les instincts si curieux des petits êtres qui habitent au sein de l'élément liquide. Je passais de longues heures à pêcher le saumon et la truite (qui frayent au commencement de l'hiver), la carpe, le brochet, la tanche (qui frayent au printemps et au commencement de l'été), les prenant en compagnie des petits poissons, soit à la ligne, soit au filet. Les ruisseaux qui se jettent dans la Traun, le canal qui y aboutit, ont été le théâtre principal de mes pêches, ordinairement faites avec le docteur dont j'ai parlé plus haut et avec quelques rares amateurs [1].

1. Nous ne pouvons nous empêcher de signaler ici, à ce propos, le travail que notre savant auteur a écrit lui-même sur la pêche, les poissons et les eaux. Nous devons nous

Il y avait quelques semaines à peine que je me reposais ainsi, lorsque m'arriva, précisément sur donner le plaisir d'en faire un résumé succinct, qui montrera le philosophe chimiste à nos lecteurs sous un aspect assurément inattendu.

La pêche à la ligne, qui a fourni le sujet de tant de caricatures et même de plusieurs satires assez bien réussies, a fourni à sir Humphry Davy le sujet d'un livre très-intéressant du même volume que celui-ci, intitulé : SALMONIA, *or the days of fly-fishing, with some account of the habits of Fishes*. On a qualifié à juste titre cet ouvrage de : « chef-d'œuvre à la fois grave et charmant, écrit par l'un des plus illustres savants de notre siècle[*]. » Le génie ne touche à aucun sujet qu'il n'y laisse son empreinte. Davy, l'une des gloires de la chimie, ne dédaignait point, pour se reposer de ses laborieuses découvertes, de pêcher à la ligne ; et, en 1828, à une époque où il sortait d'une maladie longue et douloureuse, où les travaux du laboratoire lui étaient encore interdits, voulant donner à son esprit actif un aliment, il composa à Laybach, en Illyrie, précisément ici où se passe la scène de ce quatrième dialogue, ce petit livre de *Salmonia*, qui traite de divers sujets, et peut être très-justement considéré, dans son ensemble, comme l'apologie du pêcheur à la ligne et des poissons.

Cette œuvre est un petit drame qui dure neuf jours. Les principaux personnages (après les poissons, bien entendu) sont : Halieus, pêcheur habile, qui, dans l'intention de l'auteur, est le portrait du célèbre docteur William Babington ; — Poiétès, homme d'imagination, admirateur

[*] *Magasin pittoresque*, juin 1853.

cette belle cataracte de la Traun à laquelle j'avais donné toute mon admiration, un accident —

enthousiaste de la nature, prévenu contre le plaisir de la pêche; — Physicus, qui n'entend rien à la pêche, mais qui est très-avide de connaître tout ce qui peut intéresser la science; — Ornither, amateur de tous les plaisirs de la campagne, encore peu expérimenté dans l'art de la pêche à la ligne.

La première journée se passe à Londres; Halieus, Poiétès, Physicus et Ornither sont à table.

Physicus à *Halieus.* — Je suis sûr que vous savez où l'on a pris cette excellente truite : je n'en ai jamais mangé de meilleure.

Halieus. — Je dois le savoir, car c'était un matin, dans les eaux de la Wandle, à moins de dix milles d'ici, et c'est à moi que vous devez de la voir sur notre table.

Physicus. — C'est vous-même qui l'avez prise?

Halieus. — Oui, avec la mouche artificielle.

Physicus. — J'admire le poisson, mais je ne puis en faire autant de l'art qui vous a servi à le prendre, et je m'étonne que vous, homme d'un esprit si actif, d'un caractère si élevé, vous puissiez vous complaire à un genre de divertissement qui me paraît si triste et (dirai-je toute ma pensée?) si ridicule.

Halieus. — Je pourrais tout aussi bien m'étonner à mon tour qu'un homme doué comme vous d'une imagination si riche et d'une curiosité si généreuse, qu'un esprit si disposé à la contemplation n'aime point ce divertissement, et se hasarde, sans le connaître, à l'appeler triste et ridicule.

Physicus. — J'ai du moins pour moi l'autorité d'un grand moraliste, le docteur Johnson.

assez grave, comme on va le voir, — et dont le premier résultat devait être de me donner une

Halieus. — Je n'accorderai à aucun homme, si grand philosophe ou si grand moraliste soit-il, le droit de dénigrer un divertissement dont il n'a pas fait l'expérience. D'ailleurs, si j'ai bon souvenir, le même illustre personnage a beaucoup loué le livre et le caractère du grand patriarche des pêcheurs à la ligne, Isaac Walton.

Physicus. — Un autre écrivain célèbre, lord Byron, a fort maltraité votre grand patriarche et en termes très-énergiques. Ne l'appelle-t-il pas, si j'ai bonne mémoire, un « vieux sot affecté et cruel?... »

Halieus. — Je n'entreprendrai pas d'exhumer et d'agiter les cendres des morts, ni de venger la mémoire de Walton aux dépens de Byron, qui était aussi ignorant de la pêche que Johnson ; mais je pourrais opposer à l'autorité de votre poëte celle du poëte philosophe des lacs, de Coleridge, qui célèbre la pêche à la mouche et les pêcheurs; celle de Gay, qui a chanté dans son poëme ce plaisir dont il faisait ses délices à Amesbury pendant les mois d'été; celle de l'excellent et ardent pêcheur John Tobin, auteur de l'*Homme dans la lune*.

Physicus. — Je vous arrête; je me contente de ces autorités choisies dans le monde poétique.

Halieus. — J'en trouverais d'autres, au besoin, dans tous les genres, des hommes d'État, des héros, des philosophes. Je puis remonter jusqu'à Trajan, qui avait la passion de la pêche. Nelson était un habile pêcheur à la mouche, et la meilleure preuve de la vivacité de son goût pour ce plaisir, c'est qu'il continua à s'y livrer alors même qu'il ne pouvait plus se servir que de sa main gauche. Le docteur Paley avait un tel amour pour ce divertissement,

nouvelle réincarnation; car je ne puis encore comprendre comment j'ai pu être sauvé.

qu'un jour l'évêque de Durham lui demandant quand il achèverait l'un de ses ouvrages les plus importants, il répondit avec simplicité et gaieté : « Monseigneur, je m'y remettrai avec zèle quand la saison de la pêche sera passée, » comme si la pêche eût été pour lui une affaire sérieuse. Mais je ne veux citer qu'avec réserve nos contemporains; autrement je vous déroulerais une longue liste des plus grands noms de l'Angleterre, noms illustres, en ces derniers temps, dans la science, les lettres, les arts ou la guerre, et qui sont les ornements de la confraternité des pêcheurs, pour me servir d'une expression empruntée à la franc-maçonnerie de nos pères.

Physicus. — Je comprends sans beaucoup de peine que les guerriers et même les hommes d'état, ces pêcheurs d'hommes qui trouvent tant de plaisir (comme je l'ai vu souvent) à tirer des coups de fusil et à tuer des animaux, puissent aimer aussi à s'armer de l'hameçon; mais j'avoue que je cherche en vain ce qui peut attacher à ce genre de distraction des philosophes et des poëtes.

Halieus démontre sans peine que le plaisir de la pêche, comme celui de la chasse, dérive de nos instincts. A l'état sauvage, l'homme, pressé par la faim, fait la guerre aux animaux, dans les plaines, dans les forêts, sous les eaux; il tue les poissons comme les bêtes fauves, avec la massue, l'épieu et le javelot; il lutte avec eux corps à corps. Il y a loin de cette poursuite brutale aux stratagèmes modernes, loin de ces armes grossières aux filets et au mécanisme de certaines lignes dont se sert le pêcheur expérimenté. L'habileté du véritable pêcheur à la ligne suppose la patience, la vigilance, le calme, et aussi la sagacité, l'esprit d'ob-

Ce malheur ne fut pas sans compensation, attendu que, par la plus extraordinaire des coïnci-

servation ; l'étude des habitudes diverses d'une classe d'animaux, très-nombreuse et très-variée, et d'autres animaux destinés à être leur proie; la connaissance des signes et présages que l'on tire de l'atmosphère, de la couleur des eaux ou de la configuration des rivages. Les curiosités de l'intelligence trouvent ainsi incessamment de nouveaux éléments dans cet exercice si futile en apparence, et le champ de la recherche et de l'expérience peut s'y étendre de plus en plus, selon la valeur personnelle du pêcheur et son aptitude à saisir les rapports entre les faits nouveaux qui se révèlent à chaque instant. Ajoutez que beaucoup de pêcheurs, encore qu'ils ne s'en rendent point toujours bien compte, sont surtout attirés par les spectacles charmants et variés de la nature au milieu desquels les conduit leur innocente passion.

« Quel plaisir, s'écrie Halieus, lorsque le printemps commence à succéder aux tristes et sombres journées de l'hiver, lorsque le soleil dissipant les brouillards échauffe la terre et les eaux, d'errer le long d'un clair ruisseau, de voir les feuilles naissantes entr'ouvrir les boutons empourprés, de respirer les senteurs du rivage que parfument les violettes et les douceurs mystérieuses des primevères et des marguerites! Qu'il est agréable de fouler le vert gazon sous l'ombre des arbres dont les feuilles s'égayent au bourdonnement de l'abeille, de suivre du regard les mouches légères effleurant la surface de l'eau et brillant comme des pierreries vivantes sous les rayons du soleil, tandis que la truite argentée les épie de sa demeure transparente! Que l'on aime à entendre le gazouillement des oiseaux aquatiques qui, inquiets à votre approche, se hâtent de chercher

dences, il réalisa mes pressentiments et me remit entre les mains de l'Inconnu.

un refuge sous les fleurs et sous les feuilles du lis d'eau ! Que de charme encore à observer comment toutes ces scènes se changent contre d'autres plus brillantes et plus splendides à mesure que la saison avance, jusqu'à ces beaux jours où l'hirondelle vient disputer à la truite l'étincelante mouche de mai, jusqu'à ces heures sereines et embaumées du soir où le rossignol, qui veille avec amour sur sa couvée, anime de ses chants mélodieux, de ses vives et ardentes cadences, des bosquets de roses et de chèvrefeuille ! »

C'est ainsi que, leur laissant entrevoir tour à tour les plaisirs de la pêche avec les études de la science et avec la poésie de la nature, le principal personnage de *Salmonia*, parvient à intéresser et à séduire Poiétès, Physicus et Ornither. Il leur assigne un rendez-vous.

La seconde journée se passe à Denham, au bord du Colne, par une belle matinée du mois de mai, près d'une jolie maison de campagne où les quatre amis trouvent une aimable hospitalité et tous les instruments nécessaires pour pêcher la truite. Poiétès est en extase devant la verdure des prés, le cours capricieux de la rivière, la beauté de ses eaux, tantôt rapides et écumantes, tantôt paresseuses et limpides, devant l'élégance et la grâce des groupes de peupliers et de saules qui décorent une île voisine. Halieus apprend à Physicus comment on imite, avec des plumes et de la soie, la mouche des aunes qui étant à cette époque la plus nombreuse est aussi celle qui tente le plus l'avidité du poisson. Le pêcheur n'a en effet rien de mieux à faire que de se conformer aux leçons de la nature et d'offrir aux habitants des eaux ce qu'elle leur

Un jour qu'Eubathès, qui était très-amateur de la pêche, s'amusait à pêcher dans le fleuve, donne elle-même suivant les saisons. Les mouches artificielles sont jetées à la surface des eaux, et de belles truites, qui, depuis le dernier été, ont vécu sans défiance et sans péril, ne tardent point à se laisser prendre. Chaque succès comme chaque revers est, pour Halieus, une occasion d'enseigner à ses amis quelque particularité sur les habitudes des poissons, sur leur organisation, sur les ruses qu'il faut employer suivant leur espèce, leur taille, leur allure, et sur les endroits où il convient le mieux de se placer; en un mot, il leur fait à la fois un cours de science théorique et pratique. Le soir, il leur donne d'autres leçons sur les différentes mouches que chaque mois voit naître, et sur les variétés de truites que l'on rencontre dans les différents cours d'eau; car c'est surtout la pêche à la truite qu'il aime. Toutes ses digressions, entremêlées des incidents naturels de la pêche et d'anecdotes amusantes, témoignent d'un esprit très-savant, rappellent ou révèlent un grand nombre de notions relatives à l'atmosphère, à l'utilité des pluies, du vent, du mouvement des eaux, des plantes aquatiques. Les exclamations enthousiastes du poëte sont habilement entremêlées au dialogue, de manière à en écarter tout apparence d'aridité ou de pédantisme.

A la troisième journée, Denham est encore le lieu de la scène. Elle commence par un désappointement amusant de Poiëtès, Ornither et Physicus, qui ne prennent rien, tandis qu'Halieus, en peu d'instants, enlève devant eux, et tour à tour, avec leurs propres lignes, plusieurs truites. Il leur montre qu'ils se sont placés de manière que leur ombre et celle de leur canne, se projetant sur l'eau,

au-dessus de la chute, des poissons connus sous le nom d'ombres, j'étais allé me distraire à ma

effrayent les poissons. Plusieurs se rappellent, à ce sujet, l'anecdote du pari de Charles-James Fox avec le prince de Galles. Halieus raconte une autre anecdote relative à la fabrication du carmin qui ne réussit, à ce qu'il paraît, que sous l'influence d'un beau soleil. Poiétès chante un hymne en l'honneur de l'hirondelle qui rase l'eau et fait la chasse aux mouches de mai.

A la quatrième journée, les amis arrivent devant le Loch-Marée, à l'ouest de Rosshire, en Écosse. On est au milieu de juillet. Le paysage est sévère : d'un côté, une haute montagne est couronnée de bois et de nuages ; de l'autre, on entrevoit dans le brouillard quelques îles à distance. Les quatre pêcheurs entrent dans une barque. A mesure qu'ils avancent, la scène grandit avec les montagnes. Halieus trouve que le vent a fait élever la surface de l'eau. C'est une circonstance peu favorable ; il en est autrement lorsque c'est la pluie qui gonfle la rivière, parce qu'alors les poissons, avertis par leur instinct, sont dans l'attente de la nourriture fraîche que ne manquent point d'apporter les courants. Ici l'instinct est plus habile que la raison ; si les poissons raisonnaient, ils croiraient à la bienvenue de toute augmentation considérable de l'eau, quelle qu'en fût la cause, le vent ou la pluie. Ce jour-là, le ciel est gris : aussi fait-on usage de mouches artificielles plus grosses et plus brillantes ; mais on a peu de succès, tout l'art d'Halieus échoue. Bientôt on a l'explication de la mésaventure : on a beaucoup pêché depuis quelques jours en cet endroit. Halieus ne se décourage point ; il emploie des mouches que, très-probablement, on n'a pas songé à donner pour appât aux poissons, et dont par

fantaisie. J'avais pris un des bateaux dont on se sert pour descendre le canal taillé dans le rocher,

conséquent ils ne sont pas rassasiés. Cette fois, il prend quelques saumons. Halieus, à propos de la difficulté de noyer les poissons pour les tirer plus facilement hors de l'eau, raisonne sur ce que la mort peut causer de souffrance aux animaux, en toute hypothèse moins sensibles que nous, parce qu'ils sont exempts des angoisses morales. Par occasion, il cite quelques exemples d'hommes qui sont morts, non-seulement sans aucune douleur, mais même *agréablement.* Sir Charles Blayden, dînant un jour avec ses amis, Berthollet et Gay-Lussac, s'éteignit en savourant une tasse de café et sans en laisser tomber une seule goutte. Le docteur Cullen, au moment d'expirer, murmura distinctement ces mots : « Je voudrais qu'il me fût possible d'écrire ou de parler, afin d'exprimer combien c'est une chose agréable de mourir. » La philosophie reprend le dessus sur la pêche.

Dans la cinquième journée, Halieus donne des renseignements curieux sur les rivières de l'Europe : il les connaît presque toutes et en parle aussi pertinemment qu'un chasseur parlerait des bois qu'il est habitué de parcourir ; mais c'est surtout sur les cours d'eau de l'Angleterre, de l'Irlande et de l'Écosse, que l'auteur expose ses observations. Un passage de quelque étendue sur l'instinct des animaux aux divers degrés de la création est riche de faits et de fines études. Les amis, entraînés par le sujet, s'élèvent à ce propos jusqu'aux plus hautes considérations philosophiques.

Le dialogue du sixième jour traite particulièrement des hameçons, du sens particulier qui fait reconnaître aux poissons les différentes qualités de l'eau, du genre de nour-

à côté de la chute, et par lequel on transporte usuellement de l'Autriche supérieure au Danube du sel et du bois. Deux paysans avaient aidé mon domestique à attacher cette barque à un pieu par une corde, de manière à ce qu'elle pût descendre jusqu'au niveau de la rivière en bas. J'avais voulu me créer une distraction par ce moyen rapide de locomotion sur l'écluse descendante.

Pendant quelques minutes, le bateau glissa doucement, emporté avec le courant; et je jouis

riture que le saumon préfère, des présages du temps, tirés soit de la couleur de l'atmosphère, soit des mouvements des oiseaux, et, en général, de toutes sortes de pronostics.

Le septième jour, vers le commencement d'octobre, les amis se réunissent à Leint-Wardine, près de Ludlow, au bord d'une rivière où abonce le grayling (l'ombre). D'où vient ce poisson? Est-il vrai qu'il ait été introduit en Angleterre par les moines? Quelles sont les conditions pour qu'il vive et se multiplie? Ce sont les questions qu'Halieus examine avec sa science et sa sagacité habituelles. Il a observé le grayling jusqu'en Carniole, et il le connaît tout aussi bien que le saumon. Il n'a pas moins d'expérience en ce qui concerne les anguilles et leurs migrations.

La huitième journée se passe à Downton, et il y est surtout question d'entomologie appliquée à la pêche.

L'auteur nous transporte, pour la neuvième et dernière scène de son livre, à la chute de la Traun, précisément où nous sommes en ce quatrième dialogue. Il y est accom-

de la beauté changeante de la scène, les regards fixés sur l'arc-en-ciel brillant qui se réfléchissait sur l'écume de la cascade, dont les légers tourbillons s'élevaient en colonnes de fumée au-dessus de ma tête. Tout à coup, mon attention fut attirée par un cri d'effroi de mon domestique, et en me retournant je vis que le poteau, auquel on avait attaché la corde, s'était brisé de telle sorte, que le bateau descendait la rivière au gré du courant et était porté dans la direction de la

pagné des mêmes amis. Un superbe saumon *hucho* fournit à Halieus l'occasion d'un nouvel enseignement. Par transition, on en vient à parler des monstres marins fabuleux, du serpent de mer, du kraken, de la fille de mer ou sirène. Ce sont autant de digressions intéressantes, qui rappellent celles que nous avons pu remarquer dans cet ouvrage-ci, et qui gravitent autour du monde des eaux. Les poissons reviennent sur la scène. On y voit apparaître en dernier lieu différents types du char (le *sœlmling* des Allemands), espèce de saumon, de l'umbla ou ombre-chevalier, du lavaret, du silure, poissons susceptible d'être introduits dans nos rivières. Enfin, on s'entretient des différentes causes qui influent sur la couleur des eaux, problème dont Davy s'est spécialement occupé. Le livre est clos par des considérations philosophiques qui rappellent celles des *Derniers jours d'un Philosophe*, et qui montrent que la sagacité du savant auteur pouvait s'exercer sur les sujets les plus divers avec un égal succès. c. f.

cataracte. Tout d'abord je ne m'inquiétai pas, car je voyais que l'on se procurait à la hâte de longs bâtons par lesquels il semblait facile d'arrêter ma barque avant son entrée dans la descente rapide de l'écluse, et je demandai simplement le bâton le plus long pour mon usage, afin de m'y cramponner.

Je m'étais cru jusque-là en parfaite sécurité, quand un coup de vent, venant subitement de la vallée, jeta le bateau hors du courant riverain et le lança sur le milieu du fleuve ; je vis alors que j'allais être précipité par-dessus la cascade. Tout le monde se mit à l'eau ; mais il y avait trop de profondeur pour qu'on pût atteindre ma barque... J'arrivais dans l'eau écumeuse, j'approchais de la chute terrible, mon sort était inévitable. J'avais toutefois gardé assez de présence d'esprit pour me demander quel moyen me donnerait la meilleure chance de vie sauve, ou de me jeter du bateau, ou d'y rester : je préférai le dernier.

De l'arc-en-ciel radieux, je portai mes regards vers le soleil resplendissant, comme pour dire un éternel adieu à cet astre glorieux, et j'élevai mon âme dans une aspiration pieuse vers la source divine de la lumière et de la vie... Mais tout à coup je me sentis enlevé et renversé... La force violente de la chute me fit perdre connaissance immédiatement, et mes yeux se fermèrent dans le néant.

. . . . ˜ ˜ ¨ . . . .

Combien de temps restai-je ainsi? je l'ignore. Mes premières impressions, après cet accident, furent la présence d'une lumière brillante autour de moi, et une courbature générale avec le bruissement de la cataracte dans mes oreilles. Il me sembla être éveillé d'un sommeil profond, et je m'efforçai, mais inutilement, de rappeler mes souvenirs; puis peu à peu je sentis que je me rendormais. De ce sommeil je fus réveillé par une voix que je croyais m'être connue en quelque sorte, et mes regards se fixèrent sur l'œil clair et la belle physionomie de mon *Inconnu*.

A peine eus-je la force d'articuler : « Suis-je dans un autre monde? — Nullement, me dit l'étranger, vous êtes certainement vivant dans celui-ci : vous vous êtes meurtri dans votre chute; mais bientôt tout ira bien; soyez calme et reposez-vous. Votre ami est ici, et vous n'aurez pas besoin d'autres secours que de ceux qu'il peut vous donner. » En parlant ainsi, il prit une de mes mains, et je reconnus le même serrement, fort et sympathique, que j'avais ressenti à Pæstum, lorsqu'il m'avait dit : « Au revoir ! » Eubathès m'arriva aussitôt avec un air de joie et d'expansion que je ne lui avais jamais vu, me saisit l'autre main, et me dit en la serrant : « Il vous faut du repos encore pendant quelques heures. » Après un sommeil profond jusqu'au soir, je pus prendre un peu de rafraîchissements, et ne me trouvai pas beaucoup incommodé de mon accident, sauf quelques meurtrissures sur la partie inférieure du corps et un étourdissement.

Le lendemain, je pus retourner à Gmünden, où j'appris de l'Inconnu tous les détails sur la manière presque miraculeuse par laquelle ma vie avait été sauvée en cette circonstance. Il me raconta qu'il se plaisait à combiner les études de l'histoire naturelle avec les plaisirs champêtres. Le jour de mon accident, il pêchait, au-dessous de la chute de la Traun, une espèce de grand saumon du Danube qui, heureusement pour moi, ne peut être pris qu'à l'aide de forts appareils. Il avait vu, à sa grande surprise, le bateau et mon pauvre corps précipités par-dessus la cataracte, et il avait été assez heureux pour pouvoir engager ses crochets dans mes vêtements, lorsque je n'étais encore que depuis une minute à peine englouti sous l'onde. Avec l'aide de son domestique, qui était muni d'un des grands crocs nécessaires pour mettre à terre les poissons lourds, j'avais pu être attiré au rivage; puis on m'avait transporté dans un lit chaud, où les soins n'avaient pas tardé à me ramener à la connaissance. Je voulus raisonner avec Eubathès et le savant étranger sur l'état d'anéantissement et de mort transitoire que je subis pendant ma submersion; mais ils me prièrent de remettre mes discussions à un autre jour, quand ma santé, toujours faible, serait rétablie.

J'acquiesçai d'autant plus facilement à leur demande, que l'Inconnu nous fit part de son intention de rester notre compagnon pendant quelques jours, et que les régions qu'il devait parcourir pour ses recherches se trouvaient justement dans le pays même que nous nous étions proposé pour notre tour d'été. Quelques semaines se passèrent avant que mes forces me permissent de continuer notre voyage; car je n'étais pas d'une constitution à résister aux épreuves d'une secousse semblable. En considérant mon état de faiblesse à l'époque de mon immersion, je regardai mon rétablissement comme providentiel, en même temps que la nouvelle présence de l'Inconnu me paraissait le lier plus intimement que jamais avec ma vie et ma destinée.

Au milieu du mois d'août, nous continuâmes notre voyage. Les beaux et pittoresques lacs de Hallstadt, d'Aussee et de Toplitz, où se rassemblent des neiges fondues des plus hautes montagnes de la Styrie, pour enrichir les sources de la Traun, reçurent nos premières visites. Ensuite nous passâmes dans cette partie élevée du Tyrol qui forme la crête de la Pusterthal, et où la même chaîne de glaciers envoie des eaux à l'Adige et à la Drave, à la mer Noire et à l'Adriatique. Nous restâmes plusieurs jours dans ces deux vallons magnifiques où se trouvent les sources de la Save. C'est là, aux sein de paysages ravissants, que se lève ce fleuve grand et majestueux, bondissant de ses réservoirs souterrains dans les montagnes neigeuses de Terglou et de Manhardt, et tombant en cascades imposantes, au-dessus des falaises et des versants boisés, dans les lacs bleus et transparents de Wochain et de Wurzen, d'où il continue sa course entre des prairies verdoyantes et fleuries, véritables jardins de la nature.

Nous descendîmes bientôt sur Adelsberg[1] aux

---

1. Adelsberg, village de Carniole, est connu par sa magnifique grotte à stalactites de plus de deux kilomètres

cavernes souterraines. Le sous-sol de cette partie de l'Illyrie est entièrement calcaire, et tout miné de cavernes souterraines, de sorte que, dans chaque versant, on voit des cavités en entonnoirs

de longueur, terminée par un lac et composée de trois cavernes superposées. La Carniole est à l'Autriche depuis le quatorzième siècle, si l'on en excepte les six années 1809-1814, pendant lesquelles elle fut incorporée à l'Empire français. Elle est située entre la Carinthie et la Styrie au nord, la Croatie à l'est, le Littoral au sud et à l'ouest. Elle est traversée par les Alpes Carniques et arrosée par la Save.

Ces terrains calcaires offrent la particularité remarquable d'être traversés de lacs souterrains et de cavernes.

L'eau circule facilement à toutes les profondeurs, dans la masse du calcaire crayeux.

Il y a, dans les terrains stratifiés, de grands vides, de profondes cavernes. Quand on a été témoin des artifices compliqués que les hommes sont obligés de mettre en œuvre pour exécuter, même sous de petites dimensions, des arceaux et des voûtes capables de résister à de très-fortes charges, il semble difficile de supposer que les entrailles de la terre puissent renfermer de grandes voûtes naturelles; on en a cependant observé de fort curieuses en un grand nombre de points différents.

Mentionnons par exemple le fameux rocher de Targhat, en Norwége, qui est percé d'outre en outre d'une ouverture rectiligne de 49 mètres de haut sur un kilomètre de long. Que sont les voûtes construites de main d'homme à côté de celle-là?

La caverne de Juacharo, située dans la vallée de Ca-

pareilles à des cratères de volcan, dans lesquelles se perdent les eaux des pluies. Presque chaque lac et chaque fleuve possèdent une source souterraine, et souvent une sortie de même genre.

ripe, du Nouveau-Monde, a pour entrée une voûte de 23 mètres et demi (72 pieds) de large, percée dans la face à pic d'un immense rocher de l'espèce particulière de calcaire connue sous le nom de calcaire du Jura. Cette caverne conserve toutes les dimensions de la voûte d'entrée et une direction constante, dans une longueur de 472 mètres (1,453 pieds). La superstition des Indiens n'a pas permis de s'y avancer au delà de 800 mètres, comptés à partir de l'ouverture. Une rivière de 10 mètres (30 pieds) de large la parcourt dans toute cette étendue déjà visitée de 800 mètres.

La caverne d'Adelsberg, en Carniole, dans laquelle la rivière Soick s'engouffre et où ses eaux se perdent et renaissent à plusieurs reprises, a déjà été visitée par les observateurs sur une étendue de plus de deux lieues. Un grand lac, qui ne pourrait être traversé qu'en bateau, a empêché jusqu'ici de pousser l'exploration plus loin. S'il faut en croire les récits des derniers voyageurs, plusieurs des nombreux compartiments dont cette caverne se compose surpassent en longueur, en largeur et en élévation nos plus grandes cathédrales.

Les formations gypseuses offrent aussi des galeries de grottes liées entre elles par des couloirs plus ou moins étranglés, et qui embrassent quelquefois des espaces immenses. En Saxe, la grotte de Wienalborg communique avec la caverne de Cresfeld, qui en est éloignée de plusieurs lieues. c. f.

La rivière Laybach s'élève deux fois d'un rocher de pierre de chaux et deux fois s'engouffre sous terre avant de faire sa dernière apparition, pour se perdre dans la Save. Le lac de Zirknitz est une nappe d'eau qui se remplit et se vide par des sources souterraines, et son histoire naturelle, quoique assez singulière, n'a rien de mystérieux ou de merveilleux [1].

1. Il existe dans les terrains stratifiés d'immenses nappes d'eau souterraines.

Tel est, par exemple, en France, le réservoir où, sans relâche, s'alimente la fontaine de Vaucluse. A sa sortie des rochers souterrains qui lui ont donné passage, cette source donne, dans son état moyen, 890 mètres cubes par minute, près de 1,300,000 mètres cubes par jour, et 468 millions de mètres cubes en une année. Ce dernier nombre, pour le dire en passant, est à peu près égal à la quantité totale de pluie qui, dans cette région de la France, tombe chaque année sur une étendue de 30 lieues carrées.

L'exemple le plus frappant que l'on puisse citer d'une nappe d'eau souterraine à niveau variable, est celui du lac de Zirknitz, en Carniole. Ce lac a environ deux lieues de long sur une lieue de large. Vers le milieu de l'été, si la saison est sèche, son niveau baisse rapidement, et en peu de semaines il est complétement à sec. Alors on aperçoit distinctement les ouvertures par lesquelles les eaux se sont retirées sous le sol, ici verticalement, ailleurs dans une direction latérale vers les cavernes dont se trouvent criblées les montagnes environnantes. Immé-

La grotte de la Madalena, à Adelsberg, nous demanda plus d'attention que le lac souterrain de Zirknitz. Nous la visitâmes maintes fois et en détail, comme le mérite son caractère géologique

diatement après la retraite des eaux, toute l'étendue de terrain qu'elles couvraient est mise en culture, et, au bout d'une couple de mois, les paysans fauchent du foin ou moissonnent du millet et du seigle là où, quelque temps auparavant, ils pêchaient des tanches et des brochets. Vers la fin de l'automne, après les pluies de cette saison, les eaux reviennent par les mêmes canaux naturels qui leur avaient ouvert un passage au moment de leur disparition. Cette succession d'inondations et de retraite des eaux est l'ordre moyen ou normal. Les irrégularités atmosphériques le troublent souvent. Il suffit même quelquefois d'une abondante pluie d'orage sur les montagnes dont Zirknitz est entouré, pour que le lac souterrain déborde et aille pendant plusieurs heures couvrir de ses eaux le terrain supérieur.

On a remarqué parmi ces diverses ouvertures du sol des différences singulières : les unes fournissent seulement de l'eau; d'autres donnent passage à de l'eau et à des poissons plus ou moins gros; il en est d'une troisième espèce par lesquelles il sort d'abord quelques canards du lac souterrain.

Ces canards, au moment où le flux liquide les fait pour ainsi dire jaillir à la surface de la terre, nagent bien. Ils sont complétement aveugles et presque entièrement nus. La faculté de voir leur vient en peu de temps, mais ce n'est guère qu'au bout de deux ou trois semaines que leurs plumes toutes noires, excepté sur la tête, ont assez

et les conséquences biologiques de sa situation souterraine pour les êtres qui l'habitent. Plusieurs fois, nous nous entretînmes, dans cette caverne, des phases curieuses de l'histoire de la nature. Je

poussé pour qu'ils puissent s'envoler. Valvasor visita le lac de Zirknitz en 1687. Il y prit lui-même un grand nombre de ces canards, et vit les paysans pêcher des anguilles (*mustela fluviatilis*) qui pesaient de 1 à 2 kilogrammes ; des tanches de 3 à 4 kilogrammes ; enfin des brochets de 10, de 15 et même de 20 kilogrammes.

Ces différences dans *les produits* du lac de Zirknitz ne sont pas aussi difficiles à expliquer qu'on le croit au premier aperçu. Un tuyau ou canal creusé dans le sol, dont la bouche inférieure descendra au-dessous de la surface du lac souterrain, ne pourra, à l'époque de l'exhaussement dans le niveau du liquide, rien amener au jour de ce qui se trouvera plus élevé que cette bouche. Les canards nagent à la surface de l'eau ; toute issue par le canal plongeant en question leur est interdite. Si, au contraire, le bout inférieur du tuyau s'ouvre dans l'air, c'est-à-dire au-dessus de la surface du lac, il doit paraître tout simple que les canards souterrains s'y réfugient quand le niveau de l'eau s'élève, et qu'à la longue le liquide les pousse jusqu'à la surface. On explique ensuite très-simplement pourquoi certaines ouvertures ne donnent jamais de poisson, en remarquant qu'un canal peut être très-large dans le haut et se terminer à l'autre bout par de petits trous ou d'étroites fissures.

Dans son *Voyage en Allemagne*, fait en 1820, 1821, 1822, M. John Russe ne cite pas des canards parmi les êtres vivants que le lac inférieur de Zirknitz fait, en quelque

me souviens, entre autres, d'une conversation instructive que nous eûmes là sur le protée et les métamorphoses des êtres. Je crois utile et intéressant de la faire connaître, en la reproduisant

sorte, surgir du sol quand il déborde. J'étais disposé à en conclure que ces habitants d'un monde souterrain avaient été entièrement détruits depuis le temps de Valvasor, c'est-à-dire depuis 1687; mais M. Landresse m'a confié un itinéraire dû à Girolamo Agapito, écrit en langue italienne et imprimé à Vienne en 1825, et dans lequel le lac est représenté encore comme *rigurgitando delle anitre* (canards) *senza piume e cieche* (aveugles).

C'est dans ces mêmes eaux souterraines de la Carniole qu'on a trouvé ce *proteus anguinus*, qui a excité à un si haut degré l'attention des naturalistes.

Nous avons à Zirknitz, comme on voit, non-seulement une immense nappe souterraine, mais un lac véritable, avec les poissons et les canards qui peuplent les lacs de la surface.

La Carniole n'est pas le seul pays où se trouvent des nappes d'eau souterraines peuplées de poissons; la France elle-même possède, quoique sur une plus petite échelle, des lacs de Zirknitz. Ce dernier lac n'est plus un simple accident, une anomalie sans cause assignable; il prend place, au contraire, parmi les phénomènes réguliers dont l'existence est liée à la nature du sol, à sa constitution géologique.

Il y a, même dans des pays plats, des cavités souterraines dans lesquelles des rivières s'engouffrent tout entières. FRANÇOIS ARAGO.

aussi fidèlement que ma mémoire me le permettra.

Eubathès. — On doit être ici de plusieurs centaines de pieds au-dessous de la surface; cependant la température de cette caverne est bien agréable.

L'Inconnu. — Cette caverne a la température moyenne de l'atmosphère, ce qui est la condition générale de toutes les cavités souterraines situées hors l'influence solaire. Au mois d'août, par un temps de chaleur comme aujourd'hui, je ne connais pas de manière plus salutaire ni plus agréable de prendre un bain froid, que de descendre à des profondeurs établies à l'abri de l'action des températures élevées.

Eubathès. — Avez-vous déjà visité ce pays dans vos nombreuses périgrinations scientifiques?

L'Inconnu. — Voilà le troisième été que j'en fais l'objet d'une visite annuelle. Indépendamment des beautés naturelles de ces régions charmantes de l'Illyrie et des sources variées d'agrément que l'amateur des curiosités de l'histoire naturelle peut y trouver, il a eu pour moi un objet d'intérêt tout particulier dans les animaux si extraordinaires qui se trouvent au fond de ces cavités souterraines. Je fais allusion au *proteus anguinus*, lequel est incontestablement plus merveilleux à lui seul que toutes les autres curiosités zoologiques de la Carniole, dont le baron Valvasor a entretenu la Société royale, il y a un siècle et demi, avec un enthousiasme un peu romanesque pour un savant.

Philaléthès. — En voyageant dans ce pays, j'ai déjà vu ces animaux; je serais désireux cependant de mieux connaître leur histoire naturelle.

L'Inconnu. — Nous allons entrer tout à l'heure dans les solitudes de la grotte où ils se tiennent. Je vous ferai part volontiers du peu que j'ai pu apprendre sur leur caractère et sur leurs mœurs.

Eubathès. — A mesure que nous avançons dans cette vaste et silencieuse caverne, je sens mon âme plus impressionnée devant ces constructions géologiques si longtemps cachées au regard de l'homme. Ces piliers naturels, ces voûtes qui se soutiennent d'elles-mêmes prennent maintenant — voyez! — des proportions gigantesques. Je n'ai vu aucune caverne souterraine réunissant de pareils traits de beauté et de magnificence. L'irrégularité de sa surface, la grandeur des masses brisées en morceaux dont elle est tapissée, et qui paraissent avoir été arrachées du sein de la montagne par quelque grande convulsion de la nature, leurs couleurs sombres aux teintes variées forment un contraste singulier avec l'ordre et la grâce des blanches concrétions de stalactites suspendues à ses voûtes. La flamme de nos flambeaux, en rejaillissant sur ces bijoux calcaires qui brillent et étincellent, crée une scène merveilleuse qui paraît appartenir au monde de l'enchantement.

PHILALÉTHÈS. — Si les déchirures sinistres de ces immenses rochers noirs qui nous entourent nous paraissent l'œuvre de démons échappés du centre de la terre, cette voûte naturelle fait songer, dans sa parure et dans sa splendeur, à ces temples féeriques dont on parle dans les *Mille et une Nuits*.

L'INCONNU. — Certainement un poëte pourrait à juste titre placer ici le palais d'un roi des gnômes, et trouver des témoignages de sa puissance créatrice dans ce petit lac qui s'étend devant nous, sur lequel se réfléchit la flamme de mon flambeau, car c'est là que je pense trouver l'animal singulier qui, depuis longtemps, a été pour moi un objet de recherches persévérantes.

Eubathès. — J'aperçois trois ou quatre êtres vivants, semblables à de sveltes poissons, qui se remuent dans la vase à quelques pieds au-dessous de l'eau.

L'Inconnu. — Les voilà précisément! Ce sont bien des protées... Essayons d'en prendre quelques-uns avec notre filet. Tenez! en voici tout un choix. Le sort nous a favorisés, et nous pourrons maintenant les examiner tout à fait à notre aise.

Au premier abord, on peut supposer que cet animal est un lézard, mais ses mouvements sont semblables à ceux du poisson. Le tête, la partie inférieure du corps et la queue ressemblent beaucoup à celles de l'anguille, sans nageoires cependant. J'ajouterai que ses branchies, fort curieuses, ne sont pas analogues aux ouïes des poissons : elles forment une structure vasculaire bien singulière autour de la gorge, presque comme une crête que l'on peut couper sans occasionner la mort de l'animal, lequel est également muni de poumons. Grâce à ce double appareil par lequel l'air pénètre jusqu'au sang, cet être singulier peut vivre au-dessous comme au-dessus de la surface de l'eau avec la même facilité. Les pattes de devant sont pareilles à des mains, mais elles ne sont garnies que de trois griffes ou doigts, qui sont trop faibles pour lui servir à se cramponner ou à porter son propre poids ; les pattes de derrière n'ont que deux griffes ou orteils, qui, dans les espèces plus grandes, sont tellement imparfaites que c'est à peine si on peut les discerner. Là où les yeux doivent exister, il n'y a que deux petits points, comme pour conserver l'analogie de la nature [1].

Dans son état naturel, le protée est d'une blancheur de chair transparente ; mais lorsqu'elle est exposée au jour, la peau devient graduellement plus foncée, jusqu'à ce qu'elle prenne un teint olivâtre. Les organes de l'odorat sont assez développés chez lui, et ses mâchoires jouissent d'une

---

[1]. Sur cette particularité singulière de poissons aveugles vivant dans les lacs souterrains où ne pénètrent jamais les rayons du soleil, nous avons déjà eu l'occasion d'appeler l'attention des philosophes naturalistes, au point de vue de l'argumentation que ce fait nous fournit relativement à la diversité de la vie à la surface des différents mondes. L'existence de ces êtres a pu être particulièrement invoquée par nous (*Pluralité des mondes habités*, et *Terres du Ciel*), pour établir que les êtres vivants naissent, se développent sous l'influence des milieux et sous l'action des forces dont ils dépendent. Tous les organes se modifient, et des variétés nouvelles se trouvent greffées sur les espèces primitives. C. F.

denture magnifique. On peut en conclure que
c'est une bête de proie ; cependant, dans toutes les
expériences qu'on a faites sur les conditions de
son existence, lors même qu'on l'a gardé plusieurs années en renouvelant l'eau du vase dans
lequel on le renfermait, *jamais on ne l'a vu manger*.

Eubathès. — Est-ce que ces animaux n'existent pas en d'autres endroits de la Carniole?

L'Inconnu. — C'est ici que le baron Zoïs en fit
la découverte; mais, depuis lors, on les a trouvés,
quoique rarement, à Sittich, à quelques lieues de
distance d'ici, rejetés par l'eau d'une cavité souterraine. J'ai également entendu dire qu'on a reconnu les mêmes espèces dans les couches calcaires de Sicile.

Eubathès. — Ce lac, où nous avons trouvé ces
animaux, est très-petit; supposez-vous qu'ils
aient pu être engendrés ici?

L'Inconnu. — Nullement. Dans les saisons de
sécheresse ils ne paraissent ici que rarement;
mais après les fortes pluies, ils sont en assez
grand nombre. Pour moi, je crois que l'on ne
peut douter que leur demeure naturelle ne soit
dans quelque lac souterrain très-étendu, et d'une
grande profondeur, d'où, au moment des inon-

dations, le flux liquide les fait jaillir des fissures du sol et les amène jusqu'ici. Aussi, quand on considère la nature particulière du pays où nous sommes, il ne me semble pas impossible que la même cavité, étant sans doute d'une vaste étendue, puisse envoyer à la fois, à Adelsberg et à Sittich, ces êtres si singuliers.

Eubathès. — C'est une manière assez bizarre d'envisager le sujet. Ne croyez-vous pas qu'il soit possible que cet être ne soit que la larve de quelque grand animal inconnu habitant ces cavernes souterraines? Ses pattes ne sont pas en harmonie avec le reste de son organisation, et en les enlevant, il possède la forme caractéristique du poisson.

L'Inconnu. — Je ne puis supposer que ce soient là des larves. Je ne crois pas qu'il y ait dans la nature un seul exemple d'une transformation analogue à cette espèce de métamorphose d'un animal parfait en un animal imparfait. Le têtard ressemble au poisson avant de se transformer en grenouille; la chenille et le ver ne reçoivent pas seulement des organes de locomotion plus parfaits, mais acquièrent encore ceux qui leur sont nécessaires pour habiter un nouvel élément.

Il est probable que cet animal, dans son lieu

naturel et dans son état parfait, est beaucoup plus grand que nous ne le voyons ici ; mais l'examen de son anatomie comparée s'oppose entièrement à l'idée qu'il puisse être dans un état de transition. On en a trouvé de grandeurs bien variées, depuis la grosseur d'un tuyau de plume jusqu'à celle du pouce, sans qu'ils présentent cependant la moindre différence dans la forme des organes. Mon avis est que c'est très-probablement un animal parfait, d'une espèce particulière. Ceci nous est encore un exemple de plus de la manière merveilleuse dont la vie se produit et se répète en chaque coin de notre globe, même dans les endroits les moins appropriés aux existences organisées. Aussi découvre-t-on que la même sagesse et la même puissance infinie, dont on reconnaît les manifestations particulières, là dans l'organisation du chameau et de l'autruche, créés pour les déserts d'Afrique, — plus loin dans l'hirondelle, apte à cacher son propre nid sous les cavernes de l'île de Java, — plus loin encore dans la baleine des mers polaires, dans le morse et l'ours blanc des glaciers artiques, — se manifeste également dans le *protée* créé pour les lacs profonds et souterrains de l'Illyrie. J'admire, de plus encore, que la présence de la lumière ne lui soit pas nécessaire, que l'air ou l'eau, la surface d'un rocher ou les profondeurs vaseuses lui offrent les unes comme les autres autant de conditions diverses d'existence.

Philaléthès. — Il y a dix ans, depuis ma première visite à cet endroit, je fus extrêmement désireux de voir le protée, et je vins ici avec mon guide le soir du jour même où j'arrivai à Adelsberg; mais, malgré un examen rigoureux du fond de la caverne, on n'en trouva pas un seul. Le lendemain matin, nous recommençâmes nos recherches avec un meilleur succès, car nous en découvrîmes cinq tout près du rivage, dans la vase qui s'étendait au fond du lac. La vase n'avait été remuée d'aucune façon et l'eau était parfaitement limpide. Leur arrivée pendant la nuit me parut être un fait si remarquable, que je ne pus m'empêcher de voir en eux des créations nouvelles, des générations spontanées. Je ne pus découvrir aucune fissure par laquelle ils eussent pu entrer, et la léthargie du lac m'affermit dans mes idées.

Ces observations m'entraînèrent à des réflexions rétrospectives sur l'histoire de la vie à la surface de notre globe. Je me laissai emporter sur les ailes de l'imagination vers l'état primitif de la terre, au temps où les grands animaux de l'espèce saurienne furent créés sous la pression d'une lourde atmosphère. Et mes pensées sur ce sujet furent corroborées, lorsque j'appris d'un anatomiste célèbre, — à qui j'avais envoyé les protées pêchés par moi, — que l'organisation de l'épine dorsale du protée était analogue à celle d'un animal du genre saurien, dont les restes gisent dans les plus anciennes couches secondaires. On disait alors qu'aucun physiologiste n'avait jamais pu découvrir d'organes de reproduction chez le protée, ce qui ajoutait un certain poids à mon opinion sur la possibilité de leur génération spontanée, — idée que sans doute vous considérez comme entièrement visionnaire et indigne d'un homme qui a consacré sa vie aux sciences positives.

EUBATHÈS. — Le ton sur lequel vous venez de prononcer vos dernières paroles semblerait indiquer que vous ne croyez pas vous-même à cette génération spontanée. Pour moi, je n'y crois pas du tout. Par la même raison apparente, on pourrait regarder les anguilles comme des créations nouvelles, car on n'a jamais vu de leurs ovaires en état de maturité; et elles montent de la mer aux rivières par un procédé si spécial qu'il est très-difficile de tracer leur route.

L'INCONNU. — Le problème de la reproduction

du protée, comme celui de l'anguille commune, est encore à résoudre. Cependant, les ovaires ont été découverts dans les animaux des deux espèces, et, dans ce cas, comme dans tout autre appartenant à l'ordre existant des choses, on a pu faire l'application du principe de Harvey : *omne vivum ex ovo.*

Eubathès. — Vous disiez tout à l'heure que cet animal avait été depuis longtemps, pour vous, un objet de recherches. L'avez-vous étudié en qualité d'anatomiste, cherchant par l'anatomie comparée à résoudre le problème de sa procréation ?

L'Inconnu. — Non. Cette recherche a été faite par des savants beaucoup plus capables de la faire que moi : entre autres par Schreiber et Configliachi ; mes recherches ont eu plutôt pour objet son mode de respiration et les changements occasionnés dans l'eau par ses bronches.

Eubathès. — J'espère que vos études ont eu pour vous des résultats satisfaisants.

L'Inconnu. — Au moins ai-je obtenu la preuve que non-seulement l'oxygène était dissous dans l'eau, mais encore qu'une partie de l'azote était absorbée dans la respiration de cet animal.

Eubathès. — De sorte que vos recherches vous

font partager les opinions d'Alexandre de Humboldt et des savants français, savoir que, dans la respiration des animaux qui séparent l'air de l'eau, les deux principes de l'atmosphère sont absorbés.

Philaléthès. — J'ai entendu tant d'opinions variées sur la nature de la fonction de la respiration, soit pendant mes années d'études, soit depuis, que je serais charmé moi-même de savoir quelle est la doctrine définitive sur ce sujet. Je ne puis, sur ce point, m'en rapporter à une autorité meilleure que la vôtre, et c'est une raison pour moi de désirer obtenir quelques nouveaux éclaircissements à cet égard ; d'autant plus que je me suis trouvé, comme vous le savez, personnellement soumis à cette expérience, à laquelle j'aurais assurément succombé sans votre bon et effectif secours.

L'Inconnu. — Je vous transmettrai avec le plus grand plaisir ce que je sais ; malheureusement, c'est bien peu de chose.

Dans la science de la matière inanimée, dans la physique et la chimie, nous possédons un certain nombre de faits, et de plus quelques principes, quelques lois déjà déterminées ; mais, là où il s'agit des fonctions de la vie, quoique les faits soient nombreux, à peine avons-nous, même à notre époque, le commencement de la connaissance des lois générales. De sorte que dans la vraie science on finit par où l'on commence, c'est-à-dire en déclarant son ignorance complète.

Eubathès. — Je ne veux pas admettre que cette ignorance soit complète. On ne peut douter qu'il y ait déjà quelque chose de gagné par la science, sur la circulation du sang et son aérage dans les poumons. Si ce ne sont pas là des lois, du moins ce sont des principes fondamentaux.

L'Inconnu. — Je ne parle des fonctions que dans leur rapport avec la vie. On ignore encore la source de la chaleur animale, bien qu'il y ait un siècle et demi déjà que les chimistes aient cru prouver qu'elle est due à une espèce de combustion carbonique du sang.

Philaléthès. — Puisque nous voici maintenant à l'heure de notre retour à notre hôtel, ce serait un excellent moyen de charmer notre promenade que de converser tranquillement sur la nature de cette fonction, dont l'importance est si grande pour tout être vivant. Dites-moi ce que vous en *savez*, ce que vous *croyez* vous-même, et aussi ce que les autres *s'imaginent savoir*.

L'Inconnu. — L'entretien des facultés et de la force de notre organisme est dû à ce fait remarquable : que notre corps se transforme continuellement dans chacune de ses molécules. Le dépérissement du corps, produit par l'action musculaire, la transpiration et les diverses sécrétions, est réparé par l'absorption constante des éléments dont on a soin de nourrir le corps. Par l'action du cœur, le mouvement perpétuel du sang s'accomplit dans le corps entier. Dans les poumons et les bronches, le sang veineux est exposé à l'influence de l'air et subit une modification constante, en se transformant en sang artériel. Le changement chimique de l'air, par ce procédé, est assez simple ; une certaine quantité de carbone lui est ajoutée, en même temps qu'il reçoit un surcroît de chaleur et de vapeur. Les volumes de fluide élastique, inspiré et expiré (en tenant compte des changements de température), sont de même quantité, de sorte que, s'il n'y avait que des agents pondérables à considérer, il paraîtrait que la respiration ne servirait qu'à débarrasser le sang d'une certaine quantité de matières carboniques. Il est possible, toutefois, que ceci ne soit que secondaire, et que le changement produit dans le sang par la respiration soit d'une plus haute importance.

L'oxygène, dans son état élastique, possède des

propriétés caractéristiques. Ce gaz rend une lumière par la compression, ce qui n'est pas le cas des autres fluides élastiques, sauf ceux où l'oxygène est entré sans combustion. De plus, à en juger par le feu produit par l'oxygène en certains procédés, et par la manière dont il se sépare sous l'influence de l'électricité positive de ses combinaisons à l'état gazeux, il est difficile de ne pas supposer que, en dehors de ses éléments pondérables, il n'y ait en lui *quelque matière subtile* qui soit capable de se présenter sous forme de lumière et de chaleur.

Mon opinion personnelle est que l'air commun inspiré pénètre au sang veineux dans un état de dissolution, transportant en lui son principe subtil et éthéré, qui s'échappe ordinairement dans le cas des opérations chimiques habituelles ; — qu'il expulse du sang l'acide carbonique et l'azote ; — et que, dans le cours de la circulation, sa partie éthérée et sa partie pondérable subissent des modifications qui ne peuvent être considérées comme chimiques, la partie éthérée produisant la chaleur animale et d'autres effets, et la partie pondérable contribuant à former l'acide carbonique et d'autres produits. Le sang artériel est nécessaire à toutes les fonctions de la vie, et il est constamment en connexion avec l'irritabilité des muscles et la sensibilité des nerfs, aussi bien qu'avec la production de toutes les sécrétions.

Eubathès. — Personne n'est plus convaincu que moi de l'imperfection de nos connaissances dans la physiologie chimique. Cependant, pour vous disposer à écouter mes raisonnements avec indulgence, je vous dirai qu'ayant été l'ami et l'élève du docteur Black[1], je suis porté à préférer ses anciennes vues à votre système nouveau. Mes opinions peuvent sans aucun doute vous paraître insuffisantes; néanmoins, je désire vous en donner l'explication. D'abord, dans toute combinai-

1. Joseph Black (1728-1799), chimiste que Fourcroy appelait le Nestor de la révolution chimique, fut professeur à Glascow en 1756, et à Édimbourg en 1765. L'Académie des sciences de Paris le nomma membre étranger. On lui doit deux découvertes capitales : l'une sur la nature des alcalis carbonatés et des alcalis caustiques; l'autre est la découverte de *la chaleur latente*, qui devint la pierre angulaire de l'édifice de Lavoisier, de la théorie de la combustion. — La discussion engagée ici par Sir Humphry Davy sur les éléments en action dans la production de la chaleur animale, et sur la régénération du sang par l'oxygène, est l'une des plus importantes des questions controversées pendant la première moitié de notre siècle. Tout n'est pas encore dit sur ce point, et la chimie organique, créée il y a quelques années seulement, ouvre maintenant de nouveaux horizons. c. f.

son chimique où il y a absorption d'oxygène et formation d'acide carbonique, il y a de la chaleur produite; je pourrais en citer mille cas, depuis la combustion du bois ou de l'esprit de vin, jusqu'à la fermentation des fruits et la décomposition organique de la matière animale. Ce fait général, qu'on peut regarder comme une loi, est favorable au système du docteur Black. Une autre circonstance, également favorable à ce même système, c'est ce fait, que les animaux qui sont doués de la plus haute température sont précisément ceux qui consument la plus grande quantité d'air; et en considérant l'état d'activité et l'état de repos, on reconnaît que la chaleur est en grande partie proportionnelle à la quantité d'oxygène consumée. Réciproquement, les animaux qui absorbent la plus petite quantité d'air sont les animaux à sang froid. Un autre argument encore en faveur de ce même système, c'est le changement de couleur du sang, du noir au rouge, qui semble montrer qu'il y a une perte de carbone. Donc la chaleur vitale vient simplement de l'action chimique de l'air sur le sang.

L'Inconnu. — Malgré tout mon respect pour le savant docteur Black et les opinions de son élève, je répondrai à ses arguments. Je n'admets pas qu'aucun fait ni aucune loi de l'action de la matière morte puisse s'appliquer aux structures vivantes; le sang est un fluide vivant qui ne brûle pas dans la respiration. Les mots chaleur et froid, appliqués au sang des animaux, sont impropres dans le sens où l'on vient de les employer. Tous les animaux sont véritablement à sang chaud, seulement leur degré de température est approprié aux circonstances dans lesquelles ils vivent. Les animaux dont la vie est la plus active possèdent le plus de chaleur; ce qui peut être le résultat de leur activité en général, et non pas un effet particulier de la respiration. D'ailleurs un physiologiste distingué[1] a démontré, comme probable, que la chaleur animale dépend plus des fonctions des nerfs que du résultat de la respiration. L'argument basé sur le changement de couleur est complétement faux. Il n'est pas prouvé que, si le carbone est expulsé du sang, celui-ci doit devenir plus clair; le soufre combiné avec du charbon devient un fluide transparent, et un oxyde noir de cuivre devient rouge lorsqu'on le combine avec une substance riche en carbone. De tels changements dans les qualités apparentes des corps n'indiquent pas précisément

---

1. Sir B. Brodie, de Londres.

l'existence ni la nature d'une action chimique.

Je développerai maintenant mon sujet d'une manière plus précise. Lorsque j'ai dit que, dans les procédés de la vie, l'acide carbonique était formé au sein du sang veineux, j'ai voulu dire simplement que ce sang, par suite de certaines propriétés particulières, devient capable d'expulser le carbone et l'oxygène réunis l'un à l'autre ; car, du moment où la matière inorganique entre dans la composition des organes vivants, elle subit des lois nouvelles. L'action du suc gastrique est chimique, et cette sécrétion ne peut dissoudre que des matières mortes : elle les dissoudrait aussi bien dans un tuyau de métal que dans l'estomac ; mais sur la matière vivante ce suc n'a aucune action. La respiration n'est pas plus un procédé chimique que l'absorption du chyle, et les actions transformatrices qui s'effectuent dans les poumons, quoiqu'elles paraissent bien simples, peuvent être très-compliquées. De plus, il est aussi peu philosophique de voir dans ces actions une simple combustion de carbone, que de regarder la formation des muscles à l'aide du sang artériel comme une cristallisation.

On ne peut douter que toutes les propriétés de la matière ne soient en œuvre dans l'organisation; toutefois, il n'y a pas plus de raison de renfermer les phénomènes de l'organisme dans la chimie, que de renfermer ceux de la chimie dans la mécanique. Puisque l'oxygène manifeste en présence des autres éléments de la matière animée un état d'électrisation positive, on peut supposer que l'oxygène donne naissance à quelques actions électriques dans les modifications subies par le sang; — mais ceci n'est qu'une hypothèse. Un essai, basé sur les expériences de la décomposition des corps par l'électricité, a été fait pour expliquer la sécrétion par de faibles pouvoirs électriques, et aussi pour supposer que les glandes sont des organes électriques, et même pour voir dans l'action des nerfs une conséquence de l'électricité. Ces idées, comme toutes les fantaisies du même genre, me semblent peu justifiées quant à présent. En admettant la supposition que les effets électriques soient la manifestation de certains pouvoirs appartenant à la matière, il s'ensuivrait que nul changement ne pourrait avoir lieu sans que ces effets fussent plus ou moins manifestés; mais imaginer d'expliquer par l'électricité des phénomènes dont la cause est inconnue, c'est tout simplement remplacer un mot sans définition par un autre de la même valeur.

Certains animaux présentent des organes électriques ; mais, dans ces cas, ils fournissent à l'animal des armes de défense et un moyen de saisir sa proie. Il faut mettre les théories de ce genre au rang de celles de quelques-uns de ces disciples superficiels de la philosophie newtonienne, qui croyaient expliquer les propriétés de la nature animée par des pouvoirs mécaniques, et l'action musculaire par l'expansion et la contraction de vessies élastiques. Dans cette vague et singulière opinion, l'homme n'était plus qu'une espèce de machine hydraulique. Continuons. Nous pourrions esquisser bien des systèmes ! Ainsi, d'autre part, quand la chimie pneumatique fut inventée, les structures organiques furent aussitôt considérées comme des laboratoires dans lesquels des combinaisons et des décompositions auraient donné naissance aux actions vitales. Les contractions musculaires dépendaient d'explosions semblables à celles des mélanges détonants ; et la formation du sang par le chyle était considérée comme une pure dissolution chimique ! Maintenant que les progrès de la science nous ont ouvert des vues nouvelles et fécondes sur l'électricité, ces vues sont naturellement appliquées par les logiciens spéculatifs à la solution de quelques-uns des phénomènes mystérieux et impénétrables des êtres organisés. Mais l'analogie est trop éloignée et beaucoup trop incomplète encore; les sources de la vie ne peuvent être saisies par des machines pareilles. Chercher ces sources dans les pouvoirs de l'électro-chimie, c'est chercher la vie dans un champ de mort : — la substance que vous touchez ne vous sent pas; celle que vous regardez ne vous voit pas ; celle à laquelle vous commandez ne vous entend pas.

Philaléthès. — De vos arguments je conclus que, malgré votre disposition à croire que l'acte de la respiration introduit dans l'organisme une matière subtile quelconque, vous ne voulez pas cependant nous laisser croire que ce soit l'électricité, ni qu'il y ait quelque raison de supposer que l'électricité agisse en aucune façon pour produire les fonctions de la vie.

L'Inconnu. — Je voudrais vous mettre sur vos gardes contre l'adoption de toute hypothèse sur ce sujet si impénétrable et si obscur. D'ailleurs, quelle que soit la difficulté que nous ayons à définir la nature exacte de la respiration, son effet et ses rapports avec les fonctions du corps sont néanmoins extrêmement frappants. Un point sur lequel nous ne pouvons avoir de doute. c'est l'importance capitale de l'air dans la vie. L'action de l'air sur le sang établit son adaptation à l'œuvre de la vie, et sa fonction s'accomplit dès le moment où l'animation se fait connaître par la sensation ou par la volition. Sous l'influence de l'air, le *punctum saliens* dans l'œuf reçoit déjà, pour ainsi dire, le souffle de la vie. Dans l'économie de la reproduction des animaux, l'une des conditions les plus importantes est l'aérage de l'œuf, et lorsque celui-ci ne s'accomplit pas par le sang de la mère, comme chez les mammifères par le placenta, la nature a su réserver un moyen d'aérage (comme chez les reptiles ovipares ou les poissons) par lequel l'air passe sans obstacle à travers les réceptacles où sont déposés les œufs. Ou encore l'œuf lui-même reçoit son aérage hors du corps, à travers sa coque, et quand l'air est exclu, l'incubation ou la chaleur artificielle reste sans effet. Les poissons qui déposent leurs œufs dans l'eau où il n'y a qu'une quantité limitée d'air, créent des combinaisons qui paraîtraient presque le résultat d'un raisonnement scientifique, quoique le fait dépende d'un principe plus infaillible, c'est-à-dire de l'*instinct* de la conservation de la race. Ces poissons, qui frayent au printemps ou au commencement de l'été, et qui habitent les eaux profondes et tranquilles, comme la carpe, le brochet, la tanche, etc., déposent leurs œufs sur les végétaux aquatiques, par lesquels, sous l'influence solaire, un état d'aérage constant est distribué au sein des eaux. La truite, le saumon et les autres de même espèce, qui frayent au commencement ou à la fin d'hiver, et qui habitent les fleuves traversés par des courants rapides et froids venant des montagnes, déposent leurs œufs là où il y a peu d'eau, sur de petits monceaux de sable, le plus près possible de la source du courant, où il y a un mélange favorable d'air et d'eau. Et, pour arriver à ce but, ils remontent des centaines de lieues contre le courant, et même au-dessus des cataractes et des écluses : les uns montent le Rhône et l'Aar jusqu'aux glaciers de la Suisse ; les autres, par le Danube, l'Isar et la Save, traversent les lacs du Tyrol et de la Styrie, et remontent jusqu'aux torrents les plus élevés des Alpes Noriques et Juliennes.

Philaléthès. — Le rapport immédiat qui existe entre la sensibilité et la respiration m'est prouvé d'une manière péremptoire par mon expérience personnelle. Je ne puis rien me rappeler de mon accident de l'autre semaine à la chute de la Traun, si ce n'est seulement une certaine violente et douloureuse sensation d'oppression sur la poitrine, à laquelle la perte de la connaissance a dû succéder immédiatement.

Eubathès. — Sans doute, dans les instants qui suivirent votre chute, vous n'avez éprouvé aucune souffrance, puisque vous étiez sans connaissance quand votre ami l'Inconnu vous a sauvé. Il y a, je crois, dans ce rapport évident entre la sensibilité et l'absorption de l'air par le sang, une preuve favorable à l'idée exposée tout à l'heure que l'atmosphère fournit au système quelque matière subtile et éthérée, laquelle est peut-être la cause de la vitalité.

L'Inconnu. — Attendez-donc un peu, je vous prie ; il ne faut pas que vous vous trompiez sur mes vues. Je tiens pour probable que certaine matière subtile ; provenant de l'atmosphère, se trouve par la respiration en rapport immédiat avec les fonctions de la vie ; mais rien n'est plus étranger à mon opinion que de supposer que cette substance soit la cause de la vitalité.

Philaléthès. — C'est très-clair, d'après la manière dont vous avez traité le sujet, et surtout en se souvenant de votre phrase : « La substance à laquelle vous commandez ne vous entend pas. » Je pense que je ne me trompe pas sur vos vues si j'affirme que vous ne considérez pas la vitalité comme dépendant des propriétés de la matière.

L'Inconnu. — C'est parfaitement cela. Je répète d'ailleurs que nous sommes là-dessus dans la plus complète obscurité, et c'est avec la plus grande franchise que je proclame mon ignorance. Je sais qu'il y a eu des physiologistes distingués qui ont imaginé que l'organisation donnait naissance à des pouvoirs que la matière ne possède naturellement pas ; de même que la sensibilité serait une qualité appartenant à quelque combinaison inconnue d'éléments éthérés également inconnus. Pour moi, j'attache peu d'importance à toutes ces vagues hypothèses qui ne font que remplacer des choses inconnues par des paroles obscures.

Non. La vie est due à la présence de l'âme. Jamais je ne pourrai croire qu'aucune division, ni raffinement, ni subtilisation, ni juxtaposition, ni arrangement des particules de la matière, puissent créer la sensibilité ; ni que l'*intelligence* puisse être le résultat de combinaisons d'atomes insensibles et bruts. J'aimerais autant croire que les planètes tournent par leur volonté, ou leur dessein spécial, autour du soleil, ou qu'un boulet de canon raisonne quand il décrit sa courbe parabolique. Les matérialistes, en faveur de leur doctrine, citent une idée de Locke qui se demandait « s'il n'aurait pu plaire à Dieu d'accorder à la matière la puissance de la pensée. » Malgré mon admiration profonde pour ce grand logicien, — le fondateur de la logique moderne, — je pense qu'il ne montre pas son esprit accoutumé en posant une telle question. Il me semble qu'il aurait pu aussi bien retourner le sujet, et se demander s'il aurait pu plaire à Dieu de faire qu'une maison fût son propre locataire à elle-même.

Eubathès. — Je ne suis pas ce qu'on peut appeler un matérialiste absolu; cependant, il me semble que vous êtes un peu trop sévère pour ces doutes modestes de Locke. Permettez que je vous cite quelques arguments de savants physiologistes en faveur de cette opinion à laquelle vous êtes tant opposé, sans vouloir pour cela me présenter moi-même comme les partageant.

Dans les premiers temps de la vie, les tissus des êtres animés sont pour ainsi dire analogues à la matière cristallisée, où la vie sensitive se montre à peine. Les opérations graduelles par lesquelles se développent les organes nouveaux et les pouvoirs qui les régissent inspirent d'une manière frappante, l'idée que la puissance vitale réside dans l'arrangement auquel ces organes sont dus. De **même** qu'il y a un accroissement graduel de puissance conforme à l'accroissement du perfectionnement de l'organisation ; ainsi il y a une diminution graduelle en rapport avec la décadence du corps. De même que l'enfantillage des premières années s'accorde avec la faiblesse de l'organisme, de même l'énergie de la jeunesse et la puissance de la virilité coïncident avec la force corporelle ; et vous ne pouvez nier que, dans la vieillesse, la faiblesse et la sénilité intellectuelle ne témoignent au même degré le déclin de l'organisation humaine.

La flamme de l'esprit s'éteint insensiblement, en même temps que la chaleur de la lampe humaine, et s'évanouit au moment où les éléments retournent à la même nature morte au sein de laquelle la vie les avait puisés. Il y eut une époque où l'homme le plus renommé qui fût jamais au monde n'était qu'un atome vivant, un fœtus d'une forme organisée, doué pour toute puissance de la plus simple faculté de là perception. Certes, au moment de sa naissance, il était difficile de voir dans le petit corps qui devint Newton l'indice de la moindre intelligence. Si l'on suppose qu'un principe spécial soit nécessaire à l'intelligence, il faut que ce principe existe dans la nature animée.

L'éléphant approche plus de l'homme en puissance intellectuelle que l'huître n'approche de l'éléphant; et dans le monde de la nature sensitive, on pourrait construire une chaîne depuis le polype jusqu'au philosophe.

Maintenant, chez le polype, le principe sensitif est divisible, et d'un polype ou d'un ver de terre on peut former deux ou trois êtres dont chacun devient un animal parfait, doué de la perception et de la volonté. Il en résulte que le principe sensitif possède au moins, de commun avec la matière, cette propriété d'être divisible. Ajoutez à ces difficultés ce fait incontestable que toutes les hautes facultés de l'esprit dépendent de l'état du cerveau ; souvenez-vous que non-seulement la puissance intellectuelle, mais la sensibilité même sont détruites par la pression d'un peu de sang sur le cervelet, et tâchez de résoudre ce problème. Voulez-vous un argument de plus ? Je le prendrai dans la cessation accidentelle de la vie, telle qu'elle a eu lieu pour notre ami, — cas singulier où la présence de l'âme ne se manifeste par aucun signe, et où l'animation ne revient qu'avec le retour de l'activité organique. Assurément, tous ces exemples vous montrent une dépendance intime entre les propriétés de la matière et les facultés que vous considérez comme appartenant à l'esprit.

L'Inconnu. — Les arguments que vous venez d'avancer sont ceux que les physiologistes matérialistes emploient généralement. Vous vous imaginez qu'ils possèdent en eux quelque force; mais, en réalité, ils en sont totalement dépourvus. Ils prouvent qu'un certain perfectionnement de la machine animée est essentiel à l'exercice des pouvoirs de l'esprit, — mais cela ne prouve pas que l'esprit soit la machine. La fonction de la vue a besoin d'un œil pour s'exercer, ainsi la pensée a besoin du cerveau. Mais le nerf optique et le cerveau ne sont que les instruments matériels d'un pouvoir qui n'a rien de commun avec eux.

Ce que je viens de dire à propos du système nerveux s'applique également aux autres organes. Arrêtez le mouvement du cœur, et il n'existe plus ni sensibilité ni vie; cependant le principe moteur n'est ni dans le cœur ni dans le sang artériel qu'il envoie à toutes les parties du corps. Un sauvage qui voit la roue d'une machine à vapeur s'arrêter tout à coup peut parfaitement s'imaginer que le principe du mouvement est dans la roue; il lui sera impossible de deviner que ce mouvement dépend d'abord de l'action de la vapeur, puis du feu entretenu sous une chaudière d'eau. Le savant, au contraire, ne s'y trompe pas ; il voit le feu et le prend immédiatement pour la cause de ce mouvement compliqué. Mais l'un et l'autre sont également ignorants en ce qui concerne le *feu divin* qui fait mouvoir le mécanisme des structures organisées.

Sur ce sujet nous sommes encore de la dernière ignorance, et nous ne pouvons faire autre chose que témoigner nos propres impressions. Le monde externe ou matériel n'est, en définitive, pour nous, qu'un amoncellement de sensations. En remontant aux premiers souvenirs de notre existence, nous trouvons un principe constamment présent, ce qu'on peut nommer la *monade* ou *moi*, qui s'associe intimement avec des sensations particulières produites par nos organes. Ces organes sont en rapport avec des sensations d'un autre genre et les accompagnent pour ainsi dire à travers les métamorphoses corporelles de notre existence, laissant temporairement une ligne de sensation qui les réunit toutes ; mais la *monade* ne s'absente jamais et nous ne pourrions assigner ni commencement ni fin à ses opérations. Dans le sommeil, on perd quelquefois le commencement et la fin d'un rêve, et l'on se souvient du milieu.

Un rêve n'a pas le moindre rapport avec un autre, et cependant on a la conscience d'une variété infinie de rêves qui se sont succédé sans que la plupart du temps nous puissions clairement en retrouver le fil, — parce qu'il y a entre eux des diversités et des lacunes apparentes.

Nous avons les mêmes analogies pour croire à une infinité d'*existences antérieures*, qui ont dû avoir entre elles de mystérieux rapports. L'existence humaine peut être regardée comme le type d'une vie infinie et immortelle, et sa composition successive de sommeils et de rêves pourrait certainement nous offrir une image approchée de la succession de naissances et de morts dont la vie éternelle est composée. Que nos idées proviennent des sensations dues à nos organes, on ne peut pas plus le nier que la relation qui existe entre les vérités mathématiques et les formules qui les démontrent. Toutefois, ces signes ne sont pas eux-mêmes des faits, pas plus que les organes ne sont la pensée.

L'histoire entière de l'âme présente le tableau d'un développement effectué selon une certaine loi ; nous ne gardons le souvenir que des changements qui nous ont été utiles. L'enfant a oublié ce qu'il faisait au sein de sa mère ; bientôt il ne se rappellera plus rien des souffrances et des jeux qui composèrent ses deux premières années. Cependant, on voit quelques habitudes prises dès cet âge subsister en nous pendant toute la vie. C'est à l'aide des organes matériels que le principe pensant compose le trésor de ses pensées, et les sensations se modifient avec le changement des organes. Dans la vieillesse, l'esprit émoussé tombe dans une sorte de sommeil, d'où il se réveillera pour une existence nouvelle.

L'intelligence humaine, dans son organisation actuelle, est naturellement limitée et imparfaite ; mais cette imperfection dépend de son mécanisme matériel. Avec une organisation plus parfaite, il est probable que l'intelligence jouirait d'un pouvoir beaucoup plus étendu. Si l'homme, tel qu'il est actuellement organisé, était immortel, ce ne serait que l'immortalité attachée à une machine. Quant à l'intelligence, elle subirait une espèce de mort, où les souvenirs se perdraient de siècle en siècle successivement; ce serait une série de morts véritables, de sorte que notre être immortel serait, relativement à ce qui est arrivé il y a mille ans, dans la même condition que l'adolescent qui perd le souvenir des événements de la première année de sa vie.

Essayer d'expliquer de quelle manière le corps est uni à la pensée serait assurément du temps perdu. Les nerfs et le cerveau y sont évidemment en liaison intime; mais dans quel rapport? Voilà ce qu'il est impossible de définir. A en juger par la rapidité et la variété infinies des phénomènes de la perception, il paraît extrêmement probable qu'il y a dans le cerveau et dans les nerfs une substance infiniment plus subtile que tout ce que l'observation et l'expérience y font découvrir.

Ainsi, on peut supposer que l'union immédiate du corps avec l'âme, de la matière avec l'esprit, a lieu par l'intermédiaire d'un corps fluidique invisible, d'une sorte d'élément éthéré insaisissable par nos sens, et qui est peut-être à la chaleur, à la lumière et à l'électricité ce que celles-ci sont aux gaz. Le mouvement est plus facilement produit par la matière légère, et nul n'ignore que des agents impondérables, tels que l'électricité, renversent les plus fortes constructions. Loin de moi la prétention d'établir à cet égard un système définitif; jamais, en particulier, je n'admettrai l'hypothèse de Newton, qui place la cause immédiate de nos sensations dans les ondulations d'un milieu éthéré. Cependant il ne me paraît pas improbable que quelque chose du mécanisme raffiné et indestructible de la faculté pensante n'adhère, même dans un autre état, au principe sensitif. Car, malgré la destruction par la mort des organes matériels, tels que les nerfs et le cerveau, l'âme peut, sans doute, garder indestructiblement quelque chose de cette nature plus éthérée. Parfois je pense que les facultés appelées instinctives appartiennent à cette nature raffinée. La conscience paraît avoir une source insaisissable et rester en relation occulte avec une existence antérieure.

Eubathès. — Toutes ces suppositions sont très-belles, mon cher métaphysicien; mais je n'y crois guère. D'ailleurs, si vous êtes chrétien, vous devez réfléchir que la révélation n'autorise en rien vos idées sur la nature spirituelle; l'immortalité enseignée par le christianisme se base sur la résurrection du corps.

L'Inconnu. — S'il en était nécessaire, je pourrais trouver, dans l'Ancien ou le Nouveau Testament, des arguments en faveur de la théorie spiritualiste que je viens de vous exposer. Dire que l'homme a été créé à l'image de Dieu, c'est dire que son organisation a été établie pour l'intelligence. Le Christ n'a-t-il pas dit lui-même, en parlant du Dieu d'Abraham, d'Isaac et de Jacob : « Il n'est pas le Dieu des morts, mais le Dieu des vivants?» Saint Paul ne représente-t-il pas l'âme se vêtant d'un corps nouveau et purifié, et ne rappelait-il pas l'analogie du germe vivant dans le grain de la plante, qui n'est vivifié qu'après la mort apparente? D'autre part, la destruction de notre planète par le feu, afin qu'elle soit purifiée et rendue digne de servir de demeure aux élus, n'est-elle pas en parfaite harmonie avec les vues que j'ai hasardé de vous transmettre?

Eubathès. — Je ne puis pas faire coïncider vos idées avec l'interprétation que j'ai eu l'habitude d'entendre sur les Écritures. Vous admettez que tout ce qui appartient à la vie matérielle dépend de l'organisation du corps. Cependant vous voulez qu'après la mort l'âme soit revêtue d'un corps nouveau; que ce corps soit rendu heureux ou malheureux par un système de récompenses et de châtiments en rapport avec les actions commises par un autre corps fort distinct de celui-là. Il peut se faire qu'une organisation particulière ait une tendance vers le mal. Supposer que le corps ressuscité soit châtié pour des crimes commis par un organisme désormais dissous et détruit me paraît contraire à tout principe de justice éternelle.

L'Inconnu. — Rien n'est plus absurde, — je

pourrais même dire plus impie, — que la prétention de l'homme, si borné par les sens matériels, à raisonner sur la justice éternelle! Dans vos jugements sur un sujet aussi élevé, vous appliquez encore ce même procédé restreint, dont vous vous êtes servi pour essayer de réfuter l'indestructibilité du principe pensant à l'aide de mauvais arguments tirés de la division apparente du principe vital chez le polype. Vous avez paru oublier que dire qu'une qualité est capable d'être augmentée ou rehaussée ne prouve pas qu'elle puisse être détruite pour cela. Si la connaissance du bien ou du mal appartient constamment au principe pensant de l'homme (ce dont je ne doute pas), alors les récompenses et les châtiments s'ensuivraient comme conséquence naturelle de cette connaissance. Donc, l'indestructibilité de la faculté de penser est nécessaire au décret de la justice éternelle.

D'après votre manière de voir, on ne pourrait infliger de justes châtiments à des crimes, même dans cette vie; car les substances dont sont composés les êtres humains subissent un renouvellement rapide, et, au bout de quelques années [1], un

1. Moins encore. Dans l'intervalle d'un mois notre corps paraît entièrement renouvelé dans toutes ses molécules

seul atome n'existe plus de ceux qui formaient le corps. Cependant le matérialiste lui-même est forcé de souffrir dans sa vieillesse pour les folies de sa jeunesse, et il n'accuse pas le sort d'injustice lorsque son corps dégénéré, complétement changé, souffre pour les plaisirs éprouvés par le corps de sa jeunesse. Je considère la conscience comme une faculté de l'âme, adaptée pour les épreuves de cette existence mortelle. Et ceci s'accorde parfaitement avec le fond du christianisme, qui ne me paraît pas en contradiction avec la science. C'est pourquoi, tout en cherchant à appliquer la science positive à la solution des grands problèmes de l'âme, je ne repousse pas les clartés que la philosophie religieuse peut nous fournir. Non-seulement l'obéissance aux préceptes de la religion nous prépare un meilleur état d'existence dans l'autre vie, mais elle tend encore à nous rendre heureux dans celle-ci. Par son influence, l'oubli des plaisirs sensuels et la supériorité des jouissances de l'âme s'établissent dans notre es-

---

constitutives : — ossements, chair, sang, molécules par molécules sont sans cesse chassées et remplacées par de nouvelles, que notre respiration et notre alimentation imposent sans trêve à notre organisme. La substance change: l'âme reste. C. F.

prit, nous montrant, comme foyer de nos affections, le grand idéal de l'intelligence personnifiée dans l'Être suprême. La possibilité que nous avons de nous former une idée, même imparfaite, de l'Intelligence infinie est, je crois, un argument assez fort de notre immortalité, un témoignage qu'il y a, entre notre connaissance finie et la sagesse éternelle une relation médiate.

Philaléthès. — Votre manière de voir sur ce sujet m'est particulièrement agréable. Vos vues s'harmonisent complétement avec celles de la vision du Colisée, qui m'a fait entrevoir l'état de l'âme en ses diverses existences sur les différents mondes de l'espace. Le matérialisme m'a toujours paru, même dans ma jeunesse, une doctrine froide et insuffisante, qui tend nécessairement à l'athéisme. Je porte le même jugement sur le système des physiologistes, qui enseignent que l'accroissement graduel de la matière, devenant par elle-même douée de l'irritabilité et de la sensibilité, obtenant par ses propres forces les organes nécessaires au développement de ses facultés, peut s'élever finalement jusqu'à l'existence intelligente; — système que j'ai souvent entendu exposer aux amphithéâtres de médecine. — Mais il ne nous faut qu'une promenade à travers les campagnes fleuries, sous les vertes arcades de la forêt, ou sur les rives d'un fleuve, pour faire évanouir ces pensées et fixer nos contemplations sur l'Auteur de la nature. Dans toutes les propriétés de la matière, j'ai reconnu les instruments de la divinité. Les rayons enflammés du soleil, le souffle tiède du zéphyr, vivifiant et animant les formes végétales qui l'attendent ; le grain insensible, l'œuf inerte, destinés à renaître dans une existence nouvelle, me donnent, aussi bien que les enseignements de la vie, le témoignage d'une intelligence suprême et divine. Je vois, dans le monde matériel, l'amour comme principe fondateur, et dans cet amour je sens un attribut divin.

Dieu dans la nature : c'est la foi réfléchie de mon âme, c'est le sentiment intime que j'ai de l'éternelle présence de la pensée divine agissant sous les formes diverses du grand univers. Devant la sainte et calme nature, au milieu de ces contemplations, je me trouve l'âme émue et élevée par des sensations nouvelles et par des espérances indéfinissables, où pénètre le désir ardent de l'immortalité. Les noms célèbres des âges passés et des pays lointains me semblent prendre une vie nouvelle autour de moi, et dans les monuments funéraires de ceux qui nous ont laissé les traces de leur vie glorieuse je retrouve encore le décret de l'indestructibilité de l'intelligence.

Cette conviction, quoique généralement considérée comme sentimentale et poétique, est, je crois, un argument d'une valeur très-philosophique en faveur de l'immortalité de l'âme. Dans les habitudes et les instincts des jeunes animaux on peut tracer, dans leurs mouvements et leurs penchants, un rapport intime avec le perfectionnement de leur état. Leurs passe-temps ont toujours quelque affinité avec leur manière de chasser ou de saisir leur proie; et les jeunes oiseaux, dans le nid même, montrent une certaine tendresse qui, plus tard, lorsque leur corps sera développé, se présentera sous les formes gracieuses qui accompagnent l'instinct de la reproduction et de la conservation de l'espèce. Le désir de la gloire, des honneurs, de la renommée immortelle, la poursuite constante du savoir, si habituelle chez tous les jeunes esprits ardents et curieux, sont pour moi autant d'indices de la nature progressive et infinie de l'intelligence. — Nos espérances, qui souvent restent infructueuses ici-bas, appartiennent à une nature plus élevée, qui ne peut avoir son complet développement que dans une existence meilleure.

L'Inconnu. — Le sentiment religieux, la vraie philosophie exercent toujours une influence bienfaisante sur l'esprit. Dans la jeunesse, dans la santé et dans le bonheur, l'idée de Dieu éveille au fond de l'âme un sentiment de reconnaissance et de dévouement, et elle purifie en même temps qu'elle élève. Mais c'est au jour du malheur, dans les heures de souffrance et sous le poids de la vieillesse, qu'on ressent les vraies consolations des préceptes religieux. Lorsqu'une soumission complète à la Volonté divine présente les devoirs sous l'aspect de plaisirs intellectuels, l'espérance de l'immortalité fait renaître des facultés que l'on croyait éteintes, et donne un nouvel élan à l'esprit jadis abattu. Cette espérance est comme le phare qui, par son brillant éclat, guide vers son foyer bien-aimé le marin ballotté sur la mer orageuse; elle nous charme, et nous nous confions à cette douce espérance, de même qu'à l'approche de ces fiords calmes et délicieux, entourés de bosquets admirables et de riches pâturages, le pilote norvégien, exposé à la fureur de l'ouragan dans la mer du Nord, se réfugie tranquillement dans ces eaux limpides qui lui sourient. La certitude scientifique de l'immortalité de l'âme et la contemplation anticipée de cette vie future analogue à la nôtre, mais plus élevée et plus belle, me paraissent offrir à nos pensées, parmi les déserts arides de la vie, une des oasis verdoyantes où jaillissent des eaux rafraîchissantes et pures, où le voyageur, accablé de soif et de fatigue, vient trouver le repos et la fraîcheur. Son influence survit à toutes les jouissances de ce monde et s'accentue plus vivement que jamais, lorsque viennent la décadence des organes et le dépouillement du corps. Sa présence sur l'horizon de la vie est semblable à celle de l'étoile du soir, dans laquelle on salue d'avance le même astre qui deviendra bientôt l'étoile du matin, et dont la lumière amicale succédera aux ombres de la mort.

Sir Humphry Davy est revenu très-souvent sur la démonstration scientifique de l'existence de l'âme et de l'immortalité. Les pages précédentes renferment les principaux arguments de ce grand problème, — pour et contre. Ces arguments viennent d'être rehaussés en ces dernières années par les beaux travaux des *physiologistes* français, entre autres par ceux de M. Claude Bernard. Les derniers partisans obstinés de la matérialité de l'âme ne peuvent plus s'appuyer maintenant que sur les fantaisies de leur imagination. (V. notre ouvrage *Dieu dans la nature.*)

L'illustre chimiste d'outre-Manche est parfois allé dans ses conceptions intellectuelles plus loin encore qu'il ne le manifeste ici. Non-seulement il s'est senti l'autorité de proclamer avec conviction l'éternité des âmes, leur réincarnation, leur existence séparée du corps, et, dans ses recherches sur le mode de réunion terrestre de l'âme et du corps, a émis (comme on vient de le voir, p. 276) l'hypothèse de l'existence d'un corps fluidique, — récemment surnommée « la théorie du périsprit; » mais nous trouvons encore, dans ses *Mémoires* certains passages significatifs sur l'existence possible d'esprits supérieurs à l'homme. Qu'on médite entre autres sur la réflexion suivante :

« Nous sommes les maîtres de la terre, mais peut-être ne sommes-nous que les serviteurs d'êtres gigantesques qui nous sont inconnus. La mouche que notre doigt écrase ne connaît point l'homme, et n'a point conscience de sa supériorité sur elle. Il peut y avoir de même des êtres pensants, près de nous ou autour de nous, que nous ne pouvons ni voir ni même imaginer.

« Nous savons peu de chose, et toutefois j'ai la foi que nous savons assez pour espérer l'immortalité, j'entends l'immortalité individuelle, de la meilleure partie de nous-mêmes. »

CINQUIÈME DIALOGUE

APOLOGIE DE LA CHIMIE

OU PHILOSOPHIE DES SCIENCES

CINQUIÈME DIALOGUE

APOLOGIE DE LA CHIMIE OU PHILOSOPHIE DES SCIENCES

Supériorité des carrières scientifiques. La science et la civilisation. Influence des premières découvertes chimiques sur les commencements de l'humanité progressive. Les inventions chimiques sont les premières. Tableau des connaissances humaines. La science, mère des arts et du progrès. Qualités du savant. Plaisirs de l'étude. La véritable valeur de l'homme.

Les hautes montagnes couronnées de neige et les lacs bleus qui dorment silencieusement à leurs pieds forment, dans les Alpes, les plus magnifiques des paysages, — offrant en même temps à la pensée contemplative le caractère d'une imposante sévérité et des charmes d'une exquise douceur. Étant revenu, comme je l'ai dit en commençant le précédent dialogue, aux paysages salutaires de la Suisse, de l'Autriche méridionale et de la haute Italie, je séjournai plusieurs mois au milieu de cette belle nature, en compagnie de mon docteur désigné ici sous le nom d'Eubathès. Je continuai d'avoir de temps en temps des conversations intimes avec l'Inconnu [1].

Quelque temps après notre visite aux grottes souterraines de la Carniole, j'eus le désir de me rendre compte par quels procédés ce frère spirituel était parvenu à son état philosophique, et je lui demandai de remonter dans l'histoire de sa vie et de me donner une esquisse instructive de

---

[1]. Cet *Inconnu* représente-t-il un personnage réel? Il est permis d'en douter, quoique l'auteur ait pu lui appliquer, dans son récit, des événements qui aient réellement eu lieu. Il nous semble que ce mystérieux personnage représente une sorte de dédoublement de Sir Humphry Davy lui-même, qui, dans ces conversations, paraît souvent se parler et se répondre à lui-même. Il y a généralement en nous deux êtres : le penseur et l'individu. Le premier cherche, rêve, étudie, vit dans le monde supérieur de l'étude philosophique ; le second mange, boit, dort, court, parle au public, s'habille, se montre, est inscrit sur les livres d'adresse, etc, L'*Inconnu* serait, dans cette hypothèse, la partie idéale de l'âme du grand penseur, celle qui n'a d'autres tendances que la vérité métaphysique; *Philaléthès* serait la partie terrestre de cette même âme, ou, pour mieux dire, représenterait l'individu visible, le chimiste académicien, l'homme du monde. En s'adressant à l'Inconnu, Philaléthès personnifie notre propre état lorsque nous *nous* consultons dans telle ou telle recherche de philosophie religieuse. c. f.

la manière dont son esprit avait progressé. Il me répondit dans les termes suivants :

— Si je voulais essayer de vous donner une idée de la formation de mon caractère, je serais amené à vous raconter l'histoire de ma jeunesse, ce qui ressemblerait trop à un roman. Le peu d'intelligence et de savoir que je possède, je le dois à une grande activité d'esprit, à l'amour de la gloire, qui m'était naturel dès mes premières années, et à une sensibilité facile à exciter et difficile à contenter. Je suis né d'une humble famille ; cependant j'ajoute une certaine foi à une tradition de mon aïeule paternelle, que notre famille était d'origine normande. J'y crois, parce que ce n'est qu'à une cause héréditaire que je puis attribuer la fierté, la délicatesse et le tact que je montrai dès mon enfance; qualités que je considère comme inconciliables avec une origine paysanne. Le hasard m'a offert, dès ma première jeunesse, une carrière scientifique; je l'ai suivie avec succès. Vers ma majorité, la fortune me sourit et m'accorda des moyens indépendants; alors je pus entrer désormais dans la véritable vie du philosophe, et je commençai à voyager, dans le but de m'instruire et de servir en même temps au progrès de l'humanité. J'ai vu presque toutes les parties de l'Europe, et j'ai parlé, je crois, avec tous les hommes illustres de la science, dans chaque pays. J'ai pu les voir de près, en France surtout, et tracer pour mon jugement personnel une esquisse du caractère de mes principaux contemporains[1]. Ma vie a été en quelque sorte semblable à celle des philosophes

1. Davy avait séjourné entre autres six mois à Paris, en 1813. Il en avait profité pour faire le portrait des savants avec lesquels il était en rapport. Ces croquis biographiques, qui n'étaient pas destinés à voir le jour, furent publiés, en 1839, par John Davy, qui les avait trouvés dans les papiers de son frère. Nous allons reproduire ici quelques-uns de ces croquis, pour montrer comment l'illustre savant jugeait les chimistes, ses pairs.

« *Guyton de Morveau* était très-vieux quand je fis sa connaissance. Bien qu'il eût été un violent républicain, il était directeur de la Monnaie et baron de l'empire. Ses manières étaient douces et conciliantes. Une preuve de son caractère, c'est qu'ayant promis son vote à quelqu'un pour la place de correspondant de l'Institut, il tint sa promesse, et c'est cette seule voix qui m'avait manqué pour réunir l'unanimité des suffrages. Ne m'étant jamais mêlé d'intrigues de ce genre, j'aurais toujours ignoré ce détail, s'il ne m'avait pas été raconté par lui-même un jour que je dînais chez lui. »

« *Berthollet* était un homme très-aimable. Ami de Napoléon, il était bon, conciliant, modeste et franc. Son caractère n'avait rien de hautain; inférieur à Laplace comme puissance intellectuelle, il lui était supérieur pour les qualités morales. Berthollet n'avait aucune apparence d'un homme de génie; mais on ne pouvait pas regarder la

grecs. J'ai ajouté quelque peu aux connaissances humaines, et j'ai essayé d'ajouter aussi quelque chose à la somme du bonheur général. Dans ma jeunesse, j'étais sceptique, et je vous ai raconté comment je suis devenu religieux. Je remercie l'Intelligence suprême d'avoir laissé descendre sur mon

physionomie de Laplace sans se persuader que c'était un homme réellement extraordinaire. »

« *Chaptal* fut quelque temps ministre de l'intérieur sous le consulat. Courtisan et chimiste, il était actif, amusant, intrigant. D'un naturel bon, il avait une conversation enjouée. Plus homme du monde qu'aucun autre savant de France, il passe pour l'auteur du décret de Napoléon contre le commerce d'Angleterre (le blocus continental). S'il en est ainsi, il aura contribué, plus qu'aucun autre, hormis son maître, à la gloire militaire de la Grande-Bretagne. »

« *Vauquelin* était au déclin de sa vie quand je le vis pour la première fois en 1813 ; c'était un homme qui me donna l'idée des chimistes français d'un autre âge. Il vivait au Jardin du Roi. Deux vieilles filles, mesdemoiselles Fourcroy, sœurs du professeur de ce nom, tenaient sa maison. Je me rappelle qu'en y entrant pour la première fois, je fus introduit dans une sorte de chambre à coucher, qui servait en même temps de salon. L'une de ces demoiselles était au lit et occupée à nettoyer des truffes pour le déjeuner. *Vauquelin* tenait absolument à me régaler, malgré mes efforts pour décliner son invitation. Rien de plus extraordinaire que la simplicité de sa conversation. Il n'avait pas le moindre sentiment des convenances : il parlait de choses qui, depuis le temps du paradis terrestre,

front quelques rayons de sa lumière divine pour m'éclairer dans ce séjour de doute et d'obscurité.

Philaléthès. — En vous écoutant, je vous l'avoue, je me suis quelquefois surpris à regretter que vous n'ayez pas poursuivi une carrière sociale, soit dans le barreau, soit dans la politique. Doué comme vous l'êtes (permettez-moi de l'avouer) d'une si rare intelligence, les grandes distinctions auraient rapidement couronné vos travaux.

L'Inconnu. — Pour moi, il n'existe pas d'honneur plus grand, ni de distinction plus désirable que ceux dont la science honore ses élus. Je n'ai pas assez de l'aigle dans mon caractère pour prendre mon essor vers les éminences du monde social, et bien certainement je n'ai pas assez du reptile non plus pour chercher à faire une ascension facile, en choisissant des sentiers détournés.

---

n'avaient jamais fait, entre hommes, l'objet d'une conversation devant des personnes de l'autre sexe. »

« *Gay-Lussac* avait l'esprit vif, ingénieux et profond ; il unissait une grande activité à une grande facilité de manipulation. Je le placerais volontiers à la tête des chimistes vivants de France. » — Gay-Lussac avait alors, à onze jours près, le même âge que H. Davy ; ils étaient nés tous deux en décembre 1778. — C'est ainsi que, dans son passage en France, Davy s'intéressa à esquisser le portrait des savants ses contemporains.   C. F.

Eubathès. — Je m'étonne souvent que des hommes de fortune et occupant un rang supérieur dans la société ne s'occupent pas d'études philosophiques. Une carrière de ce genre offre un chemin charmant aux distinctions et aux honneurs, tracé par des services réels rendus à ses semblables. Certes, c'est une carrière qui ne donne peut-être pas une renommée aussi populaire que l'éloquence de la tribune; mais la gloire qui en résulte est permanente, et survit toujours aux goûts de la mode comme aux caprices du vulgaire. Dans l'histoire de l'Angleterre on trouve, depuis deux siècles, les noms aristocratiques de Boyle, Cavendish et Howard : noms de la plus haute noblesse, mais rendus plus illustres encore, et surtout plus mémorables, par leurs grands travaux; mais aujourd'hui on chercherait vainement à trouver des savants dans les rangs de l'aristocratie. Aussi est-il rare de voir la science étudiée avec la dignité qu'elle mérite; les hommes qui s'y consacrent sont trop souvent obligés de s'en servir comme moyen de vivre, et la gardent parfois dans l'ambition de faire fortune plutôt que pour la gloire. Sur cinquante brevets d'invention, en est-il un qui cache une véritable découverte?

Philaléthès. — Le récit que vous nous avez

déjà fait sur votre personne prouve que la chimie a été votre science de prédilection. Eh bien ! permettez-moi de vous dire que voilà ce que je ne comprends pas. Les mathématiques transcendantes et la physique me semblent offrir des sujets de contemplation d'une nature beaucoup plus élevée. Et si l'on considère la chimie dans ses résultats pratiques, elle ne me paraît mériter qu'une très-médiocre admiration, car elle n'est guère qu'une affaire de boutique à l'usage de la pharmacie ou de la cuisine.

EUBATHÈS. — Je me trouve disposé à vous aider dans votre attaque contre l'étude favorite de notre ami, — quand ce ne serait que pour le provoquer à la défendre. Je serais charmé, au fait, que notre assaut contre sa chère science l'excitât quelque peu à en faire l'apologie, afin que nous puissions jouir, en gladiateurs littéraires, des jeux de son éloquence, et de son habileté pour la défense de cette science.

L'INCONNU. — Eh bien ! je n'y vois pas d'objection. Que ce soit un jeu chevaleresque ! Ne combattons qu'avec des fleurets; quant à moi, je prends soin de moucheter le mien d'un bouton de velours. Vous auriez la prétention, mon cher Philaléthès, d'abaisser la chimie, et de réduire son étude pratique à la boutique du pharmacien ou à la cuisine. Le premier usage dont vous l'accusez là, celui de l'apothicaire, est d'une utilité contestable, j'y veux bien consentir; mais quant à son application à l'art culinaire, ce serait certainement là une qualité solide et fondamentale. J'avoue que, si je vous croyais sérieux dans ce que vous venez de dire tous deux, je prendrais votre boutade pour une mauvaise plaisanterie, et je n'y répondrais pas. Mais vous avez voulu rire; c'est différent. Causons. Je serais heureux d'avoir à ma disposition une plus grande somme d'éloquence; mais le sujet est assez intéressant par lui-même pour éveiller toutes les forces de notre esprit.

Généralement on regarde le magnifique état de la civilisation moderne comme le résultat des travaux accumulés du talent et de l'habileté des hommes, pendant une longue série d'âges. Mais on ne se donne pas la peine de définir ce qui a été fait par des branches différentes de l'industrie et de la science. C'est ordinairement aux hommes d'état et aux guerriers qu'on attribue la plus grande partie de l'œuvre; mais ils ne le méritent guère; car, entre nous, leur action sur le progrès est bien médiocre, pour ne rien dire de moins.

La civilisation a eu pour origine la découverte de quelques arts utiles, par lesquels l'homme améliora sa situation naturelle primitive. La nécessité ou le désir qu'il éprouva de conserver et de perfectionner cet état amena des lois et des institutions sociales. La découverte de certains arts spéciaux donna une supériorité à quelques peuples particuliers, et l'amour du pouvoir les porta à employer cette supériorité pour subjuguer les peuples voisins, qui apprirent leurs propres arts, et finalement adoptèrent leurs mœurs. Or, on peut soutenir que l'origine, aussi bien que le progrès de l'état social, se basent l'un et l'autre sur les inventions de la chimie et de la mécanique primitives.

Aucun peuple n'est jamais arrivé à quelque degré de perfectionnement dans ses institutions, sans avoir eu en sa possession les principaux arts utiles et même le luxe. Une comparaison entre le sauvage et l'homme civilisé démontre le triomphe de la philosophie chimique et mécanique, et montre dans la science progressive, non-seulement la cause du progrès physique, mais éventuellement aussi celle de la morale. Considérez un instant la condition de l'homme dans le plus bas état que nous lui connaissions.

Prenons par exemple l'aborigène de l'Australie (ou de la Nouvelle-Hollande); il est à peine avancé de quelques pas au-dessus des animaux, et cette faible supériorité se montre principalement par l'usage du feu. On le voit tout nu, se défendant contre les bêtes fauves, ou les tuant par des armes de bois durci au feu, affilé par des pierres ou des arêtes de poisson. Il n'habite que des trous creusés dans la terre, ou des cabanes grossièrement construites de quelques branches d'arbres couvertes d'herbe, et ne jouit de rien qui approche même des avantages les plus humbles de la vie. Étant incapable de subvenir à ses besoins les plus impérieux, il possède à peine un langage articulé. Sa pensée naissante ne voit d'une part que les grands et mystérieux phénomènes de la nature, et d'autre part que ses besoins les plus urgents. Il vit dans la solitude; les familles sont isolées, aucune forme de religion ni de gouvernement n'est créée; l'humanité n'a d'autre protection que la clémence de la nature et des éléments.

Combien diffère de cette condition primitive l'homme dans son état actuel de civilisation! Chaque partie de son corps est revêtue des divers produits de l'art mécanique, et ces vêtements ne sont pas seulement pour lui des organes protecteurs contre l'inclémence des saisons, mais encore des ornements en harmonie avec la forme naturelle de son corps. Il tire de la poussière du sol, de l'argile étendue à ses pieds, des instruments destinés à son utilité et à son agrément. Il extrait les métaux des couches terrestres, et leur donne mille différentes formes appropriées à tous les usages imaginables. Il choisit et il perfectionne les productions végétales qui sont répandues à la surface de la terre. Il subjugue, il apprivoise et réduit à la domesticité les plus sauvages, les plus rapides, les plus féroces des hôtes des forêts, des montagnes et des airs. Il ordonne aux vents de le conduire sur l'immense Océan. Il contraint les éléments, l'air, l'eau et même le feu à travailler pour lui. Il concentre à sa volonté dans un étroit espace des substances qui agissent comme la foudre, et dirige ces forces pour opérer à d'énormes distances. Il renverse les rochers par la mine, il transporte les montagnes, il élève l'eau du fond des vallées. Enfin, il perpétue sa pensée en des mots impérissables, rendant immortel l'exercice de son génie, et faisant de sa parole la propriété commune de toutes les intelligences humaines !... N'est-il pas dans cette mission sacrée l'image véritable de l'intelligence divine, lorsqu'il reçoit et qu'il répand ainsi le souffle de la vie dans l'œuvre de la civilisation ?

Eubathès. — Vraiment vous parlez plus en poëte qu'en chimiste, vous vous enthousiasmez comme si vous étiez à la chaire ou à la tribune. Mais donnez-nous, je vous prie, quelques détails exacts, quelque information spéciale enfin, des preuves de ce que vous avancez. Ce que vous attribuez aux arts chimiques et mécaniques, nous pourrions avec autant de raison l'attribuer aux beaux-arts, aux lettres, au progrès politique, et à toutes ces inventions auxquelles président Minerve et Apollon plutôt que Vulcain.

L'Inconnu. — Alors je serai plus explicite. Vous admettrez que de rendre les peaux insolubles dans l'eau, par des combinaisons tirées des principes astringents de certains végétaux, est une invention chimique, et que, sans cuir, nos chaussures, nos voitures et nos équipages seraient très-mal faits. — Vous me permettrez de dire que le blanchissage et la teinture de la laine, de la soie, du coton et du chanvre sont des procédés chimiques, et que leur transformation en diverses étoffes est une invention mécanique. — Vous ne nierez pas maintenant que le travail du fer, du cuivre, de l'étain, et du plomb, avec tous les autres métaux, et leurs combinaisons en alliages différents, dont sont composés presque tous les outils nécessaires au menuisier, à l'ébéniste, au maçon, au forgeron, etc., ne soient des inventions chimiques. — La presse même, à laquelle je suis disposé à attribuer autant d'influence que vous le voulez, ne pourrait pas exister dans un état perfectionné sans agent métallique. — La combinaison des alcalis, du sable de certaines terres, et des silex par lesquels on obtient le verre et la porcelaine, est un procédé chimique. — Les couleurs dont l'artiste se sert pour reproduire la ressemblance des objets naturels viennent de la chimie. — Bref, dans chaque département des arts et de l'industrie, l'influence de cette science se manifeste; et on peut voir dans la fable de Prométhée, prenant la flamme du ciel pour animer sa statue, un emblème de l'œuvre du feu dans son emploi chimique pour créer l'activité et presque la vie de la société civilisée.

Philaléthès. — Il me semble que vous attribuez à la science ce qui, en un grand nombre de cas, n'est que le résultat du hasard. La plupart des arts utiles, que vous appelez chimiques, ont été inventés et perfectionnés sans ces vues raffinées, et sans système scientifique. Lucrèce attribue la découverte de la fusion des métaux au hasard. Le contact d'un crustacé fit observer qu'il rendait un liquide pourpre : de là vint la teinture renommée de la pourpre de Tyr. On vit la terre se durcir au feu, et voilà l'invention des briques, ce qui amena comme conséquence naturelle à la decouverte de la porcelaine. Le verre même, la plus parfaite et la plus belle de ces substances que vous nommez chimiques est dû, dit-on, au hasard. Théophraste nous raconte que quelques marchands faisant leur cuisine sur des plaques de soude ou de natrum, près l'embouchure de la rivière Bélus, observèrent qu'une substance dure et vitreuse se formait sur les points où le natrum en fusion s'écoulait dans le sable.

L'Inconnu. — J'admets assez volontiers que le hasard ait eu autant de part à l'origine des arts qu'au progrès des sciences. Mais c'est par des procédés et des expériences scientifiques que ces résultats accidentels ont été rendus véritablement applicables aux usages ordinaires de la vie. Outre cela, il faut un certain savoir pour comprendre et saisir les faits que le hasard a fait naître. Il est certain que dans les feux de l'ancien temps, aussi bien qu'aux âges plus modernes, des substances alcalines se sont trouvées fondues ensemble avec du sable sur la terre durcie; cependant, pendant des siècles entiers après la découverte du feu, la fabrique du verre et de la porcelaine resta inconnue, jusqu'à ce que quelques hommes d'un talent supérieur aient su en profiter, en appliquant des combinaisons scientifiques non remarquées jusque-là. Il convient à la paresse de ces esprits qui ne font jamais l'essai de rien, et qui ne réussiraient pas même en essayant, d'attribuer au hasard ce qui appartient au génie. Des hommes de ce caractère prétendent parfois que la découverte de la loi de gravitation est due au hasard, et répètent la légende de la chute d'une pomme, dans le jardin de Newton, présentée comme cause de la découverte. Autant vaudrait supposer que l'invention du calcul différentiel et intégral, ou les merveilles architecturales de Saint-Pierre de Rome, ou les miracles de l'art, tels que le *Saint Jean* de Raphaël et l'*Apollon du Belvédère*, sont des résultats accidentels, des combinaisons du hasard.

Le progrès des arts, depuis leur état primitif jusqu'à leur plus grand perfectionnement, est dû à la méthode expérimentale. La science n'est, en effet, autre chose que le sens commun raffiné, et se base sur l'observation des faits déjà connus pour obtenir des faits nouveaux. On sait que les terres jaunes deviennent rouges au feu ; une terre calcaire rend le silex fusible, — fait utilisé par ceux qui ont perfectionné la faïence. La découverte du fer a été faite mille ans au moins avant qu'on ne le rende malléable ; et, d'après ce que nous apprend Hérodote sur cette découverte, on ne peut douter qu'elle n'ait été développée par un ouvrier instruit dans l'art des métaux. Vitruve nous informe que le céruleum, couleur composée de cuivre, qui se montre en sa perfection dans les vieux tableaux des Grecs et des Romains, aussi bien que sur des momies égytiennes, fut découvert par un roi d'Égypte. Il y a donc tout lieu de croire que ce n'a pas été le résultat accidentel de combinaisons fortuites, mais celui d'expériences ayant pour but la production ou le perfectionnement des couleurs. Parmi les philosophes anciens, plusieurs découvertes sont attribuées à Démocrite et à Anaxagore, et, quant aux arts chimiques, l'histoire rapportée par Plutarque des inventions d'Archimède montre combien l'effet de la science est manifeste dans la puissance créatrice.

Si nous arrivons aux industries des temps modernes, nous trouvons que le raffinage du sucre, la préparation du nitre, la fabrication des acides, des sels, etc., sont autant de résultats de la chimie pure. Prenons la poudre à canon pour exemple : nul autre qu'un homme appliqué à diversifier ses procédés d'une manière infinie, et guidé par l'analogie, ne saurait être arrivé à une découverte semblable. Consultez les livres des alchimistes, et alors vous aurez une idée des expériences. Quoique ces hommes aient été guidés par des vues fausses, il n'en est pas moins vrai qu'ils ont fait des recherches fort utiles. Lord Bacon les a comparés avec exactitude à l'agriculteur, qui, tout en cherchant quelque trésor imaginaire, fertilise le terrain. On peut aussi les comparer à ceux qui, en cherchant de l'or, trouveraient les fragments d'une belle statue. Séparément ces morceaux n'ont aucune valeur, et c'est ainsi que les jugent ceux qui les trouvent; mais, du moment où ils sont rassemblés par la main de l'artiste, ils constituent un objet merveilleux et sont dignes de conservation.

Remarquez le progrès des arts depuis qu'ils ont été éclairés par un *système de science*, et observez avec quelle rapidité ils ont avancé. La machine à vapeur elle-même, dans sa forme la plus grossière, fut le résultat d'une expérience chimique. Pour son état perfectionné, elle demanda l'application des principes les plus abstraits de la chimie et de la mécanique; et cet ingénieux savant, qui a donné cette puissance merveilleuse au monde civilisé, fut amené aux grandes améliorations qu'il y a apportées par les découvertes d'un esprit ingénieux sur la chaleur absorbée lorsque l'eau se transforme en vapeur, et sur la chaleur émise lorsque la vapeur retourne à l'état liquide.

Ici, l'observateur le plus superficiel est forcé d'admettre un triomphe de la science; car, quelle impulsion surprenante n'a pas été donnée par cette invention aux arts et aux fabriques du monde? Combien n'a-t-elle pas développé les vraies ressources de chaque pays? Faisant l'ouvrage de mille mains, les pouvoirs d'une population laborieuse sont centuplés par cette machine, qui reçoit ses éléments vitaux des entrailles de la terre. Des opérations, jadis pénibles, rudes et malsaines, sont par sa puissance accomplies avec régularité et constance, en même temps qu'elles assurent par surcroît une exactitude inconnue aux entreprises des fabricants. De plus, les inventions en rapport avec la machine à vapeur ont à la fois diminué le travail du corps, et ont tendu à augmenter les pouvoirs et les ressources intellectuelles. Adam Smith a observé, avec raison, que les fabricants sont toujours plus ingénieux que les cultivateurs, et que les fabricants qui se servent de la mécanique seront probablement toujours plus ingénieux que ceux qui se servent de la main-d'œuvre.

Vous avez présenté à tort la porcelaine comme une découverte du hasard. Les perfectionnements inventés en Angleterre, en France et en Allemagne, ont été le résultat des expériences chimiques. Les fabriques de Sèvres et de Dresde ont été l'œuvre des hommes de science ; et c'est en multipliant ses recherches chimiques que Wedgwood a pu produire, à un prix si modéré, ces belles imitations des vases antiques, qui sont à la fois supérieurs quant à la solidité et au perfectionnement des matériaux, et d'une haute valeur pour l'élégante variété et le goût délicat de leurs arrangements et de leur forme.

Dans un autre genre d'invention, l'usage du conducteur électrique fut une combinaison purement scientifique, et la grandeur de la découverte du savant Américain n'eut d'égale que l'application heureuse qu'il en fit immédiatement. Il serait facile, à notre époque, de signaler des cas nombreux, où un progrès immense et des effets avantageux en rapport avec le bien-être, le bonheur et même la vie de nos semblables, ont été le résultat des combinaisons scientifiques. Mais je n'ose le faire, dans la crainte de paraître me poser en juge des œuvres des savants contemporains, dont les recherches sont connues et les travaux respectés, et qui recevront plus tard les louanges que leurs collaborateurs hésitent à leur rendre.

Eubathès. — Nous admettrons que vous avez montré que, dans bien des cas, l'utilité des recherches scientifiques est en rapport avec le progrès des arts utiles. Mais, en général, les principes de la chimie sont suivis, et les expériences faites, sans aucun but utile; et l'on fait grand bruit quand on découvre un nouveau métal, ou qu'on dégage quelque loi abstraite relative aux phénomènes de la nature. Cependant, dans toute la variété des substances nouvelles, il n'y en a eu qu'un très-petit nombre qui aient rendu quelques services, même très-insignifiants, et le plus grand nombre n'ont eu aucune application. Maintenant, quant aux œuvres de science considérées en elles-mêmes, il serait difficile de montrer qu'un véritable bienfait soit résulté de leur découverte ou de leur extension. La science théorique n'ajoute qu'un médiocre honneur à une carrière qui, tout en étant profitable, ou en donnant de grands profits, n'a pas été plus utile pour cela à la société. Le simple artisan ou le manufacturier a fait plus pour le monde que le savant théoricien. D'ailleurs, il m'a toujours paru qu'il est dans la nature de la science chimique d'encourager la médiocrité, et d'attacher de l'importance à des choses insignifiantes. De très-modestes travaux chimiques semblent donner une prétention au titre de savant. Ainsi, avoir dissous quelques grains de craie dans un acide quelconque, ou avoir démontré qu'une pierre inutile contient certains ingrédients connus, ou avoir prouvé que la matière colorante d'une fleur est soluble dans un acide et non pas dans un alcali, a été considéré comme un fond suffisant pour une renommée chimique !

Je me rappelle avoir autrefois commencé à suivre un cours de chimie et à lire des revues contenant des articles sur des produits éphémères de cette science : je ne fus point satisfait de la nature des évidences données par le professeur, et je fus, à parler franchement, dégoûté de ces séries d'expériences qui étaient mises en avant en certains mois pour être renversées le mois suivant. Au mois de novembre, on proclamait un certain acide zingiberique, lequel acide, au mois de janvier, était considéré ne plus exister du tout. On inventa, en une année, un acide végétal qui, l'année suivante, fut montré être exactement un acide connu depuis trente ans. Aujourd'hui, un homme est devenu célèbre par la découverte d'un métal ou d'un alcali nouveau. Mais toutes ces belles découvertes ne sont apparues sur la scène que pour s'évanouir comme une pantomime d'un nouveau genre.

D'autre part, le but principal de cent hâbleurs de cette science m'a souvent paru être de détruire la réputation de trois ou quatre grands hommes, dont les travaux sont d'une véritable utilité et portent en eux leur dignité. Et comme il n'y avait pas assez de ces résultats insignifiants et de ces expériences fausses pour remplir des pages des Revues de chaque mois, le vide était occupé par quelques théories creuses de personnes inconnues, ou par quelques critiques mal fondées, ou des louanges non méritées, dues à la plume de l'éditeur.

L'Inconnu. — Je nie absolument la vérité de ce que vous avancez là. J'ai déjà montré que de vrais savants, qui ne travaillent pas pour le gain, ont beaucoup fait par leurs propres inventions pour les arts utiles. Parmi les substances nouvellement découvertes, plusieurs ont eu des applications immédiates et très-importantes. A peine le chlore ou l'acide muriatique oxygéné de Scheele était-il connu, qu'il fut appelé par Berthollet à être appliqué au blanchissage; de la même manière, le gaz acide muriatique fut à peine découvert par Priestley, que Guyton de Morveau s'en servit pour combattre la contagion.

Considérez les applications variées et diversifiées du platine, dont la connaissance comme métal utile est due aux travaux d'un illustre savant; examinez la belle nuance jaune trouvée dans un autre métal, le chrome; réfléchissez enfin aux effets de l'iode, employé comme médicament dans quelques-unes des maladies les plus douloureuses et les plus pénibles qui affligent la race humaine. Est-ce à l'ouvrier chimiste ou au fabricant en général à produire des découvertes? En ont-ils fait? Non : ils appliquent simplement ce que la science a fait connaître, et ne font que travailler sur des matériaux qui leur sont fournis.

Nous n'avons pas l'histoire de la méthode primitive employée pour rendre le fer malléable; mais nous savons que le platine n'a pu être travaillé qu'à l'aide des ressources chimiques les plus raffinées, après un système approfondi d'expérimentations variées. Mais, mettant de côté toute utilité commune et toute application vulgaire, c'est évidemment déjà quelque chose de respectable et d'agréable à la fois que de savoir et de comprendre les opérations de la nature; c'est, sans contredit, un véritable bonheur que de pouvoir contempler l'ordre et apprécier les harmonies de la création terrestre. Dans la poésie il n'y a pas d'utilité absolue; cependant on y trouve un certain plaisir, car elle tend à élever l'esprit. Il en est de même, à plus forte raison, des études scientifiques qui ont une utilité indépendante et élevée. Une double cause soutient l'ardeur studieuse de celui qui se livre à ces vastes investigations, un double résultat captive son espérance : si, d'une part, dans leurs spéculations transcendantes, ces grandes études tendent vers le ciel, d'autre part, elles appartiennent à la terre par leurs applications matérielles. Elles purifient l'intelligence, et elles donnent en même temps à nos besoins ordinaires leur aliment substantiel. C'est ainsi qu'elles tendent à développer les plus nobles aspirations et les vues les plus hautes de notre nature.

La grandeur de cette science ne ressemble en rien à celle des temples antiques, dans lesquels les statues des dieux, après avoir reçu l'encens et les sacrifices, étaient présentées à la foule pour recevoir une adoration fondée sur la superstition. Au contraire, le monument scientifique est semblable aux palais des modernes, que l'on admire tout en s'en servant, et aux statues actuelles qui, au lieu de donner naissance à des sentiments d'adoration et de mystère, éveillent le sentiment du beau et servent à perfectionner notre goût.

Il y a assurément un plaisir ineffable à savoir par quels procédés cette terre a le don de se revêtir de la verdure et de la vie; comment se forment les nuages, les brouillards et les pluies; quelles sont les causes de tous les changements qui s'opèrent dans le système de notre monde, et par quelles lois divines l'ordre se conserve toujours à travers un apparent désordre. N'est-ce pas une recherche sublime que celle de s'élever à la cause de la tempête, d'approfondir le foyer du volcan, et de signaler leur utilité dans l'économie des choses; de soustraire le flamboyant éclair au nuage orageux, et de rendre l'électricité esclave de nos expériences; — de produire pour ainsi dire un microcosme dans le sanctuaire de nos laboratoires; — de mesurer enfin et de peser ces atomes invisibles qui, par leurs mouvements et leurs successions, selon des lois ordonnées par l'Intelligence suprême dont ils portent l'empreinte, constituent l'état de l'univers.

Le véritable philosophe chimiste voit le bien dans toutes les formes diversifiées du monde extérieur. Pendant qu'il cherche à discerner les œuvres d'une puissance infinie guidée par une infinie sagesse, son esprit se dépouille de toute petitesse, de toute superstition. Il regarde l'homme comme un atome perdu parmi des atomes, fixé sur un point dans l'espace, et pourtant modifiant les lois qui l'entourent par sa connaissance de leur nature ; dominant sur le temps et prenant un empire dans l'espace matériel ; exerçant, dans un ordre infiniment petit, une puissance qui paraît offrir l'ombre du reflet d'une véritable force créatrice ; témoignant enfin, dans le fécond exercice de ses facultés intellectuelles, que ce faible corps est animé par une étincelle de l'esprit divin.

Les études scientifiques en général, les expérimentations chimiques en particulier (je puis le dire), élèvent l'intelligence, n'atrophient point l'imagination, et n'affaiblissent pas le sentiment du beau et du bien. Les travaux de cet ordre donnent à l'esprit des habitudes d'exactitude, en l'obligeant à s'occuper des faits, et ils l'engagent encore à trouver des analogies; quoiqu'ils fassent descendre leurs adeptes dans l'infiniment petit, ils ont néanmoins pour fin dernière les grandeurs les plus hautes de la nature. Ces études nous amènent à saisir la formation des cristaux, la construction des pierres, la nature des argiles et des terres; sous une forme plus générale encore, elles nous font approfondir les causes de la diversité des chaînes de montagnes, et même nous conduisent à apprécier la nature des vents, de la foudre, des météores, des tremblements de terre, des volcans et de tous ces merveilleux phénomènes qui offrent des images si belles et si frappantes au poëte et au peintre. L'étude de la chimie excite cette soif intarissable du savoir, qui est un des traits les plus prononcés de notre nature, car chaque découverte ouvre un champ nouveau à la recherche des faits, et nous montre l'imperfection de nos théories. On a remarqué avec justesse que plus le cercle de lumière est grand, plus grande aussi est l'ombre qui l'entoure. Ceci s'applique parfaitement aux recherches chimiques, et ainsi cette science est merveilleusement adaptée à la nature progressive de l'intelligence humaine, qui s'efforce incessamment d'acquérir un plus haut degré de sagesse, d'arriver vers une vérité plus clairement développée, à un savoir plus élevé, à la démonstration plus complète de son titre à l'immortalité.

Eubathès. — Je suis charmé que notre opposition vous ait porté à faire une apologie si complète de votre science de prédilection. Je ne demande pas d'autres preuves en faveur de son utilité; et je regrette qu'elle n'ait pas été pour moi un sujet d'étude particulier. Votre enthousiasme me gagnerait si j'étais plus jeune, soit dit très-sérieusement. Jusqu'à présent, tout en reconnaissant la valeur des recherches chimiques, je n'avais point imaginé que cette science fût aussi vaste que vous le dépeignez. Un astronome ne serait pas plus fier de son ciel!

Philaléthès. — Puisque notre ami nous a si bien convaincus de l'importance de la chimie, j'espère qu'il voudra bien nous donner maintenant quelques détails sur sa nature réelle, son but et ses instruments. Je voudrais bien savoir définitivement ce que c'est que la chimie, et avoir quelque idée des qualités qui sont nécessaires pour devenir chimiste, et pour comprendre dignement les progrès déjà réalisés dans le passé ou préparés pour l'avenir.

L'Inconnu. — Il n'y a rien de plus difficile que de donner une définition, car il est presque impossible d'exprimer en quelques mots la synthèse abstraite d'une variété infinie de faits. Le docteur Black a donné, comme définition de la chimie, « que c'est la science qui traite des changements produits dans les corps par des mouvements de leurs dernières molécules ou atomes. » Mais une telle définition est hypothétique, car les molécules et les atomes ne sont que des créations de l'imagination.

Je crois pouvoir vous donner une définition qui aura au moins le mérite de la nouveauté, et dont l'application est probablement générale : « La « chimie est la science des opérations par les- « quelles la nature intime des corps est changée, « ou par lesquelles ils acquièrent des propriétés « nouvelles. »

Cette définition ne s'applique pas seulement aux effets de mélange, mais encore aux phénomènes de l'électricité, et enfin à tous les changements qui ne dépendent pas seulement du mouvement ou de la division des corps. Quelque difficile qu'il soit de vous donner une définition de la chimie, il y a encore plus de difficulté à vous citer en détail les qualités nécessaires pour un chimiste philosophe.

Quoique vous ayez été disposé, tout à l'heure, à faire de la chimie une affaire à l'usage de la cuisine, je ne veux pas vous tracer de ces qualités une énumération aussi longue que celle que nous a léguée le bon philosophe Athénée sur les qualités requises pour être un bon cuisinier, lequel, d'après lui, devrait être mathématicien, musicien suffisamment fort en théorie, physicien, naturaliste, etc. Mais je vous nommerai sérieusement quelques-unes des aptitudes nécessaires pour diriger cette science. Qu'on puisse être bon chimiste pratique sans les posséder, c'est possible ; mais un grand chimiste philosophe, jamais.

Celui qui veut comprendre les hautes parties de la chimie, ou les étudier dans leurs rapports les plus intéressants avec l'économie de la nature, doit savoir au fond les principes élémentaires des mathématiques ; il lui faudra plus souvent l'aide de l'arithmétique que de l'algèbre, et de l'algèbre que de la géométrie. Mais toutes ces connaissances sont nécessaires à la chimie. Par l'arithmétique, on détermine les proportions des résultats analytiques et les poids relatifs des éléments des corps ; par l'algèbre, on établit les lois de la pression des fluides élastiques, la force de la vapeur selon la température, et les effets des masses et des surfaces dans la communication et le rayonnement de la chaleur ; les applications de la géométrie sont principalement limitées à la détermination des formes cristallines des corps, qui constituent le type le plus important de leur nature et souvent offrent des idées fort utiles pour des recherches analytiques sur leur composition.

Les premiers principes de la philosophie naturelle et de la physique générale ne doivent pas être inconnus au chimiste. Comme les agents les plus actifs sont les fluides, les fluides élastiques, la chaleur, la lumière et l'électricité, le chimiste doit avoir une connaissance générale de la mécanique, de l'hydrodynamique, de la pneumatique, de l'optique et de l'électricité. Quant aux langues, il lui faut connaître le latin et le grec, et ensuite le français, l'anglais, l'allemand et l'italien, et avoir d'ailleurs une instruction assez étendue en tout genre.

L'installation nécessaire et essentielle au chimiste moderne est moins volumineuse et moins coûteuse que celle des anciens. Une pompe à air, une machine électrique, une pile de Volta (chacun de ces appareils peut être construit sur une petite échelle), des tubes, un soufflet et un brasier factice (maintenant un bec de gaz), enfin des éprouvettes et des cuvettes de verre et de platine, et les réactifs de la manipulation, composent le principal bagage. Tout ce qui est absolument nécessaire à ces travaux peut être renfermé dans une petite caisse, et plusieurs des recherches les plus laborieuses et des découvertes les plus éclatantes de la chimie moderne ont été faites à l'aide d'appareils que l'on aurait pu facilement placer dans une malle de voyage, et dont le prix est très-modique.

La facilité avec laquelle se font les recherches chimiques et la simplicité des appareils nous offrent encore de nouvelles raisons à ajouter à celles que j'ai déjà données en faveur de la culture de cette science. Cette étude n'est pas mauvaise pour la santé ; le chimiste actuel ne ressemble en rien à l'ancien, qui passait la plus grande partie de sa vie exposé à la chaleur et à la fumée d'une fournaise et aux vapeurs malsaines des acides, des alcalis et autres ingrédients désagréables, et, en revanche, alors fort coûteux pour chaque expérience. Aujourd'hui, les procédés chimiques peuvent se faire dans un salon, et quelques-uns d'entre eux même sont aussi coquets dans leur forme que dans leurs résultats. Un auteur du siècle dernier a dit de l'alchimie qu'elle tenait son commencement de l'imposture, son progrès du travail, et qu'elle finissait dans la ruine. De la chimie moderne on peut dire, au contraire, que son commencement est agréable, son progrès lié à la science, et que son but est la vérité et l'utilité. J'ai parlé des connaissances scientifiques nécessaires au philosophe chimiste, maintenant je dirai quelques mots des qualités intellectuelles qu'il faudrait réunir pour opérer des découvertes et servir à l'avancement de la science.

Les qualités les plus essentielles sont : la patience, le travail, la délicatesse de manipulation, l'exactitude et la précision dans l'observation et dans l'enregistrement des phénomènes étudiés. La main habile et l'œil juste sont les auxiliaires le plus utiles, mais il n'y a qu'un bien petit nombre de grands chimistes qui aient conservé ces avantages pendant toute leur vie; car le travail du laboratoire est souvent un travail dangereux, et les éléments, semblables en cela aux esprits réfractaires des contes de fée, quoique obéissant à la volonté du magicien, échappent cependant quelquefois à l'influence de son talisman et mettent en danger sa personne. Pourtant, on peut quelquefois se servir avec avantage des mains et des yeux des autres. Par la fréquente répétition d'un procédé ou d'une observation, on annihile les erreurs provenant d'opérations précipitées ou de vues imparfaites, et pourvu que notre aide n'ait pas d'idées préconçues trop personnelles ou de préjugés particuliers, pourvu aussi qu'il ignore le but de l'expérience, sa simple expérimentation des faits sera très souvent une excellente base d'appréciations scientifiques.

Quant aux qualités supérieures de l'intelligence, nécessaires pour comprendre et développer la science, elles sont, je crois, les mêmes que dans toute autre branche du savoir. Je puis les résumer en quelques phrases. L'imagination doit être brillante et active dans la recherche des analogies; toutefois il faut qu'elle soit entièrement sous l'influence d'un jugement juste et éclairé. La mémoire doit être bonne et profonde, cependant plutôt prête à rappeler la vue générale des choses que les détails des pensées particulières. — Il ne faut pas que l'esprit soit comme une encyclopédie, une espèce de fardeau de connaissances; mais il doit plutôt ressembler à un dictionnaire critique où se trouvent toutes les choses générales, et où cependant on peut obtenir sur des points spéciaux une information détaillée.

En livrant au public ou aux savants l'ensemble

comme les particularités des résultats des expériences, le philosophe chimiste doit adopter la voie la plus simple : éviter un style trop fleuri, comme un écueil qui peut porter préjudice à la rigoureuse exactitude de son sujet. On peut se rappeler à ce propos la critique juste du premier roi de la Grande-Bretagne sur un sermon dont la doctrine était excellente, mais qui était surchargé de métaphores poétiques et d'images. Le roi disait que les métaphores et le style fleuri du prédicateur ressemblaient aux fleurs brillantes du champ de blé, très-jolies à voir, mais très-nuisibles au froment. En annonçant la découverte la plus grande et la plus importante, le véritable savant donne les détails avec modestie et une certaine réserve, aimant mieux être le serviteur utile du public, et apporter la lumière cachée sous son manteau, pour éclairer insensiblement, — plutôt que de ressembler à un charlatan qui lance dans le ciel les fusées de son feu d'artifice et se fait annoncer au loin au son de la grosse caisse.

Je vois, mon cher docteur, que vous doutez un peu de l'importance de mes préceptes, et que peut-être vous considérez ce que je vous dis comme étant de mauvais goût; néanmoins je m'exposerai encore à votre sourire en parlant un peu des qualités morales que je crois indispensables à mon savant. Tant pis pour vous! Vous m'entendrez encore un instant : il ne fallait pas me demander mon opinion sur la chimie.

Je veux encore que mon savant, laborieux et modeste, ne soit point aveuglé par la sotte vanité ; qu'il soit simple et se livre avec diligence à la recherche de la vérité; qu'il ne se laisse jamais détourner de ce grand but par l'amour d'une gloire transitoire, mais ait toujours devant lui l'opinion de l'avenir plutôt que celle du jour; qu'il cherche la renommée dans les fastes de l'histoire plutôt que dans les colonnes des journaux et dans les louanges des journalistes. Il doit ressembler aux géomètres modernes par la grandeur de ses vues et la profondeur de ses recherches, et aux alchimistes anciens par le travail et la piété. Je ne veux pas dire par cela qu'il doive accompagner ses procédés de prières écrites ou de recommandations à la Providence, comme le faisait Pierre Wolf; mais le savant digne de ce nom doit avoir son esprit toujours dirigé vers des sentiments élevés, dans la contemplation de la variété et de la beauté du monde visible et dans le développement de ses merveilles scientifiques, en les rapportant à cette Sagesse infinie qui lui permet de jouir de cette noble connaissance. En devenant plus instruit, il devient meilleur, — il s'élève sur l'échelle de l'existence morale et intellectuelle. — Son savoir progressif le porte vers une foi plus pure, et à mesure que le voile à travers lequel il discerne la raison de toutes choses devient plus transparent, à mesure aussi sa pensée conçoit plus directement le principe éclatant et sublime de l'univers.

Ce tableau des qualités constitutives du véritable savant reppelle la haute et sévère opinion que Sir Humphry Davy a constamment manifestée sur les devoirs et les droits des hommes qui se consacrent à la science. Il ne voulait dans son cénacle que des esprits intègres et vraiment supérieurs, qui n'ambitionnent pas puérilement la fortune et les honneurs, mais comprennent la grandeur et la majesté de la science pure.

Nous trouvons même dans ses *Mémoires* les belles et judicieuses pensées suivantes sur les honneurs et la célébrité :

« Ce n'est pas, dit-il, que les honneurs vaillent la peine d'être recherchés; mais il est pénible, pour celui qui les mérite, de n'en recevoir aucun. Une décoration est un titre extérieur pour le public; et même ceux qui prétendent dédaigner le plus ces distinctions honorifiques se laissent très-facilement influencer par elles. Les honneurs sont à la véritable gloire ce que les lumières artificielles sont au soleil : ils attirent les yeux de ceux qui n'ont pas coutume de regarder et de supporter l'éclat du sublime.

La chauve-souris et le moucheron volent autour de la lampe ; mais l'aigle prend son essor vers les cieux. On peut dire malgré cela que les lumières artificielles sont utiles pour tous les yeux. Lorsqu'elles sont destinées à éclairer et non pas à éblouir, elles rendent naturellement de grands services. »

L'illustre chimiste pensait en cela comme tous les hommes supérieurs, dont le cœur dévoué et l'esprit libre trouvent dans la science même la plus haute récompense de leurs travaux. C. F.

SIXIÈME DIALOGUE

―

LE TEMPS

SIXIÈME DIALOGUE

LE TEMPS

Le port de Pola et ses anciens monuments. Cause de la ruine des monuments de la nature et de l'art. La gravitation, — la chaleur, — l'eau, — la pluie, — les météores, — l'électricité, — l'acide carbonique, — l'oxygène. — Matériaux les plus durables. Digression sur la conservation des œuvres d'art, et sur les couleurs minérales. — Transformation incessante de la surface de la Terre. — Marche éternelle de l'univers.

Les dialogues qui précèdent ont successivement reproduit les entretiens philosophiques que j'eus l'occasion d'avoir, en mes différents voyages, sur les sujets fondamentaux de la science moderne. En les confiant ici, mon but a été de servir en quelque chose aux âmes anxieuses qui songent parfois aux grands problèmes de la nature. Ce petit recueil de conversations pourrait sans doute se terminer au chapitre précédent, qui laisse à la réflexion des points de vue vastes et féconds; cependant, ayant eu lieu de m'entretenir souvent sur *le temps*, sur les variations incessantes des choses, sur la destruction et la reconstruction successives et solidaires de tout ce qui existe par les lois mêmes de la nature, je pense que les lecteurs qui m'auront suivi jusqu'ici trouveront quelque intérêt à rêver avec moi à cette force inexorable du temps, avant de fermer le livre des *Derniers jours d'un Philosophe*.

Pendant mon dernier séjour en Illyrie, je fis une excursion sur l'eau, à Pola [1], accompagné de l'Inconnu, devenu mon ami, et d'Eubathès. Nous entrâmes au port de Pola dans une felouque (barque turque) par un magnifique coucher de soleil. Je ne connais pas de tableau plus imposant que l'amphithéâtre de Pola, vu de la mer sous cette lumière. Son temple antique ne paraît pas une ruine, mais plutôt une construction toute récente. L'ombre des couleurs de ses marbres brillants et de ses formes gracieuses, qui se répétaient dans le miroir uni de l'eau limpide, doublait l'effet et présentait la scène comme une

1. Port sur l'Adriatique, ville forte des États autrichiens (Littoral), où l'on remarque les ruines d'anciens temples d'Auguste et de Diane, de bains romains, d'un arc de triomphe et d'un vaste amphithéâtre. C'est un an avant sa mort, en 1828, que Davy séjourna quelque temps à Pola. — Ce dialogue sur le Temps est remarquable par ses considérations originales. C. F.

création sublime de l'art. Nous visitâmes avec intérêt les ruines de l'arc de triomphe et des anciennes constructions de la civilisation romaine d'autrefois, monuments mémorables de la splendeur impériale. L'extérieur magnifique de l'amphithéâtre ne s'harmonise plus avec les murs nus et dégarnis de l'intérieur. En visitant cet intérieur, nous remarquâmes qu'il ne possède point de ces siéges de marbre solides et opulents, tels que ceux dont est orné l'amphithéâtre de Vérone. Cette réflexion nous amena à conjecturer que, dès l'époque de la construction, toute l'arène et les places disposées pour les spectateurs ont dû être construites en bois. Leur disparition complète nous amena aussi à réfléchir sur les causes de la destruction de tant d'ouvrages dus au génie primitif des antiques nations. Ainsi, peu à peu, notre conversation se fixa sur le sujet spécial du temps et de son influence sur toutes choses. Je fis la remarque que, dans nos abstractions métaphysiques, nous rapportons au temps les changements et la destruction des formes matérielles, mais qu'il doit exister dans la nature des lois physiques qui produisent ces changements; et je priai mon ami l'Inconnu de nous donner, en sa qualité de savant chimiste, son opinion personnelle sur ce sujet. Si la science humaine, ajoutai-je, découvre le principe de la décadence des choses, ne serait-il pas possible que l'art humain puisse aussi trouver un moyen de consacrer et de rendre immortelles quelques-unes des œuvres qui, par leur perfection, paraissent surtout destinées aux âges à venir?

L'Inconnu. — C'est un vaste sujet d'étude, que celui de l'opération du temps philosophiquement considéré. Un grand philosophe a dit que le seul moyen pour l'homme de commander à la nature, c'est d'obéir à ses lois; or, dans ces lois, le principe du changement est en même temps le principe de la vie. Sans la ruine, il n'y a point de reproduction; et toutes choses appartenant à la terre, soit dans l'état primitif, soit modifiées par l'art humain, sont soumises à certaines lois immuables de la destruction, lesquelles sont aussi permanentes et aussi universelles que celles qui régissent les mouvements planétaires. Autant que notre expérience peut en juger, la gravitation est une propriété qui appartient universellement à la matière, et c'est la première cause et la plus générale du changement sans cesse accompli dans notre système terrestre. — Pendant qu'elle conserve la grande masse du globe dans son état uniforme, qu'elle produit à la surface un grand nombre d'altérations dues à son influence, l'eau, élevée à l'état de vapeur par la chaleur solaire, est précipitée dans l'atmosphère sous l'influence des courants froids ; la gravitation la fait ensuite redescendre à la surface, et c'est dans cette loi qu'elle puise l'origine de sa force mécanique. Tout ce qui est élevé au-dessus du globe terrestre, soit par l'effet de la végétation, soit par l'effet de la puissance de la vie animale, soit par les efforts de l'homme, tend constamment, par la gravitation, à retomber vers le centre commun de l'attraction. La forme des monuments, et ceux de la nature comme ceux de l'homme, entre comme premier élément dans les conditions de leur durée. Ainsi, par exemple, la grande cause de la durée des pyramides au-dessus de toute autre forme réside dans leur adaptation plus complète à résister à la force de la gravitation. Les arcs, les colonnes, les constructions verticales, sont exposés à tomber, lorsqu'une dégradation s'opère dans la partie inférieure par des causes ou chimiques ou mécaniques. Les formes établies à la surface du globe sont garanties contre l'influence de la gravitation, tantôt par l'attraction de la cohésion, tantôt par l'attraction chimique ; mais si toutes leurs parties gardaient la liberté d'être mises en mouvement, elles seraient toutes nivelées par la puissance de la gravitation, et le globe reprendrait sa forme géométrique de sphéroïde uni aplati aux pôles. L'attraction de la cohésion, c'est-à-dire l'attraction chimique, dans son état le plus énergique, n'est pas exposée à être détruite par la gravitation; mais celle-ci aide l'œuvre générale des agents des autres causes de ruine. Toute espèce d'attraction tend pour ainsi dire à produire le repos, une sorte de sommeil éternel dans la nature.

L'attraction a pour antagoniste une autre grande puissance : la *chaleur*. Par l'influence du soleil, le globe est exposé à de grandes variations de température ; une augmentation de chaleur dilate les corps, et une diminution de chaleur les resserre. Les variations de calorique font passer certains éléments de la matière à l'état fluide ou élastique, transforment les fluides en solides et les solides en fluides; tous ces phénomènes sont en rapport avec les altérations qui amènent la destruction des corps. Il n'est pas probable que la dilatation ni la condensation d'un solide par l'augmentation ou la soustraction de la chaleur puissent avoir pour effet de détacher ses parties; mais si, dans ces parties, il existe de l'eau, alors son expansion tend, soit en passant à l'état de vapeur, soit en se congelant, non-seulement à diminuer la cohésion des molécules solides, mais encore à les séparer en morceaux. L'eau possède, comme vous savez, une propriété bien remarquable, celle de se dilater par le refroidissement au moment de passer à l'état de glace. Cette propriété particulière est une grande cause de destruction dans les pays du Nord ; car, là où la glace se forme dans les fentes ou les cavités des pierres, aussitôt que l'eau qui a pénétré le ciment vient à se congeler, son expansion agit avec la force d'un levier pour la destruction et la séparation des parties des corps.

Ainsi, l'attraction de la terre, d'une part, a pour effet d'abattre les hautes constructions et de niveler le sol ; la chaleur solaire, d'autre part, a pour effet de modifier à chaque instant l'eau emprisonnée dans les corps et d'amener également une lente désagrégation.

Maintenant, l'eau est douée d'une immense force mécanique.

Les manifestations mécaniques de l'eau qui tombe des nuages, la pluie, la grêle et la neige, sont loin d'être sans effet dans leur descente de l'atmosphère ; car, en tombant sur les corps solides, les gouttes d'eau, les flocons de neige et surtout les grêlons agissent constamment en faveur de la destruction. Une substance légère et fragile dont la masse est animée par un mouvement intense peut détruire une substance beaucoup plus dure. Le glacier par son mouvement réduit en poussière la surface du rocher de granit, et les torrents alpestres, qui prennent leur source sous les glaciers, sont toujours troublés à leur origine par les particules de roches et de terre issues du point où le glacier se fond. Le torrent qui creuse son lit et lui donne lentement une profondeur étonnante[1] explique clairement l'œuvre mécanique de l'eau, quoique ses effets soient fort accrus par les matières solides qu'il charrie. Une pierre anguleuse déplacée avec le temps s'arrondit et trouve une excavation profonde dans laquelle elle se loge. La pluie, qui coule en torrent aux côtés d'un monument, charrie avec elle la poussière siliceuse et le sable que le vent y a déposé, et agit sur les changements, selon la même loi, mais sur une échelle infiniment moins étendue

---

[1]. Ces curieux effets mécaniques de l'eau sont surtout visibles en Suisse, par exemple à la gorge de la Tamina, au glacier du Grindenwald, et au cours de la Lutschine, qui descend du massif de la Iungfrau à Interlaken. c. f.

que précédemment. Les monuments de l'ancienne Rome ont été exposés non-seulement à l'influence constante des pluies, mais encore à celle du Tibre même qui, gonflé par les eaux des montagnes Sabines et des Apennins, est souvent entré dans la cité; il est rare qu'il se passe un hiver sans que l'arène du Panthéon ne soit remplie d'eau, et que la haute coupole ne s'y mire comme dans un lac sans rides. Les monuments de l'Égypte sont peut-être les plus anciens et les plus durables qui soient sur la terre; or, dans ce pays, la pluie est presque inconnue. Enfin, toutes les causes de dégradation en rapport avec l'agent aquatique agissent plus fortement dans les climats tempérés que dans les pays tropicaux, et là surtout où sont les plus grandes inégalités de la température.

Ainsi donc, la pluie est une cause permanente de destruction pour les monuments de la nature et de l'homme, et son action est naturellement variable, selon les quantités de pluie moyenne de chaque contrée. Cette puissance destructive des pluies est encore renforcée par les autres effets mécaniques de l'eau, tels que les débordements des fleuves et le cours des torrents.

Aux causes générales qui précèdent, j'ajouterai maintenant les météores.

Les effets mécaniques de l'air consistent principalement dans l'action des vents, qui ont leur part dans les opérations de la gravitation, et dans le dégât causé par la poussière, le sable, les cailloux et l'eau atmosphérique. Ces effets (si ce n'est dans le cas d'un édifice renversé par une tempête) sont généralement imperceptibles après des jours ou même des années; cependant un faible courant d'air qui charrie le sable siliceux du désert, ou la poussière d'un chemin pendant des siècles contre une construction, tend à endommager définitivement cette construction; car avec une durée illimitée une cause extrêmement petite finit par produire un très-grand effet.

Peut-être puis-je ajouter aussi à ces différentes causes de modifications incessantes dans l'aspect de la terre les effets de l'électricité.

La puissance mécanique de l'électricité est encore peu connue; cependant on a déjà pu observer maintes fois la puissance formidable de l'éclair. On l'a signalée en particulier sur les grands monuments de l'antiquité, par exemple au Colisée de Rome, dans lequel naguère encore un orage emporta un fragment de marbre du haut d'une des arcades de cet antique édifice, et y pratiqua une déchirure verticale mesurant plusieurs pieds de diamètre. Toutefois, quoique les effets chimiques de l'électricité soient excessivement lents et graduels, ils sont encore beaucoup plus puissants dans la grande œuvre de la destruction. Et tenez! puisque nous devons consacrer cette promenade à nous entretenir de nos recherches mutuelles sur les satellites du temps, je vais maintenant vous développer mon opinion sur l'action permanente de l'électricité dans la nature.

Eubathès. — Une remarque, cher maître. L'examen du sujet ne serait-il pas plus facile, et vos explications des phénomènes ne se présenteraient-elles pas dans un ordre plus complet, si vous commenciez par établir une distinction entre les causes mécaniques des changements et les causes chimiques, et si d'un autre côté vous exposiez premièrement les causes et ensuite leurs effets?

L'Inconnu. — L'ordre que j'ai adopté n'est pas très-éloigné de celui que vous m'indiquez. Peut-être ai-je eu tort de traiter d'abord de la gravitation, car cet agent emprunte presque tous ses pouvoirs aux opérations des autres causes. Cependant, après la remarque que vous venez de me faire, je modifierai un peu mon plan, lequel du reste n'était pas prémédité, et si vous le voulez nous considérons tout d'abord l'influence chimique de l'eau, puis celle de l'air, et enfin celle de l'électricité. Observons d'abord que la température joue un rôle dans toute espèce d'action chimique. Mais, à moins qu'on n'attribue les volcans et les tremblements de terre directement à ce pouvoir, il n'a aucun effet chimique (en tant que simple chaleur) dans les changements dus au temps. Toutefois ses opérations, qui sont très-importantes dans le cycle des métamorphoses, sont aidées ou mises en activité par celles des autres agents.

L'une des influences les plus capitales et les plus destructives de l'eau est due à sa faculté de tout dissoudre, faculté qui acquiert son maximum d'intensité lorsque sa température est la plus haute. L'eau est capable de dissoudre dans des proportions plus ou moins grandes la plupart des corps composés, et les substances calcaires et alcalines des pierres sont particulièrement accessibles à cette espèce d'opération. Quand l'eau contient de l'acide carbonique en dissolution, ce qui est toujours le cas lorsqu'elle est précipitée de l'atmosphère, sa faculté de dissoudre le carbonate de chaux est remarquablement accrue, et dans le voisinage des grandes villes, où l'atmosphère contient ce principe en fortes proportions, l'influence dissolutive de la pluie sur le marbre peut devenir très-grande. On remarque facilement les effets de cette influence au muséum de Londres sur les statues de marbre qui jadis ornaient l'extérieur du Parthénon; il suffit de les examiner pour se convaincre qu'elles ont singulièrement souffert de cette cause; et puisque cet effet est si actif même dans l'atmosphère pure et le climat tempéré d'Athènes, il doit à plus forte raison exister à un plus haut degré dans le voisinage des autres grandes villes d'Europe où, par l'action des cheminées et des foyers, l'acide carbonique se produit en immenses quantités[1]. Les substances métal-

---

[1]. On trouve à Paris un exemple remarquable des effets de la pluie sur les monuments exposés depuis longtemps à cet agent atmosphérique si intense sous nos latitudes. Il suffit de faire l'ascension toujours agréable et toujours instructive des tours Notre-Dame. Le côté sud des tours a été lentement vermoulu, en quelque sorte, par le ver rongeur de l'atmosphère parisienne; les sveltes colonnes de leur élégante architecture, les figures bouffies comme les contorsions grimaçantes des noires gargouilles, toutes les pierres jadis sculptées et polies comme du marbre, sont aujourd'hui rongées par la pluie et le soleil. Ce spectacle, du haut de cet antique monument de la foi chrétienne, s'ajoute à la contemplation historique du passé pour donner un air particulier de vénération aux tours silencieuses.

liques, telles que le fer, le cuivre, le bronze, l'airain (ou le cuivre jaune), l'étain et le plomb, soit qu'elles existent dans les pierres, ou soit qu'on les emploie dans les constructions, sont sujettes à être corrodées par l'eau qui contient en solution les principes de l'atmosphère. Il est permis d'appeler poétiquement la rouille et la corrosion des *qualités du temps*, mais en réalité ces effets proviennent du pouvoir oxydant de l'*eau*, laquelle en fournissant l'oxygène en un état de dissolution et de condensation donne aux métaux la faculté de former des combinaisons nouvelles.

Toutes les substances végétales exposées à l'eau et à l'air sont destinées à la ruine. La vapeur d'eau en suspension dans l'air est attirée par le bois,

---

On nous a souvent exprimé la pensée que cette dégradation des vieux murs était due à l'influence de la lune. Cette explication nous paraît être un préjugé. La lune se lève à l'est comme le soleil, vient planer au sud, passe au méridien comme lui, et descend à l'ouest comme lui. On ne peut isoler son influence de celle du soleil. Tout édifice exposé à l'influence lunaire est absolument exposé de la même façon à l'influence solaire. Or, comme il est certain que l'action solaire est incomparablement plus intense que l'influence de la lune, on doit attribuer les dégradations dont il s'agit à l'action solaire sur les surfaces mouillées par la pluie, qui généralement elle-même est poussée par le vent dominant du sud-ouest. c. f.

réagit lentement sur ses fibres, et amène à sa décomposition, ou prépare ses éléments constitutifs à former des combinaisons nouvelles. Il résulte de là, qu'il ne reste plus aucun des édifices anciens qui datent de plus de mille ans, si ce n'est ceux qui furent construits en pierre, comme le Panthéon de Rome, et le tombeau de Théodoric à Ravenne, dont la coupole est composée d'un seul bloc de marbre. Les tableaux grecs, qui furent peints, d'après ce que Pline nous rapporte, sur le pin de la Méditerrannée, ont dû leur destruction non pas au changement des couleurs, ni à l'altération du fond calcaire sur lequel elles furent posées, mais à la ruine des plaques de bois même. Parmi les substances dont on se sert dans la construction, le bois, le fer, l'étain et le plomb sont les plus accessibles à être ruinés par l'opération de l'eau; vient ensuite le marbre quand il est exposé à son influence sous forme de pluie. Le cuivre, le cuivre jaune, le·granit, la siénite et le porphyre sont plus durables. Cependant, dans les pierres, la solidité dépend beaucoup de la nature de leurs parties constitutives. Lorsque le feldspath des roches granitiques contient peu d'alcali, ou de terre calcaire, c'est une pierre très-durable. Mais quand le granit, le porphyre, la siénite ou le feldspath contiennent une quantité notable de matière alcaline, ou que le mica, le schorl ou la cornéenne renferment du protoxyde de fer, l'action de l'eau contenant l'oxygène, et de l'acide carbonique sur les éléments ferrugineux, tend à produire la désagrégation de la pierre. Le granit rouge, la siénite noire et le porphyre rouge d'Égypte, qu'on voit à Rome dans les obélisques, les colonnes, et les sarcophages, sont les plus durables des pierres composées; mais les granits gris de Corse et de l'île d'Elbe sont très-accessibles aux altérations; le feldspath contient beaucoup de matière alcaline, et le mica et le schorl beaucoup de protoxyde de fer. Un exemple remarquable de la destruction du granit s'offre dans la tour penchée de Pise; tandis que les colonnes de marbre de la base restent presque sans la moindre altération, celles de granit ont perdu une grande partie de leur surface, qui s'écaille continuellement, et laisse voir partout les taches causées par la formation du peroxyde de fer. Le kaolin, ou terre dont on se sert dans la plupart des pays où l'on fabrique de la porcelaine fine, est ordinairement le produit du feldspath du granit décomposé par la dissolution et le détachement des particules alcalines.

Eubathès. — J'ai vu des serpentines, des basaltes et laves, dont l'intérieur était d'une teinte sombre; à en juger par leur poids j'ai supposé que ces minéraux devaient contenir de l'oxyde de fer extérieurement brun ou rouge et dans un état de décomposition. Sans doute cet état provenait de l'action de l'eau imprégnée d'air sur leurs éléments ferrugineux.

L'Inconnu. — Vous avez parfaitement raison. Il n'y a qu'un très-petit nombre de pierres composées qui possèdent une pesanteur spécifique considérable, et qui ne soient pas sujettes au changement par la même cause. L'oxyde de fer, parmi les substances métalliques anciennement connues, est le plus généralement répandu dans la nature, et agit avec une très-grande activité dans les altérations incessantes qui s'effectuent à la surface du globe. L'action chimique de l'acide carbonique a tant de rapport avec celle de l'eau, qu'il serait difficile d'en parler séparément, comme cela doit paraître évident d'après ce que je viens de dire. Mais la même action qui est exercée par cet acide en dissolution dans l'eau est également exercée par le même acide dans son état gazeux, et dans ce cas elle est tout aussi considérable, car si elle s'exerce avec moins d'in-

tensité, elle a lieu sur une plus vaste étendue.
Il n'y a pas de raison de croire que l'azote de
l'atmosphère ait une action considérable pour produire des transformations physiques de la nature
de celles que nous considérons ici. La vapeur
aqueuse, l'oxygène et le gaz acide carbonique
agissent constamment ensemble, l'oxygène jouant
le premier rôle dans cet universel combat de
rénovation. Tandis que l'eau, qui unit ses effets
à ceux de l'acide carbonique, tend à désagréger
les particules des pierres, l'oxygène agit sur la
matière végétale. Et ainsi se modifient sans cesse
le règne minéral et le règne végétal.

L'oxygène, agent chimique toujours en activité, est à la fois nécessaire à tous les procédés
de la vie et à tous ceux de la mort, par lesquels la
nature pour ainsi dire retourne contre elle-même
les matériaux, les instruments, les organes, les
pouvoirs qui avaient servi aux manifestations du
principe vital. Presque toute œuvre effectuée par
les combinaisons rapides de la combustion peut
aussi être effectuée graduellement par l'absorption lente de l'oxygène. Quoique les productions
du règne animal ou du règne végétal soient beaucoup plus soumises au pouvoir des agents atmosphériques que celles du règne minéral, cepen-

dant il est absolument certain que les choses inanimées varient aussi bien que les êtres vivants ; l'équilibre des éléments des pierres est graduellement détruit par l'oxygène, qui tend à réduire en poussière et à rendre propre au sol de culture les agrégats les plus durs qui forment la charpente extérieure de notre globe.

L'électricité, en tant qu'agent chimique, peut être considérée non-seulement comme une cause directe de modifications d'une variété infinie dans l'aspect et la nature des corps, mais encore comme exerçant une grande influence sur toutes les opérations qui se produisent. Il n'existe pas à la surface du globe deux substances qui ne soient pas en relations électriques différentes l'une avec l'autre, et l'attraction chimique elle-même paraît être une forme spéciale de la manifestation de l'attraction électrique. Partout où l'atmosphère, l'eau ou quelque partie de la surface de la terre acquièrent une électricité accumulée d'un ordre différent de celle des surfaces contiguës, cette électricité a une tendance à produire des arrangements nouveaux des parties de ces surfaces. Ainsi un nuage positivement électrisé qui agit sur une pierre mouillée, très-distante même, tend à attirer ses principes oxygénés ou acides ; et un nuage négativement électrisé opère de la même sorte sur les matières terreuses alcalines ou métalliques. Or, l'opération lente et silencieuse de l'électricité est beaucoup plus importante dans l'économie de la nature que ses opérations grandioses et sublimes dans la foudre et dans l'éclair.

En résumé, l'influence chimique de l'eau et celle de l'air sont aidées par celle de l'électricité; et leurs effets combinés, joints à ceux de la gravitation et aux effets mécaniques dont nous avons parlé plus haut, sont suffisants pour expliquer l'œuvre destructive du temps. Cependant les pouvoirs physiques de la nature qui amènent la ruine des choses sont également aidés par certains agents et par l'action des êtres organisés. Du jour où la surface polie d'un monument ou d'une statue devient raboteuse, les semences des lichens et des mousses qui flottent constamment dans notre atmosphère y trouvent un asile, y plantent leurs racines et s'accroissent, et ensuite par leur mort, leur ruine et leur décomposition, produisent une matière charbonneuse qui à la longue forme un petit sol arable que l'herbe vient bientôt tapisser. Dans les crevasses des murs, où ce sol est déposé, les semences des arbres croissent elles-mêmes, et peu à peu, à mesure que le monument tombe davantage en ruine, le lierre et les autres parasites viennent le recouvrir.

Ainsi de métamorphoses en métamorphoses se modifie la surface de la Terre. Et encore ce procédé de la destruction est-il aidé même par la création vivante, lorsque l'homme ne travaille plus pour la conservation de ses œuvres. Le monument en ruine offre un abri solitaire où les renards construisent leur terrier, où les oiseaux et les chauves-souris bâtissent leurs nids, où les lézards et les serpents se préparent une demeure. Les insectes agissent sur une échelle moins étendue, cependant leurs forces réunies produisent parfois des effets très-considérables. La fourmi, en établissant sa colonie et en organisant ses magasins, arrive à saper les fondations des plus nobles édifices, et ainsi les créatures les plus insignifiantes triomphent pour ainsi dire sur les œuvres les plus grandioses de l'homme. Ajoutez à ces opérations sûres et lentes les dégâts terribles de la guerre sous toutes ses formes, et la violence des barbares à la recherche des trésors cachés sous le sol des monuments, leur rapacité à arracher toute substance métallique, et vous serez plutôt étonné qu'il reste encore sur terre quelque monument ancien des grands peuples de l'antiquité. La nature se charge de tout détruire et de tout transformer elle-même. L'homme l'aide encore dans son œuvre. *Tempus edax : homo edacior!*

Philaléthès. — Vos vues sur les causes de la ruine sont vraiment tristes. Et pourtant je n'y vois aucun remède. Les lois générales de la nature opéreront toujours. Toutefois, en supposant une longue durée à un peuple parvenu à un haut degré de civilisation, les ravages du temps pourraient être atténués; en mettant par exemple les chefs-d'œuvre de l'art à l'abri de l'atmosphère extérieure, leurs modifications par le temps seraient à peine perceptibles.

Eubathès. — Moi, je mets en doute que ce soit un avantage pour les intérêts d'une nation de voir ses monuments publics doués d'une longue durée. Une des causes du déclin de l'empire romain fut que la nation sous la république et le premier empire ne laissa rien à faire à la postérité. Les aqueducs, les temples, les forums, tout était édifié; on ne trouvait plus rien qui réveillât l'activité, aucune cause qui stimulât les facultés inventives, et même aucun appel à l'industrie générale.

L'Inconnu. — Vous admettrez, cependant, l'importance de la conservation des objets appartenant à l'ordre des beaux-arts. Presque toutes les œuvres dignes de notre admiration actuelle sont dues aux modèles conservés de l'école grecque; et les nations qui n'ont pas possédé ces œuvres pour modèles ont fait moins de progrès vers le perfectionnement. Il ne semble pas d'ailleurs qu'une simple imitation de la nature suffise pour produire le beau et le parfait; le climat, les mœurs et les coutumes d'un peuple, son génie, et son goût tout y coopère. Les principes de conservation auxquels Philaléthès a fait allusion sont dignes d'attention. Aucun ouvrage de haute valeur ne doit être exposé à l'atmosphère, et il y aurait un grand intérêt à les conserver dans des salles d'une température uniforme et d'une sécheresse extrême. Les couvertures destinées à protéger les édifices somptueux devraient être formées de matériaux inaccessibles autant que possible à la dissolution par l'eau, ou par l'air. Plusieurs conducteurs électriques devraient y être placés de manière à empêcher les effets lents ou rapides de l'électricité atmosphérique. Quant à la peinture, mon opinion serait d'adopter en principe les couleurs minérales. On devrait même de préférence se servir du lapis-lazuli, ou de verres durs et colorés, dans lesquels les oxydes ne sont pas sujets à l'altération. Puis le mieux serait d'appliquer ces couleurs de principe minéral sur le marbre, ou sur du stuc encastré dans la pierre ; aucune substance animale ou végétale, si ce n'est le carbone, ne devrait être mêlée aux couleurs ni aux vernis[1].

Eubathès. — Mais quand même on ferait absolument tout ce qu'il est possible d'imaginer pour conserver les chefs-d'œuvre de l'art, on n'obtiendrait encore qu'une différence dans le terme de la

[1]. Cette opinion sur la supériorité des couleurs minérales provenait précisément du voyage de l'auteur en Italie.

Le prince régent, devenu roi sous le nom de Georges IV, s'intéressait aux fouilles d'Herculanum et de Pompéi, les deux cités romaines ensevelies, en l'an 69 de notre ère, par les cendres d'une éruption du Vésuve. On avait retiré, entre autres, des rouleaux de manuscrits ; un livre de Cicéron, le *De republica*, que l'on croyait depuis longtemps irréparablement perdu, nous a été ainsi conservé. Mais ces manuscrits, tout en conservant l'intégrité de leurs caractères, étaient complétement carbonisés. Il s'agissait de les dérouler sans les détruire, sans rendre l'écriture illisible. Le souverain de la Grande-Bretagne chargea Davy de résoudre ce difficile problème. Ce fut pour l'illustre chimiste l'occasion de revoir l'Italie.

Davy avait donc quitté une seconde fois l'Angleterre le 26 mai 1818. Son itinéraire le conduisit à travers l'Allemagne. Le 13 juin il était à Vienne, et quatre mois après à Rome. De là il se rendit à Naples, et il commença immédiate-

durée. D'après ce que notre ami lui-même a établi dans le cours de ses entretiens, il est évident que l'ouvrage d'une main mortelle ne peut être éternel; de même que nulle œuvre due aux efforts d'une intelligence finie ne peut être infinie. Les opérations de la nature, lorsqu'elles sont lentes, ne sont pas moins sûres; malgré la domination apparente que l'homme peut prendre sur elle pendant un certain temps, la nature est toujours sûre de reprendre ses droits. Par l'homme, les

---

ment ses opérations sur les manuscrits d'Herculanum. La chimie donnait l'espoir de faciliter ce travail; mais l'effet d'une carbonisation profonde rendit inapplicable tout procédé de ramollissement. Davy dut se borner à l'indication de quelques moyens propres à mieux détacher les parties adhérentes et à étendre les rouleaux moins imparfaitement qu'on ne l'avait fait jusqu'alors.

Il profita de ce voyage pour étudier la nature des couleurs dont se servaient les peintres de l'antiquité : quelques écailles détachées des murs de Pompéi et d'Herculanum lui suffirent pour démontrer, à l'aide de l'analyse, que ces couleurs, à peu près aussi variées que les nôtres, sont pour la plupart empruntées au règne minéral et d'une préparation parfaite.

Le voisinage du Vésuve devint pour lui l'occasion de vues nouvelles sur la formation des volcans et sur l'état primitif du globe. Il y rattacha en même temps des idées d'un ordre plus élevé, que l'on trouve dans ces *Derniers jours d'un Philosophe.*   FERD. HOEFER.

roches, les pierres et les arbres, arrachés au domaine de la nature, sont transformés en palais, en demeures, en vaisseaux; par lui, les métaux trouvés au sein de la terre sont employés comme instruments de puissance, et les sables et les argiles qui constituent la surface sont par la main humaine métamorphosés en ornements, en objets de luxe. Par l'homme, l'air est emprisonné dans l'eau, et l'eau torturée par le feu; et sa puissance merveilleuse retourne, modifie, détruit la forme naturelle des choses. Mais, après quelques lustres, ses œuvres commencent à déchoir elles-mêmes, et, en quelques siècles, disparaissent dans la poussière des décadences. Ses temples splendides, édifiés sous le souffle d'une inspiration divine, ses ponts de granit et de fer jetés sur des abîmes, les créneaux jadis terribles de ses noirs remparts, les murailles et les tours de ses forteresses, enfin les monuments funèbres par lesquels il croyait investir de l'éternité ses restes périssables : tout disparaît avec la cendre des générations. Les constructions solides qui résistent aux vagues de l'Océan, à l'orage du ciel, aux coups de foudre, succombent sous les lentes caresses de la douce rosée du matin, sous la main de la gelée qui les effleure, sous les gouttes de pluie, sous la molécule de vapeur et sous les influences imperceptibles de l'atmosphère. Comme le ver ronge les fibres de la beauté humaine, ainsi le lichen, la mousse et les plantes les plus insignifiantes se nourrissent des colonnes gracieuses et des pyramides gigantesques construites de sa main, et les insectes les plus humbles sapent le fond de ses œuvres colossales, établissant sans scrupules leur demeure dans les ruines de ses palais et sous le trône croulant de sa gloire terrestre.

Philaléthès. — Votre tableau des lois de la destruction fatale des formes matérielles me rappelle notre discussion d'Adelsberg. Les changements de l'univers matériel s'harmonisent avec ceux auxquels est soumis le corps humain, dans lequel vous voyez une construction organique formée par le principe vital. Ne pensez-vous pas que l'on puisse émettre l'idée que le monde visible et tangible, dont nous avons connaissance par nos sensations, soit dans le même rapport avec l'intelligence divine que notre enveloppe organique est à notre âme? Seulement avec cette différence que, dans les métamorphoses du système divin, la ruine ne peut exister, parce qu'il y a unité absolue dans l'ordre du monde, et que toutes les forces dépendant d'une seule volonté qui les a voulues sont balancées parfaitement et inaltérablement. Newton semblait craindre que, dans les lois des mouvements planétaires, il n'y eût un principe qui amenât finalement la destruction du système. Laplace, en poursuivant et en vérifiant les principes du grand philosophe anglais, a prouvé que les causes qui paraissaient devoir amener la fin du monde sont en réalité une fonction tempérant le mécanisme du système ; de sorte que le principe de conservation est aussi éternel que celui du mouvement.

L'Inconnu. — Je n'ose pas présenter de théories sur ce sujet sublime et imposant. L'esprit humain peut à peine comprendre la cause des phénomènes de la physique élémentaire, tels que la chute d'un aérolithe ou les effets de la foudre ; il ne peut embrasser dans un seul coup d'œil la millionième partie des objets qui l'environnent, et cependant nous avons la vanité de raisonner sur l'univers infini, et même sur l'Esprit éternel qui l'a créé et qui le gouverne. Sur ces sujets, la sagesse consiste, selon moi, à ne pas se prévaloir des prétendues grandeurs de la raison humaine, et tout en reconnaissant les vérités proclamées par la science et la conscience, à s'abstenir de définir un infini que nous ne comprenons point.

Philaléthès. — Ma croyance est que toute théorie métaphysique sur la marche éternelle de l'univers doit, avant tout, prendre pour base la foi chrétienne. Or, puisque nous sommes assurés par la révélation que Dieu a le don unique de toute-puissance et d'ubiquité, il me semble qu'il n'y a rien d'inconvenant à nous servir de nos facultés pour reconnaître, même dans l'univers matériel, les œuvres de sa puissance et les résultats de sa sagesse, et nous élever de notre esprit fini à la pensée infinie. Il faut se souvenir que l'homme a été créé à l'image de Dieu; et, à mon avis, l'on ne peut douter que dans le progrès des sociétés il ne soit devenu par son travail et le déploiement de ses forces un grand instrument pour organiser l'univers moral. En comparant les Grecs et les Romains avec les Assyriens et les Babyloniens, ainsi que les anciens Grecs et les anciens Romains avec les nations du christianisme moderne, il me paraît incontestable qu'il y a manifestement une grande supériorité dans les nations modernes, et que leur progrès est dû à un état intellectuel et religieux plus élevé que dans les époques antiques.

Si ce petit globe que nous habitons a été ainsi modifié dans sa valeur intellectuelle par ses habitants actifs et puissants, je suis porté à croire que, dans les autres mondes et les autres systèmes planétaires, des êtres doués d'une nature supérieure ont, sous l'influence de la volonté divine, agi d'une manière plus éclatante encore. L'Écriture nous enseigne qu'il existe des intelligences d'une nature plus élevée que celle de l'homme. En me souvenant de ma vision du Colisée, je ne puis m'empêcher de supposer que ces génies ou séraphins ne puissent exercer sur la nature quelque action puissante, analogue à celle que j'ai cru voir, par exemple, dans la sphère de Saturne, où les habitants paraissent diriger la météorologie de leur monde.

D'après les observations astronomiques, il est certain que de grands changements arrivent dans le système des étoiles fixes. Sir William Herschel paraît croire qu'il a saisi au télescope des nébuleuses ou de la matière cosmique lumineuse en voie de former des soleils; les astronomes pensent que certaines étoiles se sont éteintes, mais il est plus probable qu'elles ont disparu par suite de mouvements particuliers. Je vais sans doute exprimer ici une idée plus poétique que savante, et cependant je ne puis renoncer à l'opinion que des intelligences angéliques habitent ces systèmes, que des esprits supérieurs résident en ces univers lointains, et qu'ils peuvent être les instruments intellectuels de la pensée infinie pour effectuer là-haut des changements semblables à ceux qui se sont accomplis sur la terre.

Le *temps* n'est qu'un mot humain ; le *changement* n'est qu'une idée humaine. Dans le système de la nature, il faut substituer à cette dernière idée celle de progrès. Le soleil paraît s'enfoncer dans un océan d'obscurité, mais il s'élève sur un autre hémisphère. Les ruines d'une ville tombent, mais elles servent souvent à former des constructions plus magnifiques, comme dans la Rome moderne bâtie sur 'a Rome ancienne.

Mais lors même que les débris des œuvres humaines sont réduits en poussière, la nature encore maintient son empire et règne sur les cendres des morts; le monde végétal s'élève dans sa jeunesse perpétuelle et se renouvelle dans son cycle annuel. La main de l'homme aide même la végétation; la charrue et la faucille passent sur le champ d'une cité disparue; l'herbe croît sur les ruines des Forums; la vie, la beauté, le printemps fleurissent, et toujours fleuriront, sur la poussière des monuments jadis élevés par l'homme à sa propre gloire et disparus dans la ruine des âges.

Ici se termine l'œuvre de sir Humphry Davy. La maladie qui devait l'emporter a surpris ce noble et profond penseur comme il venait d'écrire les belles pages qu'on vient de lire. Peut-être les eût-il relues et couronnées d'une conclusion plus générale (comme le remarque du reste son frère lui-même), et n'eût-il pas laissé le dernier mot à l'argument dogmatique qui ouvre la dernière réplique de Philaléthès. Nous ne pouvons nous empêcher d'observer, en effet, qu'une telle œuvre, inspirée par la contemplation des grands tableaux de la nature, animée du souffle d'une philosophie religieuse indépendante de toute forme, aurait pu ne point être close par la déclaration que la métaphysique moderne doit, sous peine d'erreur, « prendre pour base la foi chrétienne. » Nous comprenons le respect du profond penseur pour la doctrine chrétienne, qui a élevé si haut l'idée de Dieu; mais nous pouvons constater en même temps que cette idée est indépendante du christianisme, car elle existait avant lui, chez les religieux philosophes qui s'appelèrent Platon ou Confucius. Les dogmes ne sauraient la définir, car elle grandit avec nos connaissances. Il y a, ou plutôt il y aura une *métaphysique de la science;* et du reste, au surplus, l'étymologie de ce mot, créé par les œuvres d'Aristote, veut dire : « qui vient *après* la physique. » Nous manquerions à nos convictions si nous laissions la dernière impression causée par l'argument précédent dominer seule dans la pensée du lecteur. Nous n'avons pas voulu modifier le texte de l'illustre chimiste, quant au fond, ni le présenter sous une forme en harmonie absolue avec nos opinions scientifiques. Nous aimons mieux ajouter ici au dialogue les réflexions qu'il nous a suggérées à nous-mêmes. Le lecteur peut ensuite choisir selon sa préférence intime.

L'éternité des mouvements célestes, la pensée que ces mouvements immenses des planètes autour du soleil, des étoiles circulant dans l'espace sur l'équilibre de la gravitation, des mondes innombrables voguant dans les déserts du vide suivant leurs poids respectifs, la vision que ces mouvements *ne s'arrêteront jamais*, donnent à l'esprit humain la plus haute, la plus imposante et la plus profonde idée de l'éternité active dans le sein de laquelle nous sommes et serons éternellement emportés.

Entraînée dans les déserts du vide, par son mouvement de transation autour du soleil (en vertu duquel elle vole en raison de 650,000 lieues par jour), — par le déplacement du système solaire tout entier, qui ajoute à la marche précédente une seconde vitesse de 170,000 lieues par jour, — par les variations séculaires provenant de l'attraction des autres astres, — par un balancement de précession qui ne demande pas moins de 25,870 ans pour s'accomplir, — au total par huit puissances distinctes qui la portent comme un jouet dans l'espace immense, *la Terre* court incessamment à travers le ciel, emportant les générations humaines, les petites dynasties, les destinées des peuples éclos à sa surface. Depuis qu'elle existe, elle *n'est pas passée deux fois de suite à la même place*, et jamais elle ne repassera au point où elle se trouve actuellement. En un jour elle est à des centaines de mille lieues du point de l'espace où elle se trouvait la veille ; en un an, à des centaines de millions du point qu'elle occupait l'année précédente ; après un siècle, à des dizaines de milliards, et ainsi de suite. En même temps, de périodes en périodes *tout change* à la surface de cette terre, et ses générations, et ses éléments vitaux, et sa forme même avec sa nature. Il en est de même pour les autres planètes de notre système, — et pour les étoiles, — soleils de l'espace, — et pour les systèmes sidéraux qui les environnent. Une loi universelle emporte toutes choses dans la vie éternelle, et nous savons que notre planète n'est qu'un des rouages infinitésimaux du mécanisme inconnaissable.

Que deviennent devant cette vérité, devant la contemplation de l'immensité des cieux sans bornes, devant l'infini toujours ouvert à l'essor de nos âmes, que deviennent nos anciennes et mesquines idées sur « la création faite exprès pour l'homme, » sur l'illusion qui ose présenter notre race humaine comme le but des volontés divines et la terre comme le centre moral de l'univers? La philosophie des sciences modernes nous élève au-dessus de ces formes enfantines. Nous contemplons aujourd'hui Dieu dans la nature, c'est-à-dire la *pensée* éternelle dans les lois mathématiques, dans les forces organisatrices, dans l'ordre intelligent, dans la beauté de l'univers!

Telle était, nous n'en doutons pas, la conviction intime du savant, du philosophe, du poëte, auquel nous devons les entretiens que nous avons cru utile de traduire pour la plus grande édification de nos compatriotes. Telle est la conclusion qui ressort pour nous de l'étude de la nature, et dont la vérité établira dans l'avenir *la religion par la science.*

FIN

TABLE DES MATIÈRES

Préface du traducteur.................. i-xxxii

PREMIER DIALOGUE

LA VISION

Le Colisée; Les Ruines. Rome païenne et Rome chrétienne. Chutes des empires et métamorphoses de l'histoire. L'auteur, solitaire au milieu des ruines, est transporté en esprit vers les périodes anciennes de l'humanité. Principes du perfectionnement de la race humaine. Tableau du progrès historique. Nature de l'âme; la vie terrestre devant la vie éternelle. Voyage extatique dans les planètes. Les habitants de Saturne. La Pluralité des mondes et la Pluralité des existences... 1

SECOND DIALOGUE

LA RELIGION

La nature. — Conversation au sommet du Vésuve au lever du soleil. Discussion sur la vision du Colisée. — Les rêves. — Reprise du problème de l'état primitif de l'humanité. Revendication de la loi du progrès et de la puissance de la raison humaine. Arguments du catholicisme.—Les religions et la religion. La foi en l'action miraculeuse de Dieu est une *idée* dans l'homme. Christianisme et libre examen, Dieu et l'immortalité.......... 69

TROISIÈME DIALOGUE

L'INCONNU

Rencontre de l'*Inconnu* aux ruines du temple de Pæstum. Entretien sur la formation des terres par les dépôts de la mer. Dépôts calcaires par les eaux. Origine des pierres et des marbres. L'eau et l'acide carbonique. — Géologie. — Histoire de la Terre. Les temps primitifs. Le feu central. La science moderne et la Genèse...................'........... 121

QUATRIÈME DIALOGUE

L'IMMORTALITÉ

Les climats et le caractère des nations. La nature. — Voyage aux Alpes d'Illyrie. Le lac de Traun. La pêche. *Salmonia*. — Catastrophe. — La barque de l'auteur est entraînée dans la cataracte. Sauvetage par l'*Inconnu*. — Visite aux grottes et aux lacs souterrains de la Carniole. Les poissons des cavernes. Le *Protée*. Les métamorphoses. L'organisme. Le principe vital. L'âme.................. **209**

CINQUIÈME DIALOGUE

APOLOGIE DE LA CHIMIE

OU PHILOSOPHIE DES SCIENCES

Supériorité des carrières scientifiques. La science et la civilisation. Influence des premières découvertes chimiques sur les commencements de l'humanité progressive. Les inventions chimiques sont les premières. Tableau des connaissances humaines. La science, mère des arts et du progrès. Qualités du savant. Plaisirs de l'étude. La véritable valeur de l'homme.................. **287**

SIXIÈME DIALOGUE

LE TEMPS

Le port de Pola et ses anciens monuments. Causes de la ruine des monuments de la nature et de l'art. La gravitation, — la chaleur, — l'eau, — la pluie, — les météores, — l'électricité, — l'acide carbonique, — l'oxygène. — Matériaux les plus durables. — Digression sur la conservation des œuvres d'art et sur les couleurs minérales. — Transformation incessante de la surface de la Terre. — Marche éternelle de l'univers..... 328

Librairie C. MARPON & E. FLAMMARION
RUE RACINE, 26, PRÈS L'ODÉON

OUVRAGES DE CAMILLE FLAMMARION

ASTRONOMIE POPULAIRE
Ouvrage couronné par l'Académie
1 vol. gr. in-8°, illust. de 360 fig., chromos, etc. (*Soixantième mille*)
PRIX.......... **12** FR.

LES ÉTOILES ET LES CURIOSITÉS DU CIEL
Supplément de l'ASTRONOMIE POPULAIRE
DESCRIPTION DU CIEL ÉTOILE PAR ÉTOILE; MOYENS DE RECONNAITRE
LES CONSTELLATIONS
1 vol. gr. in-8°, illust. de 400 figures, chromos, cartes (*Trentième mille*)
PRIX.......... **10** FR.

LES TERRES DU CIEL
DESCRIPTION PHYSIQUE, CLIMATOLOGIQUE, GÉOGRAPHIQUE
DES PLANÈTES
Qui gravitent avec la Terre autour du Soleil et de l'état probable
DE LA VIE A LEUR SURFACE
8ᵉ édition, 1 vol. in-12, illustré de planches et photographies célestes
PRIX.......... **6** FR.

LA PLURALITÉ DES MONDES HABITÉS
Au point de vue
DE L'ASTRONOMIE, DE LA PHYSIOLOGIE ET DE LA PHILOSOPHIE NATURELLE
29ᵉ édition. 1 volume in-12 avec figures. — PRIX : **3** FR. **50**

MONDES IMAGINAIRES — MONDES RÉELS
REVUE DES THÉORIES HUMAINES SUR LES HABITANTS DES ASTRES
18ᵉ édit. 1 vol. in-12, avec figures
PRIX.............. **3** FR. **50**

RÉCITS DE L'INFINI
LUMEN. — HISTOIRE D'UNE AME. — HISTOIRE D'UNE COMÈTE
LA VIE UNIVERSELLE & ÉTERNELLE
8ᵉ édition. 1 volume in-12. — PRIX...... **3** FR. **50**

OUVRAGES DE CAMILLE FLAMMARION

DIEU DANS LA NATURE
OU LE SPIRITUALISME ET LE MATÉRIALISME
DEVANT LA SCIENCE MODERNE

18ᵉ édition. 1 fort vol. in-12, avec le portrait de l'Auteur

Prix. . . . . 4 FR.

Sir HUMPHRY DAVY
LES DERNIERS JOURS D'UN PHILOSOPHE
Entretiens sur la Nature et sur les Sciences

TRADUIT DE L'ANGLAIS ET ANNOTÉ. — 7ᵉ ÉDITION FRANÇAISE

1 vol. in-12. — Prix : 3 FR. 50

VOYAGES AÉRIENS
JOURNAL DE BORD DE DOUZE VOYAGES EN BALLON
AVEC PLANS TOPOGRAPHIQUES

1 vol. in-18, avec couverture illéeustr. — Prix : 3 FR. 50

HISTOIRE DU CIEL
HISTOIRE POPULAIRE DE L'ASTRONOMIE
ET DES DIFFÉRENTS SYSTÈMES IMAGINÉS POUR EXPLIQUER L'UNIVERS

4ᵉ édition. 1 volume grand in-8°, illustré. — Prix. . . . . 9 FR.

LES MERVEILLES CÉLESTES
LECTURES DU SOIR POUR LA JEUNESSE

Gravures et cartes (*Trente-huitième* mille). 1 vol. in-12

Prix. . . . . 2 FR. 25

CONTEMPLATIONS SCIENTIFIQUES
NOUVELLES ÉTUDES DE LA NATURE ET EXPOSITION DES ŒUVRES ÉMINENTES
DE LA SCIENCE CONTEMPORAINE

3ᵉ édition. 1 volume in-12. — Prix. . . . . 3 FR. 50

LES ÉTOILES DOUBLES
(ASTRONOMIE SIDÉRALE)

CATALOGUE DES ÉTOILES MULTIPLES EN MOUVEMENT, ETC.

1 volume in-8°. — Prix. . . . . 8 FR.

L'ASTRONOMIE
Revue d'Astronomie populaire, paraissant
TOUS LES MOIS

Le numéro. . . . . 1 fr. 20

Librairie C. MARPON & E. FLAMMARION
RUE RACINE, 26, PRÈS L'ODÉON

F. HOËFER
L'HOMME DEVANT SES ŒUVRES
AVEC UNE PRÉFACE PAR
CAMILLE FLAMMARION
1 volume in-18. — Prix......... 3 FR. 50

Charles DARWIN
DE L'ORIGINE DES ESPÈCES
PAR SÉLECTION NATURELLE
OU DES LOIS DE TRANSFORMATION DES ÊTRES ORGANISÉS
TRADUCTION DE
Mme Clémence ROYER
4e ÉDITION, REVUE, AVEC LES ADDITIONS DE L'AUTEUR
1 volume in-18 de 700 pages
Prix : broché, 5 FRANCS. — Cartonné a l'anglaise, 5 FR. 75

E. QUINET
LA CRÉATION
2 volumes in-8°. — Prix....... 10 FRANCS

Patrice LARROQUE
DE L'ESCLAVAGE CHEZ LES NATIONS CHRÉTIENNES
1 volume in-18. — Prix : 3 FRANCS

DE LA GUERRE & DES ARMÉES PERMANENTES
1 volume in-18. — Prix : 3 FRANCS

RÉNOVATION RELIGIEUSE
1 volume in-18. — Prix : 3 FRANCS

EXAMEN CRITIQUE DES DOCTRINES DE LA RELIGION CHRÉTIENNE
2 volumes in-18. — Prix : 6 FRANCS

CUVIER
HISTOIRE DES PROGRÈS DES SCIENCES NATURELLES
2 volumes in-8°. — Prix : **6** francs

LEÇONS D'ANATOMIE COMPARÉE
3 volumes in-8°. — Prix : **10** francs

Yves GUYOT
ÉTUDES SUR LES DOCTRINES SOCIALES
DU CHRISTIANISME
1 volume in-18. — Prix............ **3 fr. 50**

Louis De ROYAUMONT
LA CONQUÊTE DU SOLEIL
Applications scientifiques & industrielles
DE LA CHALEUR SOLAIRE
(HÉLIODYNAMIQUE)
54 figures dans le texte. — 1 volume in-18, illustré. — Prix : **5** francs

Œuvres de L. JACOLLIOT
ÉTUDES INDIANISTES

La Bible dans l'Inde. 1 vol. in-8°................	6 fr.
Christna et le Christ. 1 vol. in-8°................	6 fr.
Fétichisme. — Polythéisme. — Monothéisme. 1 vol. in-8°...	6 fr.
Les Fils de Dieu. 1 vol. in-8°..................	6 fr.
La Genèse de l'Humanité. 1 vol. in-8°.............	6 fr.
Histoire des Vierges. 1 vol. in-8°................	6 fr.
Les Législateurs religieux : 1re série, Manou. 1 vol. in-8°.....	6 fr.
Les Législateurs religieux : 2e série, Moïse. 1 vol. in-8°.....	6 fr.
Le Spiritisme dans le Monde. 1 vol. in-8°...........	6 fr.
Le Pariah dans l'Humanité. 1 vol. in-8°............	6 fr.
Les Traditions Indo-Asiatiques. 1 vol. in-8°..........	6 fr.
Les Traditions Indo-Européennes et Africaines. 1 vol. in-8s,..	6 fr.
La Femme dans l'Inde. 1 vol. in-8°...............	6 fr.
Rois, Nobles et Guerriers dans les Sociétés antiques. 1 vol. in-8°.	6 fr.
La Mythologie de Manou. — L'Olympe brahmanique. 1 vol. in-8°.	6 fr.
La Devadassi (Bayadère), coméd. en 4 parties, trad. du *Tamoul*. In-8°.	1 fr.
Voyage sur les rives du Niger, illustré de gravures, par Moullion. 1 vol. in-18............................	3 50
Voyage aux Pays mystérieux, illustré de gravures, par Moullion. 1 vol. in-18............................	3 50

Envoi FRANCO contre mandat

Paris. — Imp. C. Marpon et E. Flammarion, rue Racine, 26.

www.ingramcontent.com/pod-product-compliance
Lightning Source LLC
Chambersburg PA
CBHW071859230426
43671CB00010B/1408